Aktenführung in Sachsen-Anhalt

AF285230

Aktenführung

in Sachsen-Anhalt

Glossar
Prüfungsfragen
Vorschriftensammlung

von
Prof. Dr. Thorsten Franz und
Prof. Dr.-Ing. Marcus Schmidt
Hochschule Harz, Halberstadt

4. Aufl.

2025

Bibliografische Information der Deutschen Nationalbibliothek: Die Deutsche Nationalbibliothek verzeichnet diese Publikation in der Deutschen Nationalbibliografie; detaillierte bibliografische Daten sind im Internet über dnb.dnb.de abrufbar.

Verlag: BoD · Books on Demand GmbH, Überseering 33, 22297 Hamburg, bod@bod.de
Druck: Libri Plureos GmbH, Friedensallee 273, 22763 Hamburg

ISBN: 978-3-7568-7023-3

Vorwort zur vierten Auflage

Das Buch soll all denen eine Hilfe sein, die sich mit der Aktenführung in Behörden im Land Sachsen-Anhalt befassen, vor allem soll es der Verwaltungsausbildung dienlich sein.

Denjenigen, die das Grundwissen der Aktenführung erwerben wollen, sei der Einstieg mit der Bearbeitung der Prüfungsfragen empfohlen. Glossar und Vorschriftensammlung ermöglichen sodann, tiefer in die Materie einzudringen.

Das Werk ist auf dem Stand 1. Januar 2025.

Die Autoren nehmen gerne Anregungen und Kritik entgegen.

Thorsten Franz und Marcus Schmidt
im März 2025

Inhaltsverzeichnis

Teil 1 – Vorschriften

Teil 1 – Vorschriften

I. EU

Verordnung (EU) Nr. 910/2014 des Europäischen Parlaments und des Rates vom 23. Juli 2014 über elektronische Identifizierung und Vertrauensdienste für elektronische Transaktionen im Binnenmarkt und zur Aufhebung der Richtlinie 1999/93/EG

KAPITEL I. ALLGEMEINE BESTIMMUNGEN
Artikel 1. Gegenstand

Um das ordnungsgemäße Funktionieren des Binnenmarkts und gleichzeitig ein angemessenes Sicherheitsniveau bei elektronischen Identifizierungsmitteln und Vertrauensdiensten sicherzustellen, ist in dieser Verordnung Folgendes geregelt:

a) Sie legt die Bedingungen fest, unter denen die Mitgliedstaaten elektronische Identifizierungsmittel für natürliche und juristische Personen, die einem notifizierten elektronischen Identifizierungssystem eines anderen Mitgliedstaats unterliegen, anerkennen.

b) Sie legt Vorschriften für Vertrauensdienste — insbesondere für elektronische Transaktionen — fest.

c) Sie legt einen Rechtsrahmen für elektronische Signaturen, elektronische Siegel, elektronische Zeitstempel, elektronische Dokumente, Dienste für die Zustellung elektronischer Einschreiben und Zertifizierungsdienste für die Website-Authentifizierung fest.

Artikel 2. Anwendungsbereich

(1) Diese Verordnung gilt für von einem Mitgliedstaat notifizierte elektronische Identifizierungssysteme und für in der Union niedergelassene Vertrauensdiensteanbieter.

(2) Diese Verordnung findet keine Anwendung auf die Erbringung von Vertrauensdiensten, die ausschließlich innerhalb geschlossener Systeme aufgrund von nationalem Recht oder von Vereinbarungen zwischen einem bestimmten Kreis von Beteiligten verwendet werden.

(3) Diese Verordnung berührt nicht das nationale Recht oder das Unionsrecht in Bezug auf den Abschluss und die Gültigkeit von Verträgen oder andere rechtliche oder verfahrensmäßige Formvorschriften.

Artikel 3. Begriffsbestimmungen

Für die Zwecke dieser Verordnung gelten die folgenden Begriffsbestimmungen:

1. „Elektronische Identifizierung" ist der Prozess der Verwendung von Personenidentifizierungsdaten in elektronischer Form, die eine natürliche oder juristische Person oder eine natürliche Person, die eine juristische Person vertritt, eindeutig repräsentieren.

2. „Elektronisches Identifizierungsmittel" ist eine materielle und/oder immaterielle Einheit, die Personenidentifizierungsdaten enthält und zur Authentifizierung bei Online-Diensten verwendet wird.

3. „Personenidentifizierungsdaten" sind ein Datensatz, der es ermöglicht, die Identität einer natürlichen oder juristischen Person oder einer natürlichen Person, die eine juristische Person vertritt, festzustellen.

4. „Elektronisches Identifizierungssystem" ist ein System für die elektronische Identifizierung, in dessen Rahmen natürlichen oder juristischen Personen oder natürlichen Personen, die juristische Personen vertreten, elektronische Identifizierungsmittel ausgestellt werden.

5. „Authentifizierung" ist ein elektronischer Prozess, der die Bestätigung der elektronischen Identifizierung einer natürlichen oder juristischen Person oder die Bestätigung des Ursprungs und der Unversehrtheit von Daten in elektronischer Form ermöglicht.

6. „Vertrauender Beteiligter" ist eine natürliche oder juristische Person, die auf eine elektronische Identifizierung oder einen Vertrauensdienst vertraut.

7. „Öffentliche Stelle" bezeichnet einen Staat, eine Gebietskörperschaft, eine Einrichtung des öffentlichen Rechts oder einen Verband, der aus einer oder mehreren dieser Körperschaften oder Einrichtungen des öffentlichen Rechts besteht, oder eine private Einrichtung, die von mindestens einer dieser Körperschaften, Einrichtungen oder Verbände mit der Erbringung von öffentlichen Dienstleistungen beauftragt wurde, wenn sie im Rahmen dieses Auftrags handelt.

8. „Einrichtung des öffentlichen Rechts" ist eine Einrichtung nach Artikel 2 Absatz 1 Nummer 4 der Richtlinie 2014/24/EU des Europäischen Parlaments und des Rates.

9. „Unterzeichner" ist eine natürliche Person, die eine elektronische Signatur erstellt.

10. „Elektronische Signatur" sind Daten in elektronischer Form, die anderen elektronischen Daten beigefügt oder logisch mit ihnen verbunden werden und die der Unterzeichner zum Unterzeichnen verwendet.

11. „Fortgeschrittene elektronische Signatur" ist eine elektronische Signatur, die die Anforderungen des Artikels 26 erfüllt.

12. „Qualifizierte elektronische Signatur" ist eine fortgeschrittene elektronische Signatur, die von einer qualifizierten elektronischen Signaturerstellungseinheit erstellt wurde und auf einem qualifizierten Zertifikat für elektronische Signaturen beruht.

13. „Elektronische Signaturerstellungsdaten" sind eindeutige Daten, die vom Unterzeichner zum Erstellen einer elektronischen Signatur verwendet werden.

14. „Zertifikat für elektronische Signaturen" ist eine elektronische Bescheinigung, die elektronische Signaturvalidierungsdaten mit einer natürlichen Person verknüpft und die mindestens den Namen oder das Pseudonym dieser Person bestätigt.

15. „Qualifiziertes Zertifikat für elektronische Signaturen" ist ein von einem qualifizierten Vertrauensdiensteanbieter ausgestelltes Zertifikat für elektronische Signaturen, das die Anforderungen des Anhangs I erfüllt.

16. „Vertrauensdienst" ist ein elektronischer Dienst, der in der Regel gegen Entgelt erbracht wird und aus Folgendem besteht:

    a) Erstellung, Überprüfung und Validierung von elektronischen Signaturen, elektronischen Siegeln oder elektronischen Zeitstempeln, und Diensten für die Zustellung elektronischer Einschreiben sowie von diese Dienste betreffenden Zertifikaten oder

b) Erstellung, Überprüfung und Validierung von Zertifikaten für die Website-Authentifizierung oder

c) Bewahrung von diese Dienste betreffenden elektronischen Signaturen, Siegeln oder Zertifikaten.

17. „Qualifizierter Vertrauensdienst" ist ein Vertrauensdienst, der die einschlägigen Anforderungen dieser Verordnung erfüllt.

18. „Konformitätsbewertungsstelle" ist eine Stelle im Sinne der Begriffsbestimmung in Artikel 2 Nummer 13 der Verordnung (EG) Nr. 765/2008, die gemäß jener Verordnung als zur Durchführung der Konformitätsbewertung qualifizierter Vertrauensdiensteanbieter und der von ihnen erbrachten qualifizierten Vertrauensdienste befähigte Stelle akkreditiert worden ist.

19. „Vertrauensdiensteanbieter" ist eine natürliche oder juristische Person, die einen oder mehrere Vertrauensdienste als qualifizierter oder nichtqualifizierter Vertrauensdiensteanbieter erbringt.

20. „Qualifizierter Vertrauensdiensteanbieter" ist ein Vertrauensdiensteanbieter, der einen oder mehrere qualifizierte Vertrauensdienste erbringt und dem von der Aufsichtsstelle der Status eines qualifizierten Anbieters verliehen wurde.

21. „Produkt" bezeichnet Hardware, Software oder spezifische Komponenten von Hard- oder Software, die zur Erbringung von Vertrauensdiensten bestimmt sind.

22. „Elektronische Signaturerstellungseinheit" ist eine konfigurierte Software oder Hardware, die zum Erstellen einer elektronischen Signatur verwendet wird.

23. „Qualifizierte elektronische Signaturerstellungseinheit" ist eine elektronische Signaturerstellungseinheit, die die Anforderungen des Anhangs II erfüllt.

24. „Siegelersteller" ist eine juristische Person, die ein elektronisches Siegel erstellt.

25. „Elektronisches Siegel" sind Daten in elektronischer Form, die anderen Daten in elektronischer Form beigefügt oder logisch mit ihnen verbunden werden, um deren Ursprung und Unversehrtheit sicherzustellen.

26. „Fortgeschrittenes elektronisches Siegel" ist ein elektronisches Siegel, das die Anforderungen des Artikels 36 erfüllt.

27. „Qualifiziertes elektronisches Siegel" ist ein fortgeschrittenes elektronisches Siegel, das von einer qualifizierten elektronischen Siegelerstellungseinheit erstellt wird und auf einem qualifizierten Zertifikat für elektronische Siegel beruht.

28. „Elektronische Siegelerstellungsdaten" sind eindeutige Daten, die vom Siegelersteller zum Erstellen eines elektronischen Siegels verwendet werden.

29. „Zertifikat für elektronische Siegel" ist eine elektronische Bescheinigung, die elektronische Siegelvalidierungsdaten mit einer juristischen Person verknüpft und den Namen dieser Person bestätigt.

30. „Qualifiziertes Zertifikat für elektronische Siegel" ist ein von einem qualifizierten Vertrauensdiensteanbieter ausgestelltes Zertifikat für elektronische Siegel, das die Anforderungen des Anhangs III erfüllt.

31. „Elektronische Siegelerstellungseinheit" ist eine konfigurierte Software oder Hardware, die zum Erstellen eines elektronischen Siegels verwendet wird.

32. „Qualifizierte elektronische Siegelerstellungseinheit" ist eine elektronische Siegelerstellungseinheit, die die Anforderungen des Anhangs II sinngemäß erfüllt.

33. „Elektronischer Zeitstempel" bezeichnet Daten in elektronischer Form, die andere Daten in elektronischer Form mit einem bestimmten Zeitpunkt verknüpfen und dadurch den Nachweis erbringen, dass diese anderen Daten zu diesem Zeitpunkt vorhanden waren.

34. „Qualifizierter elektronischer Zeitstempel" ist ein elektronischer Zeitstempel, der die Anforderungen des Artikels 42 erfüllt.

35. „Elektronisches Dokument" ist jeder in elektronischer Form, insbesondere als Text-, Ton-, Bild- oder audiovisuelle Aufzeichnung gespeicherte Inhalt.

36. „Dienst für die Zustellung elektronischer Einschreiben" ist ein Dienst, der die Übermittlung von Daten zwischen Dritten mit elektronischen Mitteln ermöglicht und einen Nachweis der Handhabung der übermittelten Daten erbringt, darunter den Nachweis der Absendung und des Empfangs der Daten, und der die übertragenen Daten vor Verlust, Diebstahl, Beschädigung oder unbefugter Veränderung schützt.

37. „Qualifizierter Dienst für die Zustellung elektronischer Einschreiben" ist ein Dienst für die Zustellung elektronischer Einschreiben, der die Anforderungen des Artikels 44 erfüllt.

38. „Zertifikat für die Website-Authentifizierung" ist ein Zertifikat, das die Authentifizierung einer Website ermöglicht und die Website mit der natürlichen oder juristischen Person verknüpft, der das Zertifikat ausgestellt wurde.

39. „Qualifiziertes Zertifikat für die Website-Authentifizierung" ist ein von einem qualifizierten Vertrauensdiensteanbieter ausgestelltes Zertifikat für Website-Authentifizierung, das die Anforderungen des Anhangs IV erfüllt.

40. „Validierungsdaten" sind Daten, die zur Validierung einer elektronischen Signatur oder eines elektronischen Siegels verwendet werden.

41. „Validierung" ist der Prozess der Überprüfung und Bestätigung der Gültigkeit einer elektronischen Signatur oder eines elektronischen Siegels.

ABSCHNITT 4. Elektronische Signaturen
Artikel 25. Rechtswirkung elektronischer Signaturen

(1) Einer elektronischen Signatur darf die Rechtswirkung und die Zulässigkeit als Beweismittel in Gerichtsverfahren nicht allein deshalb abgesprochen werden, weil sie in elektronischer Form vorliegt oder weil sie die Anforderungen an qualifizierte elektronische Signaturen nicht erfüllt.

(2) Eine qualifizierte elektronische Signatur hat die gleiche Rechtswirkung wie eine handschriftliche Unterschrift.

(3) Eine qualifizierte elektronische Signatur, die auf einem in einem Mitgliedstaat ausgestellten qualifizierten Zertifikat beruht, wird in allen anderen Mitgliedstaaten als qualifizierte elektronische Signatur anerkannt.

Artikel 26. Anforderungen an fortgeschrittene elektronische Signaturen

Eine fortgeschrittene elektronische Signatur erfüllt alle folgenden Anforderungen:

a) Sie ist eindeutig dem Unterzeichner zugeordnet.

b) Sie ermöglicht die Identifizierung des Unterzeichners.

c) Sie wird unter Verwendung elektronischer Signaturerstellungsdaten erstellt, die der Unterzeichner mit einem hohen Maß an Vertrauen unter seiner alleinigen Kontrolle verwenden kann.

d) Sie ist so mit den auf diese Weise unterzeichneten Daten verbunden, dass eine nachträgliche Veränderung der Daten erkannt werden kann.

Artikel 27. Elektronische Signaturen in öffentlichen Diensten

(1) Verlangt ein Mitgliedstaat für die Verwendung in einem Online-Dienst, der von einer öffentlichen Stelle oder im Namen einer öffentlichen Stelle angeboten wird, eine fortgeschrittene elektronische Signatur, so erkennt dieser Mitgliedstaat fortgeschrittene elektronische Signaturen, fortgeschrittene elektronische Signaturen, die auf einem qualifizierten Zertifikat für elektronische Signaturen beruhen, und qualifizierte elektronische Signaturen zumindest in den Formaten oder unter Verwendung der Verfahren an, die in den Durchführungsrechtsakten nach Absatz 5 festgelegt sind.

(2) Verlangt ein Mitgliedstaat für die Verwendung in einem Online-Dienst, der von einer öffentlichen Stelle oder im Namen einer öffentlichen Stelle angeboten wird, eine fortgeschrittene elektronische Signatur, die auf einem qualifizierten Zertifikat beruht, so erkennt dieser Mitgliedstaat fortgeschrittene elektronische Signaturen, die auf einem qualifizierten Zertifikat beruhen, und qualifizierte elektronische Signaturen zumindest in den Formaten oder unter Verwendung der Verfahren an, die in den Durchführungsrechtsakten nach Absatz 5 festgelegt sind.

(3) Die Mitgliedstaaten verlangen für die grenzüberschreitende Verwendung in einem Online-Dienst, der von einer öffentlichen Stelle angeboten wird, keine elektronische Signatur mit einem höheren Sicherheitsniveau als dem der qualifizierten elektronischen Signatur.

(4) Die Kommission kann im Wege von Durchführungsrechtsakten Kennnummern für Normen für qualifizierte Zertifikate für fortgeschrittene elektronische Signaturen festlegen. Bei fortgeschrittenen elektronischen Signaturen wird davon ausgegangen, dass sie die Anforderungen gemäß den Absätzen 1 und 2 dieses Artikels und Artikel 26 erfüllen, wenn sie diesen Normen entsprechen. Diese Durchführungsrechtsakte werden nach dem in Artikel 48 Absatz 2 genannten Prüfverfahren erlassen.

(5) Die Kommission legt bis zum 18. September 2015 im Wege von Durchführungsrechtsakten und unter Berücksichtigung der bestehenden Praxis sowie bestehender Normen und Unionsrechtsvorschriften Referenzformate für fortgeschrittene elektronische Signaturen oder Referenzverfahren fest, wenn alternative Formate verwendet werden. Diese Durchführungsrechtsakte werden nach dem in Artikel 48 Absatz 2 genannten Prüfverfahren erlassen.

Artikel 28. Qualifizierte Zertifikate für elektronische Signaturen

(1) Qualifizierte Zertifikate für elektronische Signaturen müssen die Anforderungen des Anhangs I erfüllen.

(2) Für qualifizierte Zertifikate für elektronische Signaturen dürfen keine obligatorischen Anforderungen gelten, die über die in Anhang I festgelegten hinausgehen.

(3) Qualifizierte Zertifikate für elektronische Signaturen können zusätzliche fakultative spezifische Attribute enthalten. Diese Attribute dürfen die Interoperabilität und Anerkennung qualifizierter elektronischer Signaturen nicht berühren.

(4) Wird ein qualifiziertes Zertifikat für elektronische Signaturen nach der anfänglichen Aktivierung widerrufen, ist es ab dem Zeitpunkt des Widerrufs nicht mehr gültig und sein Status darf unter keinen Umständen rückgängig gemacht werden.

(5) Die Mitgliedstaaten können vorbehaltlich der folgenden Bedingungen nationale Vorschriften zur vorläufigen Aussetzung eines qualifizierten Zertifikats für eine elektronische Signatur erlassen:

a) Ist ein qualifiziertes Zertifikat für elektronische Signaturen vorläufig ausgesetzt worden, so verliert dieses Zertifikat für die Dauer der Aussetzung seine Gültigkeit.

b) Die Dauer der Aussetzung wird in der Zertifikatsdatenbank deutlich angegeben und der Status der Aussetzung ist während der Dauer der Aussetzung im Rahmen des Dienstes, der die Informationen über den Status des Zertifikats bereitstellt, ersichtlich.

(6) Die Kommission kann im Wege von Durchführungsrechtsakten Kennnummern für Normen für qualifizierte Zertifikate für elektronische Signaturen festlegen. Bei qualifizierten Zertifikaten für elektronische Signaturen, die diesen Normen entsprechen, wird davon ausgegangen, dass sie die Anforderungen des Anhangs I erfüllen. Diese Durchführungsrechtsakte werden nach dem in Artikel 48 Absatz 2 genannten Prüfverfahren erlassen.

Artikel 29. Anforderungen an qualifizierte elektronische Signaturerstellungseinheiten

(1) Qualifizierte elektronische Signaturerstellungseinheiten müssen die Anforderungen des Anhangs II erfüllen.

(2) Die Kommission kann im Wege von Durchführungsrechtsakten Kennnummern für Normen für qualifizierte elektronische Signaturerstellungseinheiten festlegen. Bei qualifizierten elektronischen Signaturerstellungseinheiten, die diesen Normen entsprechen, wird davon ausgegangen, dass sie die Anforderungen des Anhangs II erfüllen. Diese Durchführungsrechtsakte werden nach dem in Artikel 48 Absatz 2 genannten Prüfverfahren erlassen.

Artikel 30. Zertifizierung qualifizierter elektronischer Signaturerstellungseinheiten

(1) Die Konformität qualifizierter elektronischer Signaturerstellungseinheiten mit den Anforderungen des Anhangs II wird von geeigneten, von den Mitgliedstaaten benannten öffentlichen oder privaten Stellen zertifiziert.

(2) Die Mitgliedstaaten teilen der Kommission die Namen und Anschriften der öffentlichen oder privaten Stellen gemäß Absatz 1 mit. Die Kommission stellt diese Informationen den Mitgliedstaaten zur Verfügung.

(3) Die Zertifizierung nach Absatz 1 beruht auf einem der folgenden Verfahren:

a) einem Sicherheitsbewertungsverfahren, das entsprechend einer der Normen für die Sicherheitsbewertung informationstechnischer Produkte durchgeführt wurde, die auf der gemäß Unterabsatz 2 aufzustellenden Liste stehen;

b) einem anderen als dem unter Buchstabe a genannten Verfahren, sofern dabei gleichwertige Sicherheitsniveaus angewendet werden und die öffentliche oder private Stelle gemäß Absatz 1 der Kommission dieses Verfahren mitteilt. Dieses Verfahren darf nur angewendet werden, wenn Normen im Sinne des Buchstaben a nicht vorliegen oder ein Sicherheitsbewertungsverfahren im Sinne des Buchstaben a im Gange ist.

Die Kommission stellt im Wege von Durchführungsrechtsakten eine Liste mit Normen für die Sicherheitsbewertung informationstechnischer Produkte nach Buchstabe a auf. Diese Durchführungsrechtsakte werden nach dem in Artikel 48 Absatz 2 genannten Prüfverfahren erlassen.

(4) Der Kommission wird die Befugnis übertragen, gemäß Artikel 47 delegierte Rechtsakte in Bezug auf die Festlegung besonderer Kriterien, die von den in Absatz 1 dieses Artikels aufgeführten benannten Stellen zu erfüllen sind, zu erlassen.

Artikel 31. Veröffentlichung einer Liste zertifizierter qualifizierter elektronischer Signaturerstellungseinheiten

(1) Die Mitgliedstaaten notifizieren der Kommission unverzüglich, spätestens aber innerhalb eines Monats nach Abschluss der Zertifizierung, Informationen über qualifizierte elektronische Signaturerstellungseinheiten, die von den in Artikel 30 Absatz 1 genannten Stellen zertifiziert worden sind. Sie notifizieren der Kommission ferner unverzüglich, spätestens aber innerhalb eines Monats nach Annullierung der Zertifizierung, Informationen über nicht mehr zertifizierte elektronische Signaturerstellungseinheiten.

(2) Auf der Grundlage der erhaltenen Informationen sorgt die Kommission für die Aufstellung, Veröffentlichung und Führung einer Liste zertifizierter qualifizierter elektronischer Signaturerstellungseinheiten.

(3) Die Kommission kann im Wege von Durchführungsrechtsakten Form und Verfahren für die Zwecke des Absatzes 1 festlegen. Diese Durchführungsrechtsakte werden nach dem in Artikel 48 Absatz 2 genannten Prüfverfahren erlassen.

Artikel 32. Anforderungen an die Validierung qualifizierter elektronischer Signaturen

(1) Mit dem Verfahren für die Validierung einer qualifizierten elektronischen Signatur wird die Gültigkeit einer qualifizierten elektronischen Signatur bestätigt, wenn

a) das der Signatur zugrunde liegende Zertifikat zum Zeitpunkt des Signierens ein qualifiziertes Zertifikat für elektronische Signaturen war, das die Anforderungen des Anhangs I erfüllt,

b) das qualifizierte Zertifikat von einem qualifizierten Vertrauensdiensteanbieter ausgestellt wurde und zum Zeitpunkt des Signierens gültig war,

c) die Signaturvalidierungsdaten den Daten entsprechen, die dem vertrauenden Beteiligten bereitgestellt werden,

d) der eindeutige Datensatz, der den Unterzeichner im Zertifikat repräsentiert, dem vertrauenden Beteiligten korrekt bereitgestellt wird,

e) die etwaige Benutzung eines Pseudonyms dem vertrauenden Beteiligten eindeutig angegeben wird, wenn zum Zeitpunkt des Signierens ein Pseudonym benutzt wurde,

f) die elektronische Signatur von einer qualifizierten elektronischen Signaturerstellungseinheit erstellt wurde,

g) die Unversehrtheit der unterzeichneten Daten nicht beeinträchtigt ist,

h) die Anforderungen des Artikels 26 zum Zeitpunkt des Signierens erfüllt waren.

(2) Das zur Validierung der qualifizierten elektronischen Signatur verwendete System stellt dem vertrauenden Beteiligten das korrekte Ergebnis des Validierungsprozesses bereit und er-möglicht es ihm, etwaige Sicherheitsprobleme zu erkennen.

(3) Die Kommission kann im Wege von Durchführungsrechtsakten Kennnummern für Normen für die Validierung qualifizierter elektronischer Signaturen festlegen. Bei einer Validierung qualifizierter elektronischer Signaturen, die diesen Normen entspricht, wird davon ausgegan-gen, dass sie die Anforderungen des Absatzes 1 erfüllt. Diese Durchführungsrechtsakte wer-den nach dem in Artikel 48 Absatz 2 genannten Prüfverfahren erlassen.

Teil 1 – Vorschriften

II. Bund

Gesetz zur Förderung der elektronischen Verwaltung (E-Government-Gesetz - EGovG)

vom 25. Juli 2013 (BGBl. I S. 2749), zuletzt geändert durch Artikel 2 des Gesetzes vom 19. Juli 2024 (BGBl. I S. 2024 I Nr. 245)

§ 1 Geltungsbereich

(1) Dieses Gesetz gilt für die öffentlich-rechtliche Verwaltungstätigkeit der Behörden des Bundes einschließlich der bundesunmittelbaren Körperschaften, Anstalten und Stiftungen des öffentlichen Rechts.

(2) Dieses Gesetz mit Ausnahme der §§ 2a, 9a bis 9c gilt auch für die öffentlich-rechtliche Verwaltungstätigkeit der Behörden der Länder, der Gemeinden und Gemeindeverbände und der sonstigen der Aufsicht des Landes unterstehenden juristischen Personen des öffentlichen Rechts, wenn sie Bundesrecht ausführen.

(3) Für die Tätigkeit der Gerichtsverwaltungen und der Behörden der Justizverwaltung einschließlich der ihrer Aufsicht unterliegenden Körperschaften des öffentlichen Rechts gilt dieses Gesetz nur, soweit die Tätigkeit der Nachprüfung durch die Gerichte der Verwaltungsgerichtsbarkeit oder der Nachprüfung durch die in verwaltungsrechtlichen Anwalts-, Patentanwalts- und Notarsachen zuständigen Gerichte unterliegt.

(4) Dieses Gesetz gilt, soweit nicht Rechtsvorschriften des Bundes inhaltsgleiche oder entgegenstehende Bestimmungen enthalten.

(5) Dieses Gesetz gilt nicht für

1. die Strafverfolgung, die Verfolgung und Ahndung von Ordnungswidrigkeiten, die Rechtshilfe für das Ausland in Straf- und Zivilsachen, die Steuer- und Zollfahndung (§ 208 der Abgabenordnung) und für Maßnahmen des Richterdienstrechts,

2. Verfahren vor dem Deutschen Patent- und Markenamt und den bei diesem errichteten Schiedsstellen,

3. die Verwaltungstätigkeit nach dem Zweiten Buch Sozialgesetzbuch.

§ 2 Elektronischer Zugang zur Verwaltung

(1) Jede Behörde ist verpflichtet, auch einen Zugang für die Übermittlung elektronischer Dokumente, auch soweit sie mit einer qualifizierten elektronischen Signatur oder einem qualifizierten elektronischen Siegel versehen sind, zu eröffnen.

(2) Jede Behörde des Bundes ist verpflichtet, in Verwaltungsverfahren, in denen sie die Identität einer Person auf Grund einer Rechtsvorschrift festzustellen hat oder aus anderen Gründen eine Identifizierung für notwendig erachtet, einen elektronischen Identitätsnachweis nach § 18 des Personalausweisgesetzes, nach § 12 des eID-Karte-Gesetzes oder nach § 78 Absatz 5 des Aufenthaltsgesetzes anzubieten. Mit der Anbindung an das Bürgerkonto nach § 3 Absatz 1 des Onlinezugangsgesetzes wird diese Verpflichtung erfüllt.

§ 2a Siegeldienst; Verordnungsermächtigung

(1) Das Bundesministerium des Innern und für Heimat wird ermächtigt, durch Rechtsverordnung, die nicht der Zustimmung des Bundesrates bedarf, eine öffentliche Stelle des Bundes

zu bestimmen, die den Behörden des Bundes zur Unterstützung ihrer elektronischen Verwaltungstätigkeit einen zentralen Siegeldienst bereitstellt. Auf der Grundlage einer Verwaltungsvereinbarung mit dem Bundesministerium des Innern und für Heimat können Länder diesen Siegeldienst zur Unterstützung der elektronischen Verwaltungstätigkeit ihrer Behörden mitnutzen.

(2) Der zentrale Siegeldienst erfüllt mindestens die folgenden Basisfunktionen:

1. Erstellung qualifizierter elektronischer Siegel,

2. Validierung qualifizierter elektronischer Siegel und Signaturen sowie

3. Erstellung digitaler Siegel zum optisch verifizierbaren kryptographischen Schutz von Verwaltungsdokumenten.

§ 3 Information zu Behörden und über ihre Verfahren in öffentlich zugänglichen Netzen

(1) Jede Behörde stellt über öffentlich zugängliche Netze in allgemein verständlicher Sprache Informationen über ihre Aufgaben, ihre Anschrift, ihre Geschäftszeiten sowie postalische, telefonische und elektronische Erreichbarkeiten zur Verfügung.

(2) Jede Behörde soll über öffentlich zugängliche Netze in allgemein verständlicher Sprache über ihre nach außen wirkende öffentlich-rechtliche Tätigkeit, damit verbundene Gebühren, beizubringende Unterlagen und die zuständige Ansprechstelle und ihre Erreichbarkeit informieren sowie erforderliche Formulare bereitstellen.

(3) Die obersten Bundesbehörden stellen mit Unterstützung einer Bundesredaktion insbesondere zu neuen und zu ändernden leistungsbegründenden Rechtsvorschriften des Bundes nach dem vom IT-Planungsrat beschlossenen Standard allgemeine Leistungsinformationen zur Verfügung. Unter Leistungsinformationen fallen Leistungszuschnitte und -beschreibungen sowie Prozess- und Datenfeldinformationen.

(4) Für Gemeinden und Gemeindeverbände gelten die Absätze 1 und 2 nur dann, wenn dies nach Landesrecht angeordnet ist.

§ 4 Elektronische Bezahlmöglichkeiten

(1) Fallen im Rahmen eines elektronisch durchgeführten Verwaltungsverfahrens Gebühren oder sonstige Forderungen an, muss die Behörde die Einzahlung dieser Gebühren oder die Begleichung dieser sonstigen Forderungen durch Teilnahme an verschiedenen im elektronischen Geschäftsverkehr üblichen, möglichst barrierefreien und hinreichend sicheren Zahlungsverfahren ermöglichen.

(2) Erfolgt die Einzahlung von Gebühren oder die Begleichung sonstiger Forderungen durch ein elektronisches Zahlungsabwicklungsverfahren des Bundes, sollen Rechnungen oder Quittungen elektronisch angezeigt werden. Dies gilt auch, wenn die sonstige Forderung außerhalb eines Verwaltungsverfahrens erhoben wird.

§ 4a Elektronischer Rechnungsempfang; Verordnungsermächtigung

(1) Elektronische Rechnungen, die nach Erfüllung von öffentlichen Aufträgen und Aufträgen sowie zu Konzessionen von Stellen im Sinne von § 159 Absatz 1 Nummer 1 bis 4 des Gesetzes

gegen Wettbewerbsbeschränkungen ausgestellt wurden, sind nach Maßgabe einer Rechtsverordnung nach Absatz 3 zu empfangen und zu verarbeiten. Diese Verpflichtung gilt unabhängig von dem Geltungsbereich gemäß § 1 Absatz 1 bis 3 und unabhängig davon, ob der Wert des vergebenen öffentlichen Auftrags, des vergebenen Auftrags oder der Vertragswert der vergebenen Konzession den gemäß § 106 des Gesetzes gegen Wettbewerbsbeschränkungen jeweils maßgeblichen Schwellenwert erreicht oder überschreitet. 3Vertragliche Regelungen, die die elektronische Rechnungsstellung vorschreiben, bleiben unberührt.

(2) Eine Rechnung ist elektronisch, wenn

1. sie in einem strukturierten elektronischen Format ausgestellt, übermittelt und empfangen wird und

2. das Format die automatische und elektronische Verarbeitung der Rechnung ermöglicht.

(3) Die Bundesregierung wird ermächtigt, durch Rechtsverordnung ohne Zustimmung des Bundesrates besondere Vorschriften zur Ausgestaltung des elektronischen Rechnungsverkehrs zu erlassen. Diese Vorschriften können sich beziehen auf

1. die Art und Weise der Verarbeitung der elektronischen Rechnung, insbesondere auf die elektronische Verarbeitung,

2. die Anforderungen an die elektronische Rechnungsstellung, und zwar insbesondere auf die von den elektronischen Rechnungen zu erfüllenden Voraussetzungen, den Schutz personenbezogener Daten, das zu verwendende Rechnungsdatenmodell sowie auf die Verbindlichkeit der elektronischen Form,

3. die Befugnis von öffentlichen Auftraggebern, Sektorenauftraggebern und Konzessionsgebern, in Ausschreibungsbedingungen die Erteilung elektronischer Rechnungen vorzusehen sowie

4. Ausnahmen für verteidigungs- und sicherheitsspezifische Aufträge und Angelegenheiten des Auswärtigen Dienstes.

(4) Als Rechnung oder gleichwertige Zahlungsaufstellung im Sinne von § 286 Absatz 3 des Bürgerlichen Gesetzbuchs gelten Rechnungen, die von der Verpflichtung zur elektronischen Einreichung nach Absatz 1 sowie nach Vorschriften auf Grundlage von Absatz 3 erfasst sind, nur dann, wenn sie elektronisch im Sinne dieses Gesetzes und der Rechtsverordnung nach Absatz 3 gestellt werden. In diesem Fall ist § 1 Absatz 4 nicht anzuwenden.

(5) Das Beschaffungsamt des Bundesministeriums des Innern und für Heimat ist zuständig für die fachliche Betreuung und zentrale Steuerung des elektronischen Rechnungsverkehrs in der gesamten Bundesverwaltung. Das Beschaffungsamt des Bundesministeriums des Innern und für Heimat hat hierbei in Zusammenarbeit mit den beteiligten Stellen insbesondere die Aufgabe, den elektronischen Rechnungsverkehr in der Bundesverwaltung kontinuierlich weiterzuentwickeln und die Interessen der Bundesrepublik Deutschland in Angelegenheiten des elektronischen Rechnungsverkehrs in diesem Bereich in nationalen, europäischen und internationalen Gremien zu vertreten.

§ 5 Nachweisabruf; Nachweiserbringung

(1) Wird ein antragsgebundenes Verwaltungsverfahren elektronisch durchgeführt, erfolgt die Nachweiserbringung auf elektronischem Wege nach Wahl des Antragstellers,

1. indem die nachweisanfordernde Stelle den jeweiligen Nachweis automatisiert bei der nachweisliefernden Stelle abruft, sofern der jeweils erforderliche Nachweis des Antragstellers elektronisch vorliegt und automatisiert abgerufen werden kann, oder

2. indem der Antragsteller den jeweiligen Nachweis elektronisch einreicht.

Die §§ 24 bis 27 des Verwaltungsverfahrensgesetzes bleiben unberührt. 3Die Verantwortung für die Zulässigkeit der Nachweiserhebung und des Nachweisabrufs nach Satz 1 Nummer 1 in Verbindung mit den Absätzen 3 bis 5 trägt die nachweisanfordernde Stelle.

(2) Nachweise im Sinne dieses Gesetzes sind Unterlagen und Daten jeder Art unabhängig vom verwendeten Medium, die zur Ermittlung des Sachverhalts geeignet sind. Nachweisanfordernde Stelle kann die für die Entscheidung über den Antrag zuständige Behörde oder auch eine andere öffentliche Stelle sein, die dafür zuständig ist, Nachweise einzuholen und an die für die Entscheidung über den Antrag zuständige Behörde weiterzuleiten. Nachweisliefernde Stelle ist diejenige öffentliche Stelle, die dafür zuständig ist, den Nachweis auszustellen.

(3) Hat sich der Antragsteller für den automatisierten Nachweisabruf entschieden, darf die nachweisanfordernde Stelle den Nachweis des Antragstellers bei der nachweisliefernden Stelle abrufen und die nachweisliefernde Stelle darf den Nachweis an die nachweisanfordernde Stelle übermitteln, wenn

1. dies zur Erfüllung der Aufgabe der nachweisanfordernden Stelle erforderlich ist und

2. die nachweisanfordernde Stelle den Nachweis auch aufgrund anderer Rechtsvorschriften beim Antragsteller erheben dürfte.

Die in Absatz 2 Satz 2 genannte andere öffentliche Stelle darf den Nachweis an die für die Entscheidung über den Antrag zuständige Stelle übermitteln. 3Die Datenübermittlungen zwischen öffentlichen Stellen nach diesem Absatz sind durch die jeweiligen Stellen in einer Weise zu protokollieren, die eine Kontrolle der Zulässigkeit von Datenabrufen technisch unterstützt. 4Die Pflicht nach Satz 3 gilt ab dem Tag, der dem Tag folgt, an dem das Bundesministerium des Innern und für Heimat im Bundesanzeiger bekannt gibt, dass die technischen und rechtlichen Voraussetzungen für eine Anzeige der Datenübermittlungen nach diesem Absatz im Datenschutzcockpit nach § 10 des Onlinezugangsgesetzes vorliegen. 5§ 9 Absatz 2 und 3 des Identifikationsnummerngesetzes gilt ab diesem Zeitpunkt entsprechend.

(4) Soll der Nachweis aus einem Register, welches in der Anlage zum Identifikationsnummerngesetz vom 28. März 2021 (BGBl. I S. 591), das durch Artikel 15 des Gesetzes vom 28. Juni 2021 (BGBl. I S. 2250) geändert worden ist, aufgeführt ist, abgerufen werden, darf die nachweisanfordernde Stelle die Identifikationsnummer nach § 1 des Identifikationsnummerngesetzes zur Zuordnung der Datensätze zum Antragsteller und zum Abruf des Nachweises an die nachweisliefernde Stelle übermitteln. Das Nachweisabrufersuchen darf zusätzlich weitere Daten im Sinne von § 4 Absatz 2 und 3 des Identifikationsnummerngesetzes, in der Regel das

Geburtsdatum, zur Validierung der Zuordnung enthalten. *3*Zu diesem Zweck darf die nachweisliefernde Stelle diese Daten verarbeiten.

(5) Bevor die für die Entscheidung über den Antrag zuständige Behörde den abgerufenen Nachweis verwenden darf, um die antragsgebundene Verwaltungsleistung zu erbringen, hat der Antragsteller im Fall des Absatzes 1 Satz 1 Nummer 1, wenn der Nachweis ohne zeitlichen Verzug automatisiert abgerufen werden kann, die Möglichkeit, den Nachweis vorab einzusehen. Der Antragsteller kann in diesem Fall entscheiden, ob der Nachweis für das Antragsverfahren verwendet werden soll.

§ 5a Grenzüberschreitende Nachweisabrufe

(1) Die zuständige Behörde darf bei einer Behörde eines anderen Mitgliedstaats der Europäischen Union einen Nachweis nach Artikel 14 Absatz 2 der Verordnung (EU) 2018/1724 des Europäischen Parlaments und des Rates vom 2. Oktober 2018 über die Einrichtung eines einheitlichen digitalen Zugangstors zu Informationen, Verfahren, Hilfs- und Problemlösungsdiensten und zur Änderung der Verordnung (EU) Nr. 1024/2012 (ABl. L 295 vom 21.11.2018, S. 1), die durch die Verordnung (EU) 2022/868 (ABl. L 152 vom 3.6.2022, S.1) geändert worden ist, automatisiert abrufen, wenn dies zur Erfüllung ihrer Aufgaben für eines der Verfahren nach Artikel 14 Absatz 1 der Verordnung (EU) 2018/1724 erforderlich ist.

(2) Die automatisierte Übermittlung eines Nachweises nach Artikel 14 Absatz 2 der Verordnung (EU) 2018/1724 an eine Behörde eines anderen Mitgliedstaats der Europäischen Union ist zulässig, wenn diese Behörde zuständig ist und die Übermittlung zur Erfüllung ihrer Aufgaben für eines der Verfahren nach Artikel 14 Absatz 1 der Verordnung (EU) 2018/1724 erforderlich ist.

(3) Bei der Verarbeitung personenbezogener Daten nach den Absätzen 1 und 2 können intermediäre Plattformen zum Einsatz kommen.

§ 6 Ende-zu-Ende-Digitalisierung; Verordnungsermächtigung

(1) Der Bund hat für seine wesentlichen elektronischen Verwaltungsleistungen spätestens zum Ablauf des fünften auf die Verkündung des Gesetzes vom 19. Juli 2024 (BGBl. 2024 I Nr. 245) folgenden Kalenderjahres eine vollständige elektronische Abwicklung sicherzustellen.

(2) Die Umsetzung und die Auswirkungen des Absatzes 1 werden durch das Bundesministerium des Innern und für Heimat nach Ablauf des fünften auf die Verkündung des Gesetzes vom 19. Juli 2024 (BGBl. 2024 I Nr. 245) folgenden Kalenderjahres evaluiert. Der Evaluierungsbericht ist dem Bundestag vorzulegen.

(3) Das Bundesministerium des Innern und für Heimat wird ermächtigt, im Einvernehmen mit dem für das jeweilige Bundesgesetz zuständigen Bundesministerium nach Anhörung der kommunalen Spitzenverbände durch Rechtsverordnung mit Zustimmung des Bundesrates für elektronische Verwaltungsleistungen, die der Ausführung von Bundesgesetzen durch die Länder dienen, zu bestimmen, dass diese Verwaltungsleistungen vollständig elektronisch abzuwickeln sind. Die Länder können von den in der Rechtsverordnung getroffenen Regelungen durch Landesrecht abweichen.

§ 6a Elektronische Aktenführung

Die Behörden des Bundes sollen ihre Akten elektronisch führen. Satz 1 gilt nicht für solche Behörden, bei denen das Führen elektronischer Akten bei langfristiger Betrachtung unwirtschaftlich ist. 3Wird eine Akte elektronisch geführt, ist durch geeignete technisch-organisatorische Maßnahmen nach dem Stand der Technik sicherzustellen, dass die Grundsätze ordnungsgemäßer Aktenführung eingehalten werden.

§ 7 Übertragen und Vernichten des Papieroriginals

(1) Die Behörden des Bundes sollen, soweit sie Akten elektronisch führen, an Stelle von Papierdokumenten deren elektronische Wiedergabe in der elektronischen Akte aufbewahren. Bei der Übertragung in elektronische Dokumente ist nach dem Stand der Technik sicherzustellen, dass die elektronischen Dokumente mit den Papierdokumenten bildlich und inhaltlich übereinstimmen, wenn sie lesbar gemacht werden. 3Von der Übertragung der Papierdokumente in elektronische Dokumente kann abgesehen werden, wenn die Übertragung unverhältnismäßigen technischen Aufwand erfordert.

(2) Papierdokumente nach Absatz 1 sollen nach der Übertragung in elektronische Dokumente vernichtet oder zurückgegeben werden, sobald eine weitere Aufbewahrung nicht mehr aus rechtlichen Gründen oder zur Qualitätssicherung des Übertragungsvorgangs erforderlich ist.

§ 8 Akteneinsicht

Soweit ein Recht auf Akteneinsicht besteht, können die Behörden des Bundes, die Akten elektronisch führen, Akteneinsicht dadurch gewähren, dass sie

1. einen Aktenausdruck zur Verfügung stellen,
2. die elektronischen Dokumente auf einem Bildschirm wiedergeben,
3. elektronische Dokumente übermitteln oder
4. den elektronischen Zugriff auf den Inhalt der Akten gestatten.

§ 9 Optimierung von Verwaltungsabläufen und Information zum Verfahrensstand

(1) Behörden des Bundes sollen Verwaltungsabläufe, die erstmals zu wesentlichen Teilen elektronisch unterstützt werden, vor Einführung der informationstechnischen Systeme unter Nutzung gängiger Methoden dokumentieren, analysieren und optimieren. Dabei sollen sie im Interesse der Verfahrensbeteiligten die Abläufe so gestalten, dass Informationen zum Verfahrensstand und zum weiteren Verfahren sowie die Kontaktinformationen der zum Zeitpunkt der Anfrage zuständigen Ansprechstelle auf elektronischem Wege abgerufen werden können.

(2) Von den Maßnahmen nach Absatz 1 kann abgesehen werden, soweit diese einen nicht vertretbaren wirtschaftlichen Mehraufwand bedeuten würden oder sonstige zwingende Gründe entgegenstehen. Von den Maßnahmen nach Absatz 1 Satz 2 kann zudem abgesehen werden, wenn diese dem Zweck des Verfahrens entgegenstehen oder eine gesetzliche Schutznorm verletzen. Die Gründe nach den Sätzen 1 und 2 sind zu dokumentieren.

(3) Die Absätze 1 und 2 gelten entsprechend bei allen wesentlichen Änderungen der Verwaltungsabläufe oder der eingesetzten informationstechnischen Systeme.

§ 9a Verwaltungsportal des Bundes; Verordnungsermächtigung

(1) Das Verwaltungsportal des Bundes nach § 1a Absatz 1 des Onlinezugangsgesetzes wird durch die dafür zuständige öffentliche Stelle zur fachunabhängigen und fachübergreifenden Unterstützung der elektronischen Verwaltungstätigkeit der Behörden des Bundes zur Verfügung gestellt.

(2) Das Bundesministerium des Innern und für Heimat wird ermächtigt, durch Rechtsverordnung, die nicht der Zustimmung des Bundesrates bedarf, die für das Verwaltungsportal des Bundes zuständige öffentliche Stelle zu bestimmen. Die Zuständigkeit der jeweils fachlich zuständigen Behörde für ihre Verwaltungsleistungen bleibt davon unberührt.

(3) Das Verwaltungsportal des Bundes stellt zur Unterstützung der Abwicklung von elektronischen Verwaltungsleistungen Basisfunktionen bereit, um folgende Zwecke zu erfüllen:

1. Ermöglichung einer elektronischen Suche nach Verwaltungsleistungen des Bundes und der Länder im Portalverbund,

2. Ermöglichung des elektronischen Identitätsnachweises über ein Nutzerkonto nach § 2 Absatz 5 des Onlinezugangsgesetzes,

3. Bereitstellung von Online-Formularen für die Unterstützung bei der Abwicklung von elektronischen Verwaltungsleistungen, die in der Zuständigkeit des Bundes liegen und von Behörden des Bundes ausgeführt werden, einschließlich der Erbringung erforderlicher Nachweise,

4. Bereitstellung eines sicheren Übermittlungswegs, über den Nutzer auch strukturierte Daten und elektronische Informationen, einschließlich erforderlicher Nachweise, zur Abwicklung elektronischer Verwaltungsleistungen, die in der Zuständigkeit des Bundes liegen und von Behörden des Bundes ausgeführt werden, übermitteln können,

5. Ermöglichung eines sicheren elektronischen Übermittlungswegs für die Behörden des Bundes, die an das Verwaltungsportal des Bundes angeschlossen sind, mit dem sie

a) Online-Formulare empfangen und herunterladen können,

b) Bescheide, elektronische Dokumente, Informationen und Nachrichten hochladen und elektronisch an das Nutzerkonto des Nutzers übermitteln können und

c) elektronische Dokumente, Informationen und Nachrichten aus dem Nutzerkonto des Nutzers empfangen können und

6. Ermöglichung der Teilnahme an verschiedenen im elektronischen Geschäftsverkehr üblichen, möglichst barrierefreien und hinreichend sicheren Zahlungsverfahren für die Behörden des Bundes.

§ 9b Verarbeitung personenbezogener Daten im Verwaltungsportal des Bundes

(1) Die für die Zwecke nach § 9a Absatz 3 erforderlichen personenbezogenen Daten dürfen im Verwaltungsportal des Bundes verarbeitet werden. Dies gilt auch für die Verarbeitung besonderer Kategorien personenbezogener Daten im Sinne des Artikels 9 Absatz 1 der Verordnung (EU) 2016/679 des Europäischen Parlaments und des Rates vom 27. April 2016 zum Schutz natürlicher Personen bei der Verarbeitung personenbezogener Daten, zum freien Datenverkehr und zur Aufhebung der Richtlinie 95/46/EG (ABl. L 119 vom 4.5.2016, S. 1; L 314 vom 22.11.2016, S. 72; L 127 vom 23.5.2018, S. 2), soweit diese für eine Verwaltungsleistung, die

über das Verwaltungsportal des Bundes elektronisch abgewickelt wird, erforderlich sind.
3§ 22 Absatz 2 des Bundesdatenschutzgesetzes gilt entsprechend.

(2) Die erforderlichen Stamm- und Verfahrensdaten, die im Verwaltungsportal des Bundes über ein Online-Formular einer Behörde erhoben werden, dürfen auf Veranlassung des Nutzers darüber hinaus gespeichert werden (zwischengespeicherte Verfahrensdaten), um dem Nutzer zu ermöglichen, das Online-Formular zu einem späteren Zeitpunkt zu vervollständigen, zu korrigieren oder zu löschen und auch nach Übermittlung an die zuständige Behörde einzusehen, zu ergänzen oder die zwischengespeicherten Verfahrensdaten erneut zu verwenden. § 22 Absatz 2 des Bundesdatenschutzgesetzes gilt im Rahmen der Zwischenspeicherung besonderer Kategorien personenbezogener Daten im Sinne des Artikels 9 Absatz 1 der Verordnung (EU) 2016/679 entsprechend.

(3) Durch technische und organisatorische Maßnahmen ist sicherzustellen, dass die jeweils zuständige Behörde nicht auf die zwischengespeicherten Verfahrensdaten zugreifen kann. Vor der Übermittlung des Online-Formulars an die zuständige Behörde zwischengespeicherte Verfahrensdaten sind nach Ablauf von 30 Tagen nach der letzten Bearbeitung durch den Nutzer zu löschen. 3Nach der Übermittlung des Online-Formulars an die zuständige Behörde zwischengespeicherte Verfahrensdaten sind zu löschen, wenn diese für die Zwecke nach Absatz 2 nicht mehr erforderlich sind oder der Nutzer diese erkennbar nicht mehr weiterverwenden möchte. 4Der Nutzer ist vorab über eine automatische Löschung der Verfahrensdaten zu informieren.

(4) Der Zugriff auf die zwischengespeicherten Verfahrensdaten wird für die Nutzer im Verwaltungsportal des Bundes portalübergreifend ermöglicht. Die für den Zweck der Ermöglichung des portalübergreifenden Zugriffs erforderlichen Stamm- und Verfahrensdaten dürfen im Verwaltungsportal des Bundes verarbeitet werden.

§ 9c Datenschutzrechtliche Verantwortlichkeit

(1) Für die Verarbeitung personenbezogener Daten im Verwaltungsportal des Bundes nach § 9a Absatz 3 Nummer 3 bis 6 und nach § 9b Absatz 2 und 3 ist die jeweils zuständige Behörde des Bundes datenschutzrechtlich verantwortlich; die für das Verwaltungsportal des Bundes zuständige öffentliche Stelle wird insofern tätig als Auftragsverarbeiter nach Artikel 4 Nummer 8 der Verordnung (EU) 2016/679 des Europäischen Parlaments und des Rates vom 27. April 2016 zum Schutz natürlicher Personen bei der Verarbeitung personenbezogener Daten, zum freien Datenverkehr und zur Aufhebung der Richtlinie 95/46/EG (ABl. L 119 vom 4.5.2016, S. 1; L 314 vom 22.11.2016, S. 72; L 127 vom 23.5.2018, S. 2).

(2) Im Übrigen führt die für das Verwaltungsportal des Bundes zuständige öffentliche Stelle die Verarbeitung personenbezogener Daten in ausschließlich eigener datenschutzrechtlicher Verantwortlichkeit aus.

§ 10 Umsetzung von Standardisierungsbeschlüssen des IT-Planungsrates

Fasst der Planungsrat für die IT-Zusammenarbeit der öffentlichen Verwaltung zwischen Bund und Ländern (IT-Planungsrat) einen Beschluss über fachunabhängige und fachübergreifende

IT-Interoperabilitäts- oder IT-Sicherheitsstandards gemäß § 1 Absatz 1 Satz 1 Nummer 2 und § 3 des Vertrages über die Errichtung des IT-Planungsrats und über die Grundlagen der Zusammenarbeit beim Einsatz der Informationstechnologie in den Verwaltungen von Bund und Ländern – Vertrag zur Ausführung von Artikel 91c GG (BGBl. 2010 I S. 662, 663), so beschließt der Rat der IT-Beauftragten der Bundesregierung (IT-Rat) die Umsetzung dieses Beschlusses innerhalb der Bundesverwaltung. § 12 des Gesetzes über das Bundesamt für Sicherheit in der Informationstechnik gilt entsprechend.

§ 11 Gemeinsame Verfahren

(1) Gemeinsame Verfahren sind automatisierte Verfahren, die mehreren Verantwortlichen im Sinne des Artikels 26 der Verordnung (EU) 2016/679 des Europäischen Parlaments und des Rates vom 27. April 2016 zum Schutz natürlicher Personen bei der Verarbeitung personenbezogener Daten, zum freien Datenverkehr und zur Aufhebung der Richtlinie 95/46/EG (Datenschutz-Grundverordnung) (ABl. L 119 vom 4.5.2016, S. 1; L 314 vom 22.11.2016, S. 72; L 127 vom 23.5.2018, S. 2) in der jeweils geltenden Fassung die Verarbeitung personenbezogener Daten in oder aus einem Datenbestand ermöglichen.

(2) Die Beteiligung öffentlicher Stellen des Bundes nach § 2 Absatz 1 des Bundesdatenschutzgesetzes an gemeinsamen Verfahren ist nur zulässig, wenn dies unter Berücksichtigung der schutzwürdigen Interessen der betroffenen Personen und der Aufgaben der beteiligten Stellen angemessen ist. Die Vorschriften über die Zulässigkeit der Verarbeitung der Daten im Einzelfall bleiben unberührt.

(3) Vor der Einrichtung oder wesentlichen Änderung eines gemeinsamen Verfahrens schließen die Verantwortlichen eine Vereinbarung nach Maßgabe des Artikels 26 Absatz 1 und 2 der Verordnung (EU) 2016/679. In dieser Vereinbarung können auch Verantwortliche bestimmt werden, die andere Stellen mit der Verarbeitung personenbezogener Daten für das gemeinsame Verfahren gemäß Artikel 28 der Verordnung (EU) 2016/679 beauftragen dürfen.

(4) Soweit für die beteiligten Stellen ungeachtet der Verordnung (EU) 2016/679 unterschiedliche bundes- oder landesrechtliche Datenschutzvorschriften gelten, ist vor der Einrichtung eines gemeinsamen Verfahrens zu regeln, welche dieser Datenschutzvorschriften angewendet werden. Weiterhin ist zu bestimmen, welche Kontrollstellen die Einhaltung der Datenschutzvorschriften prüfen.

§ 12 Anforderungen an das Bereitstellen von Daten, Verordnungsermächtigung

(1) Stellen Behörden über öffentlich zugängliche Netze Daten zur Verfügung, an denen ein Nutzungsinteresse, insbesondere ein Weiterverwendungsinteresse im Sinne des Datennutzungsgesetzes, zu erwarten ist, so sind grundsätzlich maschinenlesbare Formate zu verwenden. Ein Format ist maschinenlesbar, wenn die enthaltenen Daten durch Software automatisiert ausgelesen und verarbeitet werden können. 3Die Daten sollen mit Metadaten versehen werden.

(2) Die Bundesregierung wird ermächtigt, durch Rechtsverordnung mit Zustimmung des Bundesrates Bestimmungen für die Nutzung der Daten gemäß Absatz 1 festzulegen. Die Nutzungsbestimmungen sollen die kommerzielle und nichtkommerzielle Nutzung abdecken. Sie

sollen insbesondere den Umfang der Nutzung, Nutzungsbedingungen, Gewährleistungs- und Haftungsausschlüsse regeln. Es können keine Regelungen zu Geldleistungen getroffen werden.

(3) Regelungen in anderen Rechtsvorschriften über technische Formate, in denen Daten verfügbar zu machen sind, gehen vor, soweit sie Maschinenlesbarkeit gewährleisten.

(4) Absatz 1 gilt für Daten, die vor dem 31. Juli 2013 erstellt wurden, nur, wenn sie in maschinenlesbaren Formaten vorliegen.

(5) Absatz 1 gilt nicht, soweit Rechte Dritter, insbesondere der Länder, entgegenstehen.

§ 12a Offene Daten des Bundes, Verordnungsermächtigung

(1) Die Behörden des Bundes mit Ausnahme der Selbstverwaltungskörperschaften stellen unbearbeitete maschinenlesbare Daten, die sie zur Erfüllung ihrer öffentlich-rechtlichen Aufgaben erhoben haben oder durch Dritte in ihrem Auftrag haben erheben lassen, zum Datenabruf über öffentlich zugängliche Netze bereit. Ein Anspruch auf Bereitstellung dieser Daten wird hierdurch nicht begründet. 3Satz 1 gilt nicht für natürliche Personen und juristische Personen des Privatrechts, denen hoheitliche Aufgaben zur selbständigen Wahrnehmung übertragen wurden.

(2) Absatz 1 Satz 1 gilt nur für Daten, die

1. der Behörde elektronisch gespeichert und in Sammlungen strukturiert vorliegen, insbesondere in Tabellen oder Listen,

2. ausschließlich Tatsachen enthalten, die außerhalb der Behörde liegende Verhältnisse betreffen,

3. nicht das Ergebnis einer Bearbeitung anderer Daten durch eine Behörde des Bundes sind,

4. nach der Erhebung keine Bearbeitung erfahren haben, ausgenommen eine Bearbeitung,

a) die der Fehlerbereinigung dient oder

b) die aus rechtlichen oder aus tatsächlichen Gründen erfolgt ist und ohne die eine Veröffentlichung der Daten nicht möglich wäre, und

5. bei Personenbezug derart umgewandelt wurden, dass

a) sie sich nicht mehr auf eine identifizierte oder identifizierbare natürliche Person beziehen oder

b) die betroffene Person nicht oder nicht mehr identifiziert werden kann.

(3) Abweichend von Absatz 1 Satz 1 müssen die Daten nicht bereitgestellt werden, wenn

1. an den Daten

a) kein oder nur ein eingeschränktes Zugangsrecht insbesondere gemäß den §§ 3, 4 und 6 des Informationsfreiheitsgesetzes besteht oder

b) ein Zugangsrecht erst nach der Beteiligung Dritter bestünde,

2. die Daten ohne Auftrag der Behörde von Dritten erstellt und ihr ohne rechtliche Verpflichtung übermittelt werden,

3. es sich um Daten handelt, die zu Forschungszwecken erhoben wurden und bereits über öffentlich zugängliche Netze entgeltfrei bereitgestellt werden; die Möglichkeit der freiwilligen

Bereitstellung dazugehöriger Metadaten über das nationale Metadatenportal GovData bleibt davon unberührt, oder

4. die Daten unter das Bankgeheimnis fallen.

(3a) Abweichend von Absatz 1 Satz 1 müssen Datensätze, die personenbezogene Daten enthalten, nicht bereitgestellt werden.

(4) Die Bereitstellung der Daten nach Absatz 1 Satz 1 erfolgt unverzüglich nach der Erhebung, sofern der Zweck der Erhebung dadurch nicht beeinträchtigt wird, andernfalls unverzüglich nach Wegfall der Beeinträchtigung. Ist aus technischen oder sonstigen gewichtigen Gründen eine unverzügliche Bereitstellung nicht möglich, sind die Daten unverzüglich nach Wegfall dieser Gründe bereitzustellen. 3Sofern sich aus spezialgesetzlichen Regelungen nichts anderes ergibt, sind abweichend von Satz 1 Daten, die zu Forschungszwecken erhoben wurden, erst bereitzustellen, wenn das der Datenerhebung zugrunde liegende Forschungsvorhaben abgeschlossen und der Forschungszweck erfüllt ist. 4Der für die freiwillige Teilnahme an einer Forschungsmaßnahme festgelegte Zweck gilt unbeschadet hiervon fort.

(5) Die Daten nach Absatz 1 Satz 1 sind mit Metadaten zu versehen. Diese Metadaten werden im nationalen Metadatenportal GovData eingestellt.

(6) Der Abruf von Daten nach Absatz 1 Satz 1 muss entgeltfrei und zur uneingeschränkten Weiterverwendung der Daten durch jedermann ermöglicht werden. Der Abruf von Daten nach Absatz 1 Satz 1 soll jederzeit, ohne verpflichtende Registrierung und ohne Begründung möglich sein.

(7) Die Behörden des Bundes sollen die Anforderungen an die Bereitstellung von Daten im Sinne des Absatzes 1 Satz 1 bereits frühzeitig berücksichtigen bei:

1. der Optimierung von Verwaltungsabläufen gemäß § 9,

2. dem Abschluss von vertraglichen Regelungen zur Erhebung oder Verarbeitung der Daten sowie

3. bei der Beschaffung von informationstechnischen Systemen für die Speicherung und Verarbeitung der Daten.

(8) Die Behörden des Bundes sind nicht verpflichtet, die bereitzustellenden Daten auf Richtigkeit, Vollständigkeit, Plausibilität oder in sonstiger Weise zu prüfen.

(9) Jede nach Absatz 1 verpflichtete Stelle mit Ausnahme der in § 3 Nummer 8 des Informationsfreiheitsgesetzes genannten Stellen sowie von Hauptzollämtern oder vergleichbaren örtlichen Bundesbehörden benennt einen Open-Data-Koordinator oder eine Open-Data-Koordinatorin. Der Koordinator oder die Koordinatorin wirkt in der Funktion als zentraler Ansprechpartner oder zentrale Ansprechpartnerin der jeweiligen Behörde auf die Identifizierung, Bereitstellung und Weiterverwendung der offenen Daten seiner oder ihrer Behörde hin. 3Die Möglichkeit der freiwilligen Benennung entsprechender Open-Data-Koordinatoren oder Open-Data-Koordinatorinnen in den übrigen Behörden der Bundesverwaltung bleibt davon unberührt.

(10) Die Bundesregierung richtet eine zentrale Stelle ein, die die Behörden der Bundesverwaltung zu Fragen der Bereitstellung von Daten als offene Daten berät und Ansprechpartner für entsprechende Stellen der Länder ist.

(11) Die Bundesregierung berichtet dem Bundestag alle zwei Jahre über die Fortschritte bei der Bereitstellung von Daten durch die Behörden der Bundesverwaltung als offene Daten. Mit Blick auf die beabsichtigte Erweiterung des Anwendungsbereichs nach Absatz 1 Satz 1 bis zum Jahr 2025 evaluiert sie dabei auch die mögliche Ausweitung der Bereitstellungspflicht auf Selbstverwaltungskörperschaften und natürliche Personen und juristische Personen des Privatrechts, denen hoheitliche Aufgaben zur selbständigen Wahrnehmung übertragen wurden, sowie die Einführung eines Anspruchs auf die Bereitstellung von Daten im Sinne des Absatzes 1 Satz 2.

(12) Das Bundesministerium des Innern, für Bau und Heimat wird ermächtigt, im Einvernehmen mit den übrigen Bundesministerien und den Beauftragten der Bundesregierung durch Rechtsverordnung ohne Zustimmung des Bundesrates Bestimmungen zum Bereitstellungsprozess der Daten nach Absatz 1 Satz 1 zu erlassen.

§ 13 Elektronische Formulare

Ist durch Rechtsvorschrift die Verwendung eines bestimmten Formulars vorgeschrieben, das ein Unterschriftsfeld vorsieht, wird allein dadurch nicht die Anordnung der Schriftform bewirkt. Bei einer für die elektronische Versendung an die Behörde bestimmten Fassung des Formulars entfällt das Unterschriftsfeld.

§ 14 Georeferenzierung

(1) Wird ein elektronisches Register, welches Angaben mit Bezug zu inländischen Grundstücken enthält, neu aufgebaut oder überarbeitet, hat die Behörde in das Register eine bundesweit einheitlich festgelegte direkte Georeferenzierung (Koordinate) zu dem jeweiligen Flurstück, dem Gebäude oder zu einem in einer Rechtsvorschrift definierten Gebiet aufzunehmen, auf welches sich die Angaben beziehen.

(2) Register im Sinne dieses Gesetzes sind solche, für die Daten auf Grund von Rechtsvorschriften des Bundes erhoben oder gespeichert werden; dies können öffentliche und nichtöffentliche Register sein.

§ 15 Amtliche Mitteilungs- und Verkündungsblätter

(1) Eine durch Rechtsvorschrift des Bundes bestimmte Pflicht zur Publikation in einem amtlichen Mitteilungs- oder Verkündungsblatt des Bundes, eines Landes oder einer Gemeinde kann unbeschadet des Artikels 82 Absatz 1 des Grundgesetzes zusätzlich oder ausschließlich durch eine elektronische Ausgabe erfüllt werden, wenn diese über öffentlich zugängliche Netze angeboten wird.

(2) Jede Person muss einen angemessenen Zugang zu der Publikation haben, insbesondere durch die Möglichkeit, Ausdrucke zu bestellen oder in öffentlichen Einrichtungen auf die Publikation zuzugreifen. Es muss die Möglichkeit bestehen, die Publikation zu abonnieren oder elektronisch einen Hinweis auf neue Publikationen zu erhalten. 3Gibt es nur eine elektronische Ausgabe, ist dies in öffentlich zugänglichen Netzen auf geeignete Weise bekannt zu machen. 4Es ist sicherzustellen, dass die publizierten Inhalte allgemein und dauerhaft zugänglich

sind und eine Veränderung des Inhalts ausgeschlossen ist. 5Bei gleichzeitiger Publikation in elektronischer und papiergebundener Form hat die herausgebende Stelle eine Regelung zu treffen, welche Form als die authentische anzusehen ist.

§ 16 Nutzerfreundlichkeit und Barrierefreiheit

Die Behörden des Bundes gestalten die elektronische Kommunikation und die elektronischen Dokumente nutzerfreundlich und barrierefrei. 2Für die barrierefreie Gestaltung gilt die Barrierefreie-Informationstechnik-Verordnung entsprechend.

§ 16a Open Source

Die Behörden des Bundes sollen offene Standards nutzen und bei neu anzuschaffender Software Open-Source-Software vorrangig vor solcher Software beschaffen, deren Quellcode nicht öffentlich zugänglich ist oder deren Lizenz die Verwendung, Weitergabe und Veränderung einschränkt.

§ 17 Änderung verwaltungsrechtlicher Rechtsverordnungen des Bundes

Soweit Anordnungen der Schriftform in Rechtsverordnungen des Bundes nach dem Bericht der Bundesregierung zu Artikel 30 Absatz 2 Nummer 1 des Gesetzes zur Förderung der elektronischen Verwaltung sowie zur Änderung weiterer Vorschriften vom 25. Juli 2013 (BGBl. I S. 2749) verzichtbar sind (Bundestagsdrucksache 18/9177, S. 29 bis 47), sind diese aufzuheben oder mit dem Ziel einer möglichst einfachen elektronischen Verfahrensabwicklung zu ergänzen.

§ 18 Anwendungsregelung

Für subzentrale öffentliche Auftraggeber sowie für Sektorenauftraggeber und für Konzessionsgeber ist § 4a erst ab dem 27. November 2019 anzuwenden. Subzentrale öffentliche Auftraggeber sind alle öffentlichen Auftraggeber, die keine obersten Bundesbehörden sind. 3Verfassungsorgane des Bundes sind für die Zwecke dieses Gesetzes den obersten Bundesbehörden gleichgestellt.

§ 19 Übergangsvorschriften

(1) § 12a gilt für Daten, die nach dem 13. Juli 2017 erhoben werden. Für Daten, die vor dem 13. Juli 2017 erhoben wurden, gilt § 12a nur, soweit diese Daten nach dem 13. Juli 2017 zur Erfüllung öffentlich-rechtlicher Aufgaben der Behörden nach § 12a Absatz 1 Satz 1 verwendet werden.

(2) Die Behörden der mittelbaren Bundesverwaltung stellen die Daten nach § 12a spätestens zwölf Monate nach dem 23. Juli 2021 erstmals bereit. 2Erfordert die Bereitstellung der Daten erhebliche technische Anpassungen und ist sie deshalb innerhalb des in Satz 1 genannten Zeitraums nur mit unverhältnismäßig hohem Aufwand möglich, verlängert sich der Zeitraum für die erstmalige Bereitstellung der Daten auf bis zu zwei Jahre, um die technischen Anpassungen durchzuführen. 3Im Fall des Satzes 2 müssen bei der erstmaligen Bereitstellung nur die aktuellen Daten bereitgestellt werden.

(3) Abweichend von den Absätzen 1 und 2 und unbeschadet der Regelung in § 12a Absatz 4 Satz 3 stellen Behörden des Bundes Daten, die zu Forschungszwecken erhoben wurden, spätestens 36 Monate nach dem 23. Juli 2021 erstmals bereit.

(4) Abweichend von Absatz 1 gilt die Pflicht nach § 12a Absatz 9 Satz 1 für Behörden der unmittelbaren Bundesverwaltung mit weniger als 30 Beschäftigten sowie für Behörden der mittelbaren Bundesverwaltung spätestens 36 Monate nach dem 23. Juli 2021, für Behörden der unmittelbaren Bundesverwaltung mit weniger als 50 Beschäftigten spätestens 24 Monate nach dem 23. Juli 2021.

Gemeinsame Geschäftsordnung der Bundesministerien

vom 30.August 2000 (GMBl. S. 526)

Kapitel 4 Führung, Arbeitsablauf

§ 11 Führung, Eigenverantwortung und Zusammenarbeit

(1) Vorgesetzte beteiligen ihre Mitarbeiterinnen und Mitarbeiter im Rahmen ihres jeweiligen Verantwortungsbereichs an den Entscheidungen, die in der Organisationseinheit anfallen. Sie fördern den Leistungswillen, die Bereitschaft zur Zusammenarbeit und zur Übernahme von Verantwortung sowie die Kreativität der Mitarbeiterinnen und Mitarbeiter. Dies kann insbesondere durch Personalführungsgespräche, Zielvereinbarungen, Mitarbeitergespräche und Konfliktmoderation geschehen.

(2) Vorgesetzte tragen die Verantwortung für eine sachgerechte Aufgabenverteilung, den Ausgleich von Überbelastung oder Unterauslastung ihrer Mitarbeiterinnen und Mitarbeiter und für die Arbeitsabläufe in ihrer Organisationseinheit.

(3) Vorgesetzte führen regelmäßig Dienstbesprechungen mit ihren Mitarbeiterinnen und Mitarbeitern durch. Die Dienstbesprechungen dienen neben der Erfüllung der Leitungsaufgaben dem Informations- und Erfahrungsaustausch sowie der Koordinierung der Arbeit.

(4) Jede Mitarbeiterin und jeder Mitarbeiter ist für die sach- und zeitgerechte sowie wirtschaftliche Bearbeitung der übertragenen Aufgaben selbst verantwortlich und soll in den Angelegenheiten des zugewiesenen Aufgabengebietes initiativ und eigenständig arbeiten.

(5) Alle Referatsangehörigen unterstützen einander bei der Erfüllung ihrer Aufgaben. Sie informieren einander über alle Angelegenheiten, die für die Aufgabenwahrnehmung und die Vertretung wichtig sind.

§ 12 Arbeitsablauf

(1) In den Arbeitsabläufen sind elektronische Verfahren soweit wie möglich zu nutzen.

(2) Stand und Entwicklung der Vorgangsbearbeitung müssen jederzeit (im Rahmen der Aufbewahrungsfristen) aus den elektronisch oder in Papierform geführten Akten nach vollziehbar sein. Einzelheiten der Dokumenten- und Aktenverwaltung regelt die Registraturrichtlinie (RegR).

§ 13 Behandlung der Eingänge

(1) Eingänge sind alle Dokumente, die dem Bundesministerium elektronisch oder in Papierform zugeleitet werden.

(2) Eingänge sind nach Anlage 1 zu behandeln und unmittelbar der Leitung der zuständigen Organisationseinheit zuzuleiten, soweit nichts anderes bestimmt wird. Diese entscheidet über die Unterrichtung und Beteiligung ihrer Vorgesetzten und leitet die Eingänge so schnell wie möglich der Bearbeiterin oder dem Bearbeiter zu. Auf Eingängen können Vermerke zum Geschäftsgang gemäß Anlage 2 angebracht werden.

(3) Der Leitung des Bundesministeriums sind insbesondere vorzulegen:

1. Eingänge von grundsätzlicher politischer Bedeutung,

2. Schreiben von Abgeordneten des Deutschen Bundestages,

3. Schreiben von Abgeordneten des Europäischen Parlaments oder eines Landtages.

§ 14 Anträge, Fragen und Beschwerden

(1) Anträge, Fragen und Beschwerden sind so schnell und so einfach wie möglich zu erledigen. Erfordert die Antwort einen Zeitraum von mehr als vier Wochen, ist eine Zwischennachricht zu erteilen.

(2) Bei Beschwerden über ein Verwaltungshandeln ist das Antwortschreiben vor Abgang der oder dem unmittelbaren Vorgesetzten vorzulegen.

(3) Privatpersonen kann zu Sachfragen (Bürgeranfragen) formlos Auskunft gegeben werden. Besteht bei mündlichen Auskünften die Gefahr von Missverständnissen, so ist auf die Möglichkeit einer schriftlichen Anfrage zu verweisen. Bestehen bei elektronischen Anfragen Zweifel an der Identität der Person, die Auskunft erbeten hat, so ist auf den Postweg zu verweisen. Anfragen, die offensichtlich anonym oder unter einem Pseudonym erfolgen, sind grundsätzlich nicht zu beantworten. Rechtsauskünfte, die eine rechtliche Prüfung des Einzelfalls erfordern, dürfen grundsätzlich nicht erteilt werden.

(4) Fragen von Medien sind an das Pressereferat zu verweisen.

§ 15 Beteiligung

(1) Betrifft ein Vorgang mehrere Organisationseinheiten, so sind diese von der federführenden Organisationseinheit recht zeitig zu beteiligen. Federführend ist die Organisationseinheit, die nach dem Geschäftsverteilungsplan überwiegend zuständig oder im Einzelfall bestimmt worden ist. Im Zweifel stellt das Organisationsreferat die Zuständigkeit fest.

(2) Die federführende Organisationseinheit entscheidet über Art und Umfang der Beteiligung, soweit sich dies nicht aus anderen Regelungen ergibt.

(3) Bei umfangreichen Texten ist anzugeben, zu welchen Punkten die Beteiligung erfolgt.

(4) Beteiligung in Form von Mitzeichnung ist auf Vorgänge von Bedeutung zu beschränken. Durch Mitzeichnung wird die fachliche Verantwortung für den vertretenen Aufgabenbereich übernommen.

(5) Aus dem Vorgang muss sich ergeben, welche Organisationseinheiten ihn bearbeitet, mitgezeichnet und gezeichnet haben.

§ 16 Schriftverkehr

(1) Der Schriftverkehr nach außen wird unter der amtlichen Behördenbezeichnung geführt. Bei gemeinsamen Schreiben mehrerer Bundesministerien sind die beteiligten Bundesministerien in der amtlichen Reihenfolge anzugeben.

(2) Schreiben müssen präzise, inhaltlich vollständig, verständlich und höflich sein.

(3) Der elektronische Schriftverkehr zwischen den Bundesministerien erfolgt über die nach § 5 Absatz 2 betriebene Kommunikationsinfrastruktur.

§ 17 Zeichnungsbefugnis

(1) Die Mitarbeiterinnen und Mitarbeiter zeichnen die von ihnen verfassten Schriftstücke grundsätzlich selbst. Vorgesetzte zeichnen, soweit dies in Rechts- und Verwaltungsvorschriften vorgeschrieben ist, es sich aus der Bedeutung der Sache ergibt oder soweit sie sich die Zeichnung in besonderen Fällen vorbehalten haben.

(2) Soweit nichts anderes bestimmt ist, zeichnet die Bundesministerin oder der Bundesminister Schreiben von grundsätzlicher Bedeutung sowie Vorlagen oder wichtige Mitteilungen an

1. Verfassungsorgane der Bundesrepublik Deutschland, der Länder und ausländischer Staaten,

2. andere Mitglieder der Bundesregierung.

§ 18 Zeichnungsform

(1) Im Schriftverkehr nach außen zeichnet die Leitung des Bundesministeriums ohne Zusatz. Die hierfür nach § 6 zur Vertretung berechtigten Personen zeichnen „In Vertretung". Werden Staatssekretärinnen oder Staatssekretäre durch die Abteilungsleitung vertreten, ist „In Vertretung der Staatssekretärin" oder „In Vertretung des Staatssekretärs" zu zeichnen. Alle anderen Zeichnungsberechtigten zeichnen „Im Auftrag".

(2) Reinschriften sind in der Regel eigenhändig zu zeichnen. Bei gleichartigen Schreiben in großer Zahl kann die Unterschrift vervielfältigt werden.

(3) Schreiben, die elektronisch hergestellt und versandt werden, sind mit der Namensangabe unter dem elektronischen Dokument zu versehen. Löst das Schreiben eine unmittelbare Rechtswirkung aus oder ist es von besonderer politischer Bedeutung, so ist es mit der elektronischen Signatur gemäß dem Signaturgesetz zu versehen.

(4) Es ist sicherzustellen, dass die absendende Stelle in der Absenderadresse eindeutig erkennbar und der unterzeichnenden Person zuzuordnen ist.

Anlage 1 zu § 13 Absatz 2 GGO

Behandlung der Eingänge

I. Elektronische Eingänge

1. Elektronische Dokumente sind in der Regel elektronisch weiterzuleiten.

2. Alle elektronischen Dokumente, die nicht bei der zuständigen Stelle eingehen, sind weiterzuleiten oder der zentralen Posteingangsstelle zuzuleiten.

3. Bei besonders dringlichen Sachen im Sinne von Nummer II 3 ist die Eilbedürftigkeit gegebenenfalls kenntlich zu machen. Sie sind beschleunigt weiterzuleiten. Eine weitere Eingangsbehandlung durch die Posteingangsstelle erfolgt nicht.

4. Elektronische Dokumente, die von der Posteingangsstelle in Papierform weitergeleitet werden sollen, sind gemäß Nummer II zu behandeln.

II. Eingänge in Papierform

1. Sendungen mit persönlicher Anschrift werden den Adressaten ungeöffnet zugeleitet.

2. Die Eingänge sind mit dem Eingangsstempel zu versehen und mit der zuständigen Arbeitseinheit auszuzeichnen. Soweit erforderlich, ist die genaue Eingangszeit festzuhalten.

3. Besonders dringliche Sachen sind besonders zu kennzeichnen. Eingänge über politische Ereignisse, Pressemeldungen, Schreiben des Bundespräsidialamtes, des Bundeskanzleramtes, des Bundesverfassungsgerichts, des Deutschen Bundestages und des Bundesrates sowie ihrer Ausschüsse, Kabinetts- und Mitzeichnungssachen sind vorrangig zu behandeln.

4. Fehlen Anlagen, Pakete und so weiter, auf die im Anschreiben verwiesen wird, ist dies zu vermerken.

5. Gehen eilige Schreiben, die zunächst der Leitung des Ministeriums vorzulegen sind, in mehreren Abdrucken ein, erhält die Leitung der zuständigen Organisationseinheit unmittelbar ein Stück zur Kenntnis mit dem Vermerk „Vorausstück".

6. Sind Name und Adresse des Absenders oder der Tag des Schreibens nicht deutlich erkennbar, ist der Briefumschlag unverändert beim Schriftstück zu belassen, wenn aus dem Umschlag die Adresse erkennbar ist. Das gilt auch, wenn der Zeitpunkt der Einlieferung zur Post wichtig sein kann oder der Umschlag amtliche Vermerke trägt.

7. Eingehende Sendungen, die an andere Behörden gerichtet sind, werden der zuständigen Behörde sofort ungeöffnet zugeleitet. Wurde die Sendung bereits geöffnet, ist sie mit dem Vermerk „Irrläufer" sofort der zuständigen Behörde zuzusenden.

8. Aus Sendungen entnommene Münzen, Geldscheine, Schecks, Überweisungsaufträge, geldwerte Papiere, Postwertzeichen, Wertsachen oder Ähnliches müssen sofort an die Zahlstelle beziehungsweise an die Handvorschussstelle oder Geldannahmestelle gegen Quittung weitergeleitet werden. Für die Behandlung von Postwertzeichen können abweichende Regelungen getroffen werden.

9. Wert- und Einschreibsendungen dürfen nur von Amts angehörigen mit entsprechender Ermächtigung geöffnet werden. Ihr Inhalt ist in einem Eingangsbuch zu verzeichnen. Unstimmigkeiten, die sich bei Wert- oder Einschreibsendungen ergeben, sind aktenkundig zu machen.

10. Sendungen mit Zustellungsurkunde ist die beglaubigte Abschrift der Zustellungsurkunde beizufügen.

Anlage 2 zu § 13 Absatz 2 GGO Geschäftsgangvermerke

I. Papiergebundene Vorgänge Auf Eingängen und Entwürfen können Vermerke zum Geschäftsgang angebracht werden. Hierfür ist jeweils vorbehalten: der Bundesministerin oder dem Bundesminister der Grünstift, der Parlamentarischen Staatssekretärin oder dem Parlamentarischen Staatssekretär der Violettstift, der Staatssekretärin oder dem Staatssekretär der Rotstift, der Abteilungsleitung der Blaustift, der Unterabteilungsleitung und der ständigen Vertretung der Abteilungsleitung der Braunstift. Vertreterinnen oder Vertreter benutzen den gleichen Farbstift, jedoch mit Namenszeichen.

Es bedeuten:

Strich mit Farbstift oder Namenszeichen = Kenntnis genommen (Sichtvermerk),

Doppelkreuz mit Farbstift = Vorbehalt der Zeichnung des die Sache abschließenden Entwurfs mit Zeichnungsbefugnis für die Vertreterin oder den Vertreter

II. Elektronische Vorgänge

Bei elektronischer Weiterleitung von Dokumenten sind die Vermerke zum Geschäftsgang gemäß Nummer I entsprechend aufzunehmen; dabei kann die Farbgebung durch geeignete Kennzeichnung ersetzt werden.

Richtlinie für das Bearbeiten und Verwalten von Schriftgut (Akten und Dokumenten) in Bundesministerien (RegR)

gem. Beschluss des Bundeskabinetts vom 11. Juli 2011

I Allgemeine Bestimmungen

§ 1 Zweck und Gegenstand

(1) Die Registraturrichtlinie (RegR) ergänzt die Gemeinsame Geschäftsordnung der Bundesministerien (GGO) und regelt das Bearbeiten von Geschäftsvorfällen und Verwalten von Schriftgut in den Bundesministerien.

(2) Sie soll ein sachgerechtes und wirtschaftliches Bearbeiten und Verwalten von Schriftgut sicherstellen. Neben der konventionellen – papierbezogenen – Bearbeitung berücksichtigt sie gleichzeitig die IT-gestützte Vorgangsbearbeitung und Verwaltung von elektronischen Dokumenten und Akten.

(3) Soweit nichts anderes bestimmt ist, gelten daher die Regelungen auch für die elektronische Bearbeitung und Verwaltung von Schriftgut.

§ 2 Transparenz des Verwaltungshandelns

Die Geschäftstätigkeit der Verwaltung folgt dem Grundsatz der Schriftlichkeit. Sie besteht im Erstellen, Versenden, Empfangen und Registrieren von Dokumenten (Aktenbildung) und wird durch die Aktenführung unterstützt. Die Aktenführung sichert ein nachvollziehbares transparentes Verwaltungshandeln und ist Voraussetzung für eine sachgerechte Archivierung.

§ 3 Begriffsbestimmungen

Im Sinne dieser Richtlinie sind:

Schriftgut Alle bei der Erfüllung von Aufgaben des Bundes erstellten oder empfangenen Dokumente, unabhängig von der Art des Informationsträgers und der Form der Aufzeichnung.

Dokument Einzelnes Schriftstück, papiergebunden oder elektronisch erstellt und verwaltet, Fax, E-Mail, Datenbank und andere Dateien. Hierzu gehören auch alle ergänzenden Angaben (z. B. Metainformationen), die zum Verständnis der Informationen notwendig sind.

Vorgang Kleinste Sammlung von zusammengehörenden Dokumenten aus der Bearbeitung eines Geschäftsvorfalls; Teileinheit einer Akte.

Akte Geordnete Zusammenstellung von Dokumenten mit eigenem Aktenzeichen und eigener Inhaltsbezeichnung.

Geschäftsvorfall Kleinste Bearbeitungseinheit im Rahmen der Aufgabenwahrnehmung. Aus der Bearbeitung des Geschäftsvorfalls entsteht der Vorgang. Verwalten von Schriftgut Ordnen, Registrieren, Bereitstellen, Aufbewahren und Aussondern von Schriftgut. Registrieren Aufzeichnen von Merkmalen (Metainformationen) von Dokumenten, Vorgängen, Akten und Aktenbeständen.

Metainformationen Inhaltliche Merkmale und (formale) Ordnungsmerkmale zu Dokumenten, Vorgängen und Akten.

Aktenplan Sachsystematischer, an den behördlichen Aufgaben orientierter Ordnungsrahmen für das Bilden und Kennzeichnen von Akten.

Aktenplandatei Aktenplan in elektronischer Form. Aktenverzeichnis Verzeichnis angelegter Akten nach der Ordnung des Aktenbestandes.

Aktendatei Aktenverzeichnis mit allen für das Schriftgutverwalten notwendigen Angaben der Akten einer aktenführenden Stelle in elektronischer Form.

Elektronische Vorgangsbearbeitung Dokumenten- und Aktenmanagement im IT-gestützten Geschäftsgang.

§ 4 Grundsatz der Vollständigkeit und Einheitlichkeit

(1) Bearbeiten und Verwalten von Schriftgut haben
– die Vollständigkeit und Nachvollziehbarkeit des Sach- und Bearbeitungszusammenhangs,
– die Behandlung der Sache ohne Verzögerung und
– die Aufbewahrung der Dokumente entsprechend ihrem Bearbeitungswert zu gewährleisten.

(2) Die Einheitlichkeit des Bearbeitens der Geschäftsvorfälle und Verwaltens von Schriftgut ist durch geeignete organisatorische Maßnahmen zu sichern.

(3) Dokumente dürfen aus der Akte nicht entfernt, bei Nutzung elektronischer Vorgangsbearbeitung nicht gelöscht werden. Elektronisch gespeicherte Informationen dürfen nur nach Beteiligung der Verfasserin oder des Verfassers gelöscht oder verändert werden.

(4) Die Mitglieder der Leitung oberster Bundesbehörden dürfen neben dem behördlichen Aktenbestand in persönlichen Ablagen aufbewahren:
– Kopien solcher Vorgänge, die von außerhalb an ihre Behörde oder an sie als Träger einer Regierungsfunktion gerichtet sind oder von ihnen bzw. für sie verfasst wurden;
– Kopien von Vorgängen, die von außerhalb der Behörde an Mitglieder der politischen Leitung persönlich gerichtet sind und sowohl Angelegenheiten der Behörde oder der Bundesregierung als auch die Angelegenheiten der eigenen Partei oder Fraktion oder die Koordinierung innerhalb der Koalition betreffen.

Vorgänge, die ausschließlich Angelegenheiten einer Partei oder Fraktion oder die Koordinierung innerhalb einer Koalition betreffen, gehören nicht in den behördlichen Aktenbestand. Erläuterung Schriftgut soll grundsätzlich durch Registraturkräfte verwaltet werden. Bei Bedarf können Aufgaben der Schriftgutverwaltung auf bestimmte Organisationseinheiten oder Bearbeiterinnen und Bearbeiter übertragen werden. Persönliche Zusammenstellungen von Dokumenten dürfen ebenso wie persönliche elektronische Ablagen kein Schriftgut enthalten. Kopien, aus denen sich aufgrund von nachträglichen Anmerkungen und Randbemerkungen die Entscheidungsbildung nachvollziehen lässt, sind grundsätzlich dem Schriftgut zuzuführen.

§ 5 Aktenführende Stelle, Zusammenarbeit

(1) Die Organisationseinheit, aus deren Tätigkeit das Schriftgut erwächst, und der ihr zugeordnete Teil der Schriftgutverwaltung bilden die aktenführende Stelle.

(2) Die Bearbeiterin oder der Bearbeiter und die Schriftgutverwaltung unterstützen sich gegenseitig.

II Bearbeiten von Geschäftsvorfällen

§ 6 Anforderungen an das Bearbeiten

(1) Für die Bearbeitung gelten die Grundsätze des § 12 GGO.

(2) Das aus der Bearbeitung entstehende Schriftgut muss vollständig, authentisch und übersichtlich sein. Bei umfangreichen Dokumenten, die bereits an anderer Stelle verwahrt werden, genügen Verweise.

(3) Aktenrelevante elektronisch empfangene, erstellte oder versandte Dokumente sind bei papiergebundener Bearbeitung auszudrucken.

(3) Die Ausdrucke sind zusammen mit den Geschäftsgang- und Bearbeitungsvermerken und dem Nachweis der Versendung des Dokuments (E-Mail-Kopf) als Original gekennzeichnet zu den Akten zu nehmen.

(4) Bei elektronischer Vorgangsbearbeitung ist sicherzustellen, dass die Dokumente, der Laufweg und die Aufzeichnungen aus der Bearbeitung (z. B. Geschäftsgangvermerke, Verfügungen, Aktenvermerke, Zeichnungen, Mitzeichnungen, Kenntnisnahmen) in Protokoll- und Bearbeitungsinformationen nachgewiesen und der elektronischen Akte zugeordnet werden. Erläuterung: Wird ausschließlich elektronisch gespeichertes Schriftgut verwaltet, können Eingänge in Papierform, die nicht an den Einsender zurückzusenden sind, und Ausgänge, bei denen in Papierform abschließend gezeichnet wurde, nach elektronischer Erfassung vernichtet werden, soweit diese nicht nach anderen Vorschriften in Papierform aufzubewahren sind.

§ 7 Eingänge

(1) Eingänge sind nach Anlage 1 zu § 13 Abs. 2 GGO zu behandeln und grundsätzlich vor der Bearbeitung zu registrieren.

(2) Das Registrieren ist bei Dokumenten in papiergebundener Form auf das Notwendige zu beschränken; bei elektronischer Vorgangsbearbeitung sind darüber hinaus erforderliche Metainformationen zu erfassen.

§ 8 Geschäftsgangvermerk

(1) Zur Steuerung des Geschäftsgangs können Geschäftsgangvermerke verwendet werden.

(2) Für Vermerke zum Geschäftsgang gilt Anlage 2 zu § 13 Abs. 2 GGO.

(3) Wird bei elektronischer Vorgangsbearbeitung auf eine Farbregelung verzichtet, ist sicherzustellen, dass zu einem Geschäftsgangvermerk der Name oder das Namenszeichen sowie das Datum angegeben werden.

§ 9 Verfügungen

(1) Die Bearbeitung eines Geschäftsvorfalls wird durch förmliche und abschließend gezeichnete Verfügungen eingeleitet, fortgeführt oder abgeschlossen:

– zu Schreiben (Eingangsverfügungen, Entwurfsverfügungen),

– zur Beteiligung anderer Bearbeiterinnen oder Bearbeiter oder Organisationseinheiten (Kenntnisgabe, Stellungnahme, Mitzeichnung, geschäftsordnende Verfügungen),

– zur Weisung an die Schriftgutverwaltung (schriftgutordnende Verfügungen, insbes. Schlussverfügung, siehe Anlage 1).

(2) Die Urheberschaft der Bearbeiterin oder des Bearbeiters muss sich aus der Akte eindeutig ergeben.

III Verwalten von Schriftgut

§ 10 Ordnen und Registrieren

(1) Jedem aktenrelevanten Dokument wird ein Geschäftszeichen (§ 11) zugeordnet, das dem sach- und bearbeitungsgerechten Einordnen dient und den jederzeitigen Rückgriff ermöglicht. Dokumente ohne Informationswert sind zu vernichten, bei nur geringem Informationswert sind sie als Weglegesache (vgl. Anlage 1) zu behandeln.

(2) Schriftgut ist nach dem Aktenplan (§ 12) zu Sachakten (§ 13) zusammenzufassen.

§ 11 Geschäftszeichen und Aktenzeichen

(1) Das Geschäftszeichen besteht aus dem Kurzzeichen der zuständigen Organisationseinheit, dem Aktenzeichen und ggf. einem Vorgangs- und Dokumentenkennzeichen.

(2) Das Aktenzeichen setzt sich zusammen aus dem Kennzeichen des Aktenplans, das um ein Ableitungskennzeichen ergänzt sein kann, der Ordnungsnummer der Einzelsachakte und ggf. dem Kennzeichen der Sondersachakte. Erläuterung zu Abs. 1: Das Geschäftszeichen ist möglichst einheitlich und deutlich auf dem Dokument anzugeben. Zwischen der Kurzbezeichnung der Organisationseinheit und dem Aktenzeichen ist ein Trennstrich einzufügen. Beispiele: O I 2 - 123156/12 304 - 1154–2/4

§ 12 Aktenplan (Aktenplandatei)

(1) Für jede Behörde ist ein nach den Aufgaben gegliederter Aktenplan als einheitlicher Ordnungsrahmen für die Sachakten anzuwenden.

(2) Der Aktenplan soll ein einfaches System der Kennzeichnung haben und sich in seiner Gliederung an das Dezimalsystem anlehnen.

(3) Für das Aufstellen, Fortschreiben und Anwenden des Aktenplans gilt Anlage 2.

§ 13 Sachakten

(1) Sachakten sind als Sammel-, Einzel- oder Sondersachakten zu führen. Für das Bilden und Kennzeichnen gilt Anlage 3. 12 Verwalten von Schriftgut (2) Sachakten können in Papierform und in elektronischer Form vorliegen. Notwendige Verknüpfungen (z. B. durch Verweise) sind auf eine geeignete Weise sicherzustellen.

§ 14 Aktenverzeichnis (Aktendatei)

Die Sachakten sind in einem Aktenverzeichnis gemäß Anlage 4 zu registrieren.

§ 15 Bereitstellen, Wiedervorlagen

(1) Das für die Bearbeitung benötigte Schriftgut ist vollständig zur Verfügung zu stellen.

(2) Wiedervorlagen sind auf geeignete Weise sicherzustellen.

§ 16 Ablegen

(1) Dokumente sind in dem Bestand des laufend benötigten Schriftguts abzulegen. Fehlt die Schlussverfügung, ist diese vorher bei der Bearbeiterin oder dem Bearbeiter einzuholen.

(2) Vor dem Ablegen sind Ordnung und inhaltliche Kennzeichnung des Schriftguts zu prüfen.

(3) Innerhalb jeder Sachakte sind die Dokumente mit Anlagen grundsätzlich nach ihrem Ausstellungsdatum, bei Eingängen grundsätzlich nach Datum des Eingangs abzuheften (Behördenheftung). Abweichungen sind in geeigneter Form kenntlich zu machen.

(4) Dokumente und Anlagen, die nach ihrem Inhalt zu mehreren Sachakten gehören, sind nach dem Hauptinhalt zuzuordnen; die Vollständigkeit der übrigen Akten hat die Bearbeiterin oder der Bearbeiter sicherzustellen.

§ 17 Kennzeichnen der Schriftgutbehälter

(1) Jeder Schriftgutbehälter ist in Übereinstimmung mit dem Aktenverzeichnis ausreichend zu kennzeichnen.

(2) Das Geschäftzeichen und die Inhaltsbezeichnung sind den Veränderungen der aktenführenden Stelle und der tatsächlichen inhaltlichen Entwicklung anzupassen.

(3) Bei elektronischen Akten ist eine eindeutige Kennzeichnung durch aktenbezogene Angaben in der Aktendatei zu gewährleisten. 13 Verwalten von Schriftgut

§ 18 Aufbewahren

(1) Abschließend bearbeitetes Schriftgut ist bis zur Aussonderung (§§ 20 bis 22) vollständig im Aktenbestand aufzubewahren, vor einem unbefugten Zugriff zu sichern und vor Beschädigung und Verfall zu schützen. Bei elektronisch gespeichertem Schriftgut sind die Vollständigkeit, Integrität, Authentizität und Lesbarkeit durch geeignete Maßnahmen zu gewährleisten.

(2) Die Abbildung von abgelegtem Schriftgut auf einem anderen Informationsträger ist nach einheitlichen Richtlinien des Bundes durchzuführen. Das Ausgangsmaterial ist dem Bundesarchiv nach § 2 Bundesarchivgesetz anzubieten.

(3) Elektronisch gespeichertes Schriftgut bedarf der laufenden Pflege und muss jeweils rechtzeitig ohne inhaltliche Veränderung auf Formate und Datenträger übertragen werden, die dem aktuellen Stand der Technik entsprechen.

§ 19 Aufbewahrungsfrist

(1) Nach Abschluss der Bearbeitung sind für das Schriftgut Aufbewahrungsfristen festzulegen und in einem Aussonderungskatalog bzw. der Aktendatei festzuschreiben. Aufbewahrungsfristen von mehr als 30 Jahren sind auf Ausnahmefälle zu beschränken.

(2) Einzelheiten regeln die Anlagen 5 und 6.

§ 20 Aussondern von Schriftgut in Papierform

(1) Nicht mehr laufend benötigtes Schriftgut in Papierform soll zurückgelegt und in einer (zentralen) Altschriftgutverwaltung bis zur Abgabe an das Zwischenarchiv verwaltet oder unmittelbar an das Zwischenarchiv des Bundesarchivs abgegeben werden. Schriftgut ist möglichst frühzeitig, spätestens 30 Jahre nach Abschluss der Bearbeitung an das Zwischenarchiv abzugeben.

(2) Das Verfahren der Abgabe an das Zwischenarchiv regeln die Anlagen 7, 7a und 7b.

§ 21 Aussondern von elektronisch gespeichertem Schriftgut

(1) Nach Ablauf der Aufbewahrungsfrist ist dem Bundesarchiv elektronisch gespeichertes Schriftgut gemäß der Anlage 8 anzubieten und 14 1 Für die Mikroverfilmung gelten die „Richtlinien für die Mikroverfilmung von Schriftgut in der Bundesverwaltung". Verwalten von Schriftgut vollständig zu übergeben. Über die Form der Abgabe entscheidet das Bundesarchiv im Benehmen mit der abgebenden Stelle.

(2) Die abgebende Stelle bestätigt bei der Übergabe elektronisch signierter Unterlagen, dass diese nicht nachträglich verändert wurden und die elektronischen Signaturen zum Zeitpunkt der Übergabe gültig waren.

(3) Zur Sicherstellung einer ordnungsgemäßen Aussonderung ist bei Einführung von Systemen zur elektronischen Schriftgutverwaltung und Vorgangsbearbeitung in Abstimmung mit dem Bundesarchiv eine Schnittstelle vorzusehen.

§ 22 Vernichten von Schriftgut

(1) Schriftgut, dessen Aufbewahrungsfrist abgelaufen ist, kann mit schriftlicher Zustimmung des Bundesarchivs bereits in der Behörde vernichtet werden.

(2) Es ist sicherzustellen, dass die im Schriftgut enthaltenen Informationen nicht unbefugt zur Kenntnis genommen und nicht missbräuchlich verwendet werden.

§ 23 Abgabe von Schriftgut infolge Aufgabenverlagerung

(1) Die für die Aufgabe nicht mehr zuständige Behörde übergibt der nun zuständigen Behörde das benötigte Schriftgut sowie eine Kopie des Verzeichnisses aller für die Wahrnehmung der neuen Aufgabe benötigten Altakten im Zwischenarchiv. Das übrige Schriftgut ist an das Zwischenarchiv des Bundesarchivs abzugeben.

(2) Dem Bundesarchiv oder dem Zwischenarchiv ist der Wechsel der Zuständigkeit und des Schriftguts schriftlich mitzuteilen.

(3) Wird eine Aufgabe auf eine nachgeordnete Behörde oder eine privatrechtliche Stelle übertragen, ist gemäß Absatz 1 zu verfahren. Wird die Aufgabe nicht einer Oberbehörde übertragen, ist zusätzlich die archivische Zuständigkeit für das übergebene und künftig bei der neuen Stelle entstehende Schriftgut im Benehmen mit dem Bundesarchiv zu regeln.

§ 24 Schlussbestimmung

Die Registraturrichtlinie tritt am 11. Juli 2001 in Kraft.

Anlage 1: Schlussverfügungen (§ 9), Weglegesachen (§10) Schlussverfügungen

(1) Schlussverfügungen bestimmen, wie der Geschäftsvorfall nach Abschluss der Bearbeitung weiter zu behandeln ist. Mit der Schlussverfügung können Hinweise zur Ordnung und sachgerechten Verwaltung der Unterlagen verbunden werden.

(2) Schriftgut, das nicht unmittelbar benötigt wird, ist der Schriftgutverwaltung (Registratur) mit einer Schlussverfügung zuzuleiten. Bei elektronischer Vorgangsbearbeitung erfolgt die Ablage in der elektronischen Akte nach Abschluss der Bearbeitung.

(3) Folgende Schlussverfügungen werden empfohlen:

Wv = Wiedervorlage Die Registratur hat die Dokumente zu dem verfügten Zeitpunkt der Bearbeiterin oder dem Bearbeiter für die weitere Bearbeitung wieder vorzulegen. Bei elektronischer Vorgangsbearbeitung erfolgt die Wiedervorlage automatisch.

ZSg = Zur Sammlung Anzuwenden auf Antwortschreiben zu Rundschreiben. Der Bearbeiterin oder dem Bearbeiter vorzulegen erst bei Vollständigkeit der Sammlung, spätestens mit dem Zeitpunkt des bereits verfügten Wiedervorlage-Termins.

Wgl = Weglegen Anzuwenden auf Dokumente, die nicht zu den Akten zu nehmen, jedoch noch kurzfristig aufzubewahren sind. Weglegesachen sind nur bis zum Ablauf des Kalenderjahres aufzubewahren, in dem keine weitere Bearbeitung erfolgt ist.

ZVg = Zum Vorgang Die Dokumente sind mit der entsprechenden Akte bzw. mit dem entsprechenden Vorgang in der Akte zu vereinigen. Die zu anderen Vorgängen bereits getroffenen Schlussverfügungen (Wv, ZSg) bleiben weiterhin bestehen.

ZdA = Zu den Akten Die Dokumente sind zu der entsprechenden Akte bzw. zu dem entsprechenden Vorgang in der Akte zu nehmen. Durch die Verfügung „zdA" wird der Vorgang abgeschlossen. Alle bereits getroffenen Schlussverfügungen (Wv, ZSg) werden aufgehoben. Die Schließung der Akte ist durch ausdrücklichen weiteren Hinweis zu verfügen.

Anlage 2: Aktenplan (Aktenplandatei)

1. Der Aktenplan umfasst grundsätzlich die gesamten Aufgaben der Behörde (Gesamtaktenplan), soweit zweckmäßig kann er auch für den nachgeordneten Bereich gelten (Einheitsaktenplan). In Ausnahmefällen können bestimmte, insbes. zeitlich befristete Aufgaben außerhalb des Aktenplans geführt werden.

2. Der Aktenplan gliedert den Aufgabenstoff möglichst organisationsunabhängig und unter Berücksichtigung des Schriftgutanfalls ausreichend tief und breit. Jede Aktenplaneinheit besteht aus dem Aktenplankennzeichen und einer Inhaltsangabe. Für die Fortschreibung sind ausreichend Leerstellen vorzusehen.

3. Gliederungsstufen des Aktenplans sind grundsätzlich Hauptgruppen oberste Stufe), Obergruppen, Gruppen und Untergruppen sowie Betreffseinheiten (unterste Stufe) 1 . Mehr als fünf Gliederungsstufen oder eine unterschiedliche Gliederungstiefe sind zu vermeiden.

4. Bewährt hat sich die numerische Kennzeichnung nach dem Dezimalsystem. Bei einer größeren Zahl eigenständiger Aufgabenbereiche können für die Hauptgruppen merkfähige Buchstaben verwendet werden.

5. Innerhalb jeder Gliederungsstufe sind die Aktenplaneinheiten unter Wahrung des Aufgabenzusammenhanges nach logischem Gefälle, beginnend mit der Endziffer >0< für „Allgemeines", zu ordnen; die – soweit erforderlich – Endziffer >9< steht gewöhnlich für „Sonstiges".

6. Der Aktenplan ist fortzuschreiben, wenn sich die Aufgaben der Behörde ändern oder die Übersicht über die Sachakten zu verbessern Beispiel: AKTENPLANEINHEIT Gliederungsstufe Aktenplankennzeichen Inhaltsangabe (Gliederungseinheit) Hauptgruppe 1 Verwaltungsangelegenheiten Obergruppe 12 Organisation, Innerer Dienst Gruppe 123 Innerer Dienst Untergruppe 1234 Schriftgutverwaltung Betreffseinheit 12340 Schriftgutverwaltung im Allgemeinen Bei geringerer Gliederungstiefe können mittlere Gliederungsstufen entfallen. Ein neuer Aktenplan ist aus den Aufgaben der Behörde und unter Nutzung des vorhandenen Aktenmaterials zu entwickeln. Empfohlen wird die Einsetzung einer Projektgruppe, der aus jeder Abteilung erfahrene Bearbeiter sowie der Registraturleiter angehören sollten. Zeitgleich sind ggf. die Vorschriften zur Schriftgutverwaltung zu überprüfen und neu zu fassen. Anlage 2 ist. Änderungen des Aktenplans sollen jederzeit nachvollzogen werden können. Gelöschte Aktenplaneinheiten sollten für längere Zeit nicht neu belegt werden.

7. Der Aktenplan ist formal einheitlich zu gestalten. Die Aktenplandatei ist möglichst mit der Aktendatei (Anlage 4) zu verknüpfen. Zu jeder Aktenplaneinheit sind das vollständige Aktenplankennzeichen, eine Inhaltsangabe und ggf. Bemerkungen / Verweise anzugeben. Zweckmäßig sind zusätzlich eine Übersicht über die Gliederungseinheiten oberhalb der Betreffseinheiten und ggf. ein Verzeichnis der festen Ableitungen (Ziff. 10). Hinweise zur Nutzung des Aktenplans sind in einer behördenspezifischen Richtlinie zu geben.

8. Akten werden grundsätzlich nur auf der Ebene der Betreffseinheit gebildet und geführt. Jede aktenführende Organisationseinheit kann grundsätzlich alle Betreffseinheiten nutzen. Für die Zuordnung von Schriftgut ist allein der fachliche Aufgabenaspekt maßgebend.

9. Der Betreffseinheit „Allgemeines" (Endziffer 0) ist Schriftgut zuzuordnen, das sich inhaltlich auf die gesamte Untergruppe bezieht oder für das noch keine eigene Betreffseinheit eingerichtet worden ist.

10. Zur Wahrung der Aktenplan- und der Aktenübersicht können auf der Ebene der Betreffseinheiten abgeleitete Betreffseinheiten gebildet werden. Feste Ableitungen werden für formal einheitliche Ordnungsbereiche (z. B. Bundesländer, ausländische Staaten) mit möglichst merkfähigen Buchstaben-Ableitungskennzeichen (z. B. BY = Bayern) einheitlich festgelegt und im Anhang zum Aktenplan aufgeführt. Freie Ableitungen werden von der Betreffseinheit inhaltlich durch numerische Ableitungskennzeichen abgegrenzt; bei Bedarf ist statt der Anwendung freier Ableitungen der Aktenplan fortzuschreiben.

Bürgerliches Gesetzbuch (BGB) - Auszug

§ 126 Schriftform

(1) Ist durch Gesetz schriftliche Form vorgeschrieben, so muss die Urkunde von dem Aussteller eigenhändig durch Namensunterschrift oder mittels notariell beglaubigten Handzeichens unterzeichnet werden.

(2) Bei einem Vertrag muss die Unterzeichnung der Parteien auf derselben Urkunde erfolgen. Werden über den Vertrag mehrere gleichlautende Urkunden aufgenommen, so genügt es, wenn jede Partei die für die andere Partei bestimmte Urkunde unterzeichnet.

(3) Die schriftliche Form kann durch die elektronische Form ersetzt werden, wenn sich nicht aus dem Gesetz ein anderes ergibt.

(4) Die schriftliche Form wird durch die notarielle Beurkundung ersetzt.

§ 126a Elektronische Form

(1) Soll die gesetzlich vorgeschriebene schriftliche Form durch die elektronische Form ersetzt werden, so muss der Aussteller der Erklärung dieser seinen Namen hinzufügen und das elektronische Dokument mit seiner qualifizierten elektronischen Signatur versehen.

(2) Bei einem Vertrag müssen die Parteien jeweils ein gleichlautendes Dokument in der in Absatz 1 bezeichneten Weise elektronisch signieren.

§ 126b Textform

Ist durch Gesetz Textform vorgeschrieben, so muss eine lesbare Erklärung, in der die Person des Erklärenden genannt ist, auf einem dauerhaften Datenträger abgegeben werden. Ein dauerhafter Datenträger ist jedes Medium, das

1. es dem Empfänger ermöglicht, eine auf dem Datenträger befindliche, an ihn persönlich gerichtete Erklärung so aufzubewahren oder zu speichern, dass sie ihm während eines für ihren Zweck angemessenen Zeitraums zugänglich ist, und

2. geeignet ist, die Erklärung unverändert wiederzugeben.

Teil 1 – Vorschriften

II. Land

Gesetz zur Förderung der elektronischen Verwaltung im Land Sachsen-Anhalt (E-Government-Gesetz Sachsen-Anhalt - EGovG LSA)

vom 24. Juli 2019 (GVBl. LSA S. 200), zuletzt geändert durch Gesetz vom 16. Februar 2023 (GVBl. LSA S. 34)

Abschnitt 1. Geltungsbereich

§ 1 Geltungsbereich

(1) Dieses Gesetz gilt für die öffentlich-rechtliche Verwaltungstätigkeit der Stellen der Landesverwaltung.

(2) Stellen der Landesverwaltung im Sinne dieses Gesetzes sind:

1. die Landesbehörden und Einrichtungen des Landes (Stellen der unmittelbaren Landesverwaltung) sowie

2. die Gemeinden, Verbandsgemeinden und Landkreise, die Körperschaften des öffentlichen Rechts ohne Gebietshoheit, die Anstalten des öffentlichen Rechts mit eigener Rechtspersönlichkeit, die der Aufsicht des Landes unterliegen, die staatlichen Stiftungen des öffentlichen Rechts und die Beliehenen des Landes (Stellen der mittelbaren Landesverwaltung).

(3) Dieses Gesetz gilt nicht für

1. die Verwaltung des Landtages,

2. die Landesbeauftragte oder den Landesbeauftragten für den Datenschutz,

3. den Landesrechnungshof,

4. die staatlichen Hochschulen und die Universitätsklinika,

5. die Landesbeauftragte oder den Landesbeauftragten für die Informationsfreiheit,

6. die Beauftragte oder den Beauftragten des Landes Sachsen-Anhalt zur Aufarbeitung der SED-Diktatur,

7. die Kirchen und als öffentlich-rechtliche Körperschaften anerkannte Religionsgemeinschaften und Weltanschauungsgemeinschaften auf dem Gebiet des Landes Sachsen-Anhalt sowie ihre Verbände, ihre Einrichtungen und ihre Anstalten und Stiftungen des öffentlichen Rechts, die ihren Sitz in Sachsen-Anhalt haben, und

8. den Mitteldeutschen Rundfunk.

Die in Satz 1 Nrn. 1 bis 3, 5 und 6 genannten Stellen sollen die Zusammenarbeit beim aufgabenorientierten Auf- und Ausbau von eigenen E-Government-Strukturen mit dem für die Organisation der Landesverwaltung zuständigen Ministerium kooperativ gestalten. Hierzu sollen zwischen den Beteiligten Kooperationsvereinbarungen abgeschlossen werden, in denen konkrete Ziele und Maßnahmen definiert werden und mit denen eine koordinierte und konstruktive Zusammenarbeit gewährleistet wird. Diese Vereinbarungen sind regelmäßig fortzuschreiben.

(4) Dieses Gesetz gilt ferner nicht für

1. Verwaltungsverfahren, soweit in ihnen Rechtsvorschriften der Abgabenordnung anzuwenden sind,

2. die Strafverfolgung, die Verfolgung und Ahndung von Ordnungswidrigkeiten, die Rechtshilfe für das Ausland in Straf- und Zivilsachen und für Maßnahmen des Richterdienstrechts,

3. Verfahren nach dem Sozialgesetzbuch und

4. das Recht der Wiedergutmachung.

(5) Für die Tätigkeit der Gerichtsverwaltungen und der Behörden der Justizverwaltung einschließlich der ihrer Aufsicht unterliegenden Körperschaften des öffentlichen Rechts gilt dieses Gesetz nur, soweit die Tätigkeit der Nachprüfung durch die Gerichte der Verwaltungsgerichtsbarkeit oder durch die in verwaltungsrechtlichen Anwalts-, Patentanwalts- und Notarsachen zuständigen Gerichte unterliegt.

Abschnitt 2. Elektronisches Verwaltungshandeln
Unterabschnitt 1. Anwendungsbereich
§ 2 Anwendung des E-Government-Gesetzes

§ 2 Abs. 1, die §§ 4, 5, 12 Abs. 1, 3 bis 5 und die §§ 13 bis 15 des E-Government-Gesetzes vom 25. Juli 2013 (BGBl. I S. 2749), zuletzt geändert durch Artikel 1 des Gesetzes vom 16. Juli 2021 (BGBl. I S. 2941), finden entsprechende Anwendung für die öffentlich-rechtliche Verwaltungstätigkeit der Stellen der Landesverwaltung, soweit sie Landesrecht anwenden. Dabei gelten folgende Maßgaben:

1. § 12 Abs. 1 des E-Government-Gesetzes gilt für Daten, die vor dem Inkrafttreten nach § 27 Abs. 1 erstellt wurden, nur, wenn sie in maschinenlesbaren Formaten vorliegen.

2. Register im Sinne des § 14 Abs. 1 des E-Government-Gesetzes sind solche, für die Daten aufgrund von Rechtsvorschriften des Landes erhoben oder gespeichert werden; dies können öffentliche und nicht öffentliche Register sein.

3. Eine durch Rechtsvorschrift des Landes bestimmte Pflicht zur Publikation in einem amtlichen Mitteilungs- oder Verkündungsblatt kann unbeschadet des Artikels 82 Abs. 1 und 2 der Verfassung des Landes Sachsen-Anhalt nach § 15 des E-Government-Gesetzes zusätzlich oder ausschließlich durch eine elektronische Ausgabe erfüllt werden, wenn diese über öffentlich zugängliche Netze angeboten wird.

Unterabschnitt 2. Elektronische Akten und Papierdokumente
§ 3 Elektronische Aktenführung und Vorgangsbearbeitung

(1) Die Stellen der unmittelbaren Landesverwaltung sollen spätestens ab dem 1. Januar 2022 ihre Akten elektronisch führen. Satz 1 gilt nicht für solche Stellen der unmittelbaren Landesverwaltung, bei denen das Führen elektronischer Akten bei langfristiger Betrachtung unwirtschaftlich ist. Über Ausnahmen entscheidet die zuständige oberste Landesbehörde im Einvernehmen mit der oder dem Beauftragten der Landesregierung Sachsen-Anhalt für Informations- und Kommunikationstechnologie.

(2) Stellen der Landesverwaltung, die ihre Akten elektronisch führen, haben durch geeignete technisch-organisatorische Maßnahmen nach dem Stand der Technik sicherzustellen, dass die Grundsätze ordnungsgemäßer Aktenführung eingehalten werden.

(3) Ab dem Zeitpunkt der Einführung elektronischer Akten durch eine Stelle der Landesverwaltung sollen ihre Verwaltungsvorgänge elektronisch bearbeitet werden, soweit andere Rechtsvorschriften dem nicht entgegenstehen. Absatz 1 Satz 2 gilt entsprechend.

(4) Das Land gewährt den Gemeinden, Verbandsgemeinden und Landkreisen, die ihre Verwaltung bis zum 1. Januar 2022 den Absätzen 1 bis 3 entsprechend modernisieren, Zuwendungen im Rahmen der im Haushalt für diese Zwecke bereitgestellten Mittel.

§ 4 Übertragen und Vernichten der Papierdokumente

(1) Stellen der Landesverwaltung, die ihre Akten elektronisch führen, sollen in Papierform eingereichte Schriftstücke und sonstige Unterlagen in elektronische Dokumente übertragen, soweit dies den Grundsätzen ordnungsgemäßer Aktenführung und ordnungsgemäßer Aufbewahrung entspricht. Bei der Übertragung von Papierdokumenten in elektronische Dokumente ist ein nach dem Stand der Technik geeignetes Dateiformat zu verwenden, durch das die Vollständigkeit, die Integrität, die Authentizität und die Lesbarkeit gewährleistet werden. Von der Übertragung der Papierdokumente in elektronische Dokumente kann abgesehen werden, wenn die Übertragung unverhältnismäßigen technischen Aufwand erfordert.

(2) Ein Papierdokument wird nach der Übertragung in ein elektronisches Dokument nach Absatz 1 Satz 2 vernichtet oder zurückgegeben, soweit und solange eine Aufbewahrung aus rechtlichen Gründen nicht erforderlich ist.

§ 5 Aufbewahrung

Soweit es zur Erhaltung der Lesbarkeit erforderlich ist, können elektronische Akten oder Aktenteile in ein anderes elektronisches Format übertragen werden. Dies gilt auch nach der Übertragung eines Papierdokuments in ein elektronisches Dokument. § 4 Abs. 1 Satz 2 gilt entsprechend.

§ 6 Akteneinsicht

Stellen der Landesverwaltung, die ihre Akten elektronisch führen, können Akteneinsicht dadurch gewähren, dass sie

1. einen Aktenausdruck zur Verfügung stellen,
2. die elektronischen Dokumente auf einem Bildschirm wiedergeben,
3. elektronische Dokumente übermitteln oder
4. den elektronischen Zugriff auf den Inhalt der Akten gestatten.

§ 7 Optimierung von Verwaltungsabläufen und Informationen zum Verfahrensstand

(1) Die Stellen der unmittelbaren Landesverwaltung sollen Verwaltungsabläufe, die erstmals zu wesentlichen Teilen elektronisch unterstützt werden, vor Einführung der informationstechnischen Systeme unter Nutzung gängiger Methoden dokumentieren, analysieren und optimieren. Dabei sollen sie im Interesse der am Verwaltungsverfahren Beteiligten die Abläufe so gestalten, dass Informationen zum Verfahrensstand und zum weiteren Verfahren sowie die Kontaktinformationen der zum Zeitpunkt der Anfrage zuständigen Ansprechstelle elektronisch abgerufen werden können.

(2) Von den Maßnahmen nach Absatz 1 kann abgesehen werden, soweit sie unwirtschaftlich sind oder andere wichtige Gründe entgegenstehen. Von den Maßnahmen nach Absatz 1 Satz 2 kann zudem abgesehen werden, wenn diese dem Zweck des Verwaltungsverfahrens entgegenstehen oder eine gesetzliche Schutznorm verletzen. Die Gründe nach den Sätzen 1 und 2 sind aktenkundig zu dokumentieren.

(3) Die Absätze 1 und 2 gelten entsprechend bei allen wesentlichen Änderungen der Verwaltungsabläufe oder der eingesetzten informationstechnischen Systeme.

(4) Die Stellen der mittelbaren Landesverwaltung können die Absätze 1 bis 3 anwenden.

Unterabschnitt 3. Elektronische Kommunikation

§ 8 Verschlüsselung

Stellen der Landesverwaltung, die den elektronischen Zugang eröffnen, müssen eine technische Maßnahme anbieten und anwenden, die Daten unter Anwendung kryptografischer Verfahren in eine für Dritte unverständliche Form umwandelt, so dass diese nach dem Stand von Wissenschaft und Technik ausschließlich von einem Schlüsselinhaber wieder in eine allgemein verständliche Form überführt werden können (Verschlüsselung).

§ 9 Elektronischer Zugang zur Verwaltung sowie Informationen zu Stellen der unmittelbaren Landesverwaltung und zu ihren Verfahren in öffentlich zugänglichen Netzen

(1) Die Stellen der Landesverwaltung sind verpflichtet, spätestens ab dem 1. Juli 2023 neben dem Zugang nach § 8 zusätzlich einen sicheren elektronischen Zugang zu eröffnen. Sichere elektronische Zugänge sind

1. der Zugang für die Übermittlung elektronischer Dokumente über ein Nutzerkonto im Sinne des § 2 Abs. 5 des Onlinezugangsgesetzes vom 14. August 2017 (BGBl. I S. 3122, 3138), zuletzt geändert durch Artikel 16 des Gesetzes vom 28. Juni 2021 (BGBl. I S. 2250, 2261),

2. das besondere elektronische Behördenpostfach im Sinne des § 6 Abs. 1 der Elektronischer-Rechtsverkehr-Verordnung vom 24. November 2017 (BGBl. I S. 3803), zuletzt geändert durch Artikel 6 des Gesetzes vom 5. Oktober 2021 (BGBl. I S. 4607, 4611),

3. ein elektronisches Postfach, das ein vom Land beauftragter IT-Dienstleister über seine Infrastruktur bereitstellt,

4. eine De-Mail-Adresse im Sinne des De-Mail-Gesetzes vom 28. April 2011 (BGBl. I S. 666), zuletzt geändert durch Artikel 7 des Gesetzes vom 10. August 2021 (BGBl. I S. 3436, 3447), oder

5. sonstige sichere Verfahren im Sinne von § 1 Abs. 1 Satz 1 des Verwaltungsverfahrensgesetzes Sachsen-Anhalt in Verbindung mit § 3a Abs. 2 Satz 4 Nr. 4 des Verwaltungsverfahrensgesetzes.

Die Landesregierung kann durch Verordnung weitere sichere elektronische Zugänge bestimmen.

(2) Die Stellen der Landesverwaltung sind verpflichtet, in Verwaltungsverfahren, in denen sie die Identität einer Person aufgrund einer Rechtsvorschrift festzustellen haben oder aus anderen Gründen eine Identifizierung für notwendig erachten, einen elektronischen Identitätsnachweis nach § 18 des Personalausweisgesetzes, nach § 12 des eID-Karte-Gesetzes oder nach § 78 Abs. 5 des Aufenthaltsgesetzes anzubieten.

(3) Die Stellen der unmittelbaren Landesverwaltung stellen auch bei der Anwendung von Landesrecht über öffentlich zugängliche Netze in allgemein verständlicher Sprache Informationen über ihre Aufgaben, ihre Anschrift, ihre Geschäftszeiten sowie postalische, telefonische und elektronische Erreichbarkeiten zur Verfügung. Die Stellen der mittelbaren Landesverwaltung können auch bei der Anwendung von Landesrecht die Informationen nach Satz 1 in öffentlich zugänglichen Netzen bereitstellen.

(4) Die Stellen der unmittelbaren Landesverwaltung sollen auch bei der Anwendung von Landesrecht über öffentlich zugängliche Netze in allgemein verständlicher Sprache

1. über ihre nach außen wirkende öffentlich-rechtliche Tätigkeit einschließlich damit verbundener Gebühren, beizubringender Unterlagen, der zuständigen Ansprechstelle und ihrer Erreichbarkeit und

2. über die von ihnen elektronisch angebotenen Dienstleistungen

informieren sowie die erforderlichen Formulare bereitstellen. Die Stellen der mittelbaren Landesverwaltung können auch bei der Anwendung von Landesrecht die Informationen nach Satz 1 und die erforderlichen Formulare in öffentlich zugänglichen Netzen bereitstellen.

(5) Zur Umsetzung des Föderalen Informations-Managements im Land Sachsen-Anhalt sollen die obersten Landesbehörden mit Unterstützung einer Landesredaktion Föderales Informations-Management zu leistungsbegründenden Gesetzen und Verordnungen des Landes allgemeine Leistungs-, Prozess- und Datenfeldinformationen in standardisierter Form bereitstellen, soweit noch keine Informationen in geeigneter Form abgerufen werden können.

§ 10 Elektronische Kommunikation zwischen Stellen der Landesverwaltung und Datenaustausch

(1) Die schriftliche Kommunikation zwischen den Stellen der Landesverwaltung soll elektronisch erfolgen. Zwischen Stellen der Landesverwaltung, die ihre Akten elektronisch führen, sollen Akten und sonstige Papierdokumente elektronisch übermittelt oder der elektronische Zugriff ermöglicht werden. Bei der Kommunikation nach Satz 1 und der Datenübermittlung sowie dem Datenabruf nach Satz 2 sind Übertragungswege zu nutzen, die die Sicherheit in Bezug auf Verfügbarkeit, Unversehrtheit und Vertraulichkeit der Informationen gewährleisten.

(2) Von der elektronischen Übermittlung von Akten und sonstigen Papierdokumenten kann abgesehen werden, wenn die Übertragung unverhältnismäßigen technischen Aufwand erfordert.

§ 11 Elektronische Kommunikation mit natürlichen oder juristischen Personen des Privatrechts

(1) Ab dem Zeitpunkt der Einführung elektronischer Akten durch die Stellen der Landesverwaltung soll die Abwicklung der von ihnen betriebenen Verwaltungsverfahren mit natürlichen oder juristischen Personen des Privatrechts elektronisch angeboten werden. Die Kommunikation richtet sich nach § 1 Abs. 1 Satz 1 des Verwaltungsverfahrensgesetzes Sachsen-Anhalt in Verbindung mit § 3a Abs. 2 und 3 des Verwaltungsverfahrensgesetzes.

(2) Natürliche oder juristische Personen des Privatrechts eröffnen durch die Wahl der elektronischen Kommunikation den Zugang für die zuständige Stelle der Landesverwaltung. Diese soll für die weitere Kommunikation die von dem Absender gewählte Kommunikationsform nutzen. Satz 2 gilt nicht, soweit die Kommunikation in einem elektronischen Fachverfahren erfolgt oder wenn Rechtsvorschriften oder technische Unmöglichkeit der gewählten Kommunikationsform entgegenstehen.

(3) Ist ein an eine Stelle der Landesverwaltung übermitteltes elektronisches Dokument für sie zur Bearbeitung nicht geeignet, gilt § 1 Abs. 1 Satz 1 des Verwaltungsverfahrensgesetzes Sachsen-Anhalt in Verbindung mit § 3a Abs. 3 des Verwaltungsverfahrensgesetzes.

(4) Werden an natürliche oder juristische Personen des Privatrechts Dateien übermittelt, sollen für diese offene und standardisierte Dateiformate genutzt werden.

§ 12 Elektronische Beteiligungsverfahren

(1) Stellen der Landesverwaltung können zur Beteiligung der Öffentlichkeit elektronische Informationstechnologien nutzen. Insbesondere können sie Möglichkeiten zur elektronischen Öffentlichkeitsbeteiligung über das Internet eröffnen, soweit nicht durch andere Rechtsvorschriften geregelte Beteiligungsverfahren Anwendung finden. Die für die Durchführung der elektronischen Öffentlichkeitsbeteiligung zuständige Stelle der Landesverwaltung hat einen angemessenen Zeitraum zur Beteiligung der Öffentlichkeit und den transparenten Ablauf des Verfahrens zu gewährleisten.

(2) Die nach Absatz 1 Satz 3 zuständige Stelle der Landesverwaltung hat die Ergebnisse der elektronischen Öffentlichkeitsbeteiligung auszuwerten und zu prüfen. Die Ergebnisse der Öffentlichkeitsbeteiligungen sind öffentlich bekannt zu geben.

(3) Die Stellen der unmittelbaren Landesverwaltung nutzen für die Durchführung elektronischer Beteiligungsverfahren und die elektronische Bekanntgabe der Ergebnisse der Öffentlichkeitsbeteiligungen das Landesportal Sachsen-Anhalt.

Abschnitt 3.
Organisation und Koordinierung der Informations- und Kommunikationstechnologie
Unterabschnitt 1. Unmittelbare Landesverwaltung

§ 13 Beauftragte oder Beauftragter der Landesregierung Sachsen-Anhalt für Informations- und Kommunikationstechnologie

(1) Die Landesregierung beruft auf Vorschlag des für Informations- und Kommunikationstechnologie (IKT) und E-Government in der Landesverwaltung zuständigen Ministeriums eine Beauftragte oder einen Beauftragten der Landesregierung Sachsen-Anhalt für Informations- und Kommunikationstechnologie.

(2) Die oder der Beauftragte der Landesregierung Sachsen-Anhalt für Informations- und Kommunikationstechnologie ist nach § 1 Abs. 2 Satz 1 Nr. 2 in Verbindung mit § 1 Abs. 1 Satz 1 des Vertrages über die Errichtung des IT-Planungsrats und über die Grundlagen der Zusammenarbeit beim Einsatz der Informationstechnologie in den Verwaltungen von Bund und Ländern - Vertrag zur Ausführung von Artikel 91c GG vom 30. Oktober 2009 bis zum 20. November 2009 (GVBl. LSA 2010 S. 142, 143) für das Land Sachsen-Anhalt Mitglied im IT-Planungsrat.

(3) Der oder dem Beauftragten der Landesregierung Sachsen-Anhalt für Informations- und Kommunikationstechnologie obliegt die Koordinierung und Steuerung von Maßnahmen im Bereich der Informations- und Kommunikationstechnologie und des E-Governments in der Landesverwaltung einschließlich der verwaltungsträgerübergreifenden Zusammenarbeit nach den Vorgaben dieses Gesetzes. Sie oder er legt innerhalb der Landesregierung insbesondere die technischen, organisatorischen und haushalterischen Rahmenbedingungen für den Einsatz von Informations- und Kommunikationstechnik in der Landesverwaltung im Benehmen mit den obersten Landesbehörden fest und berichtet der Landesregierung jährlich über die Ergebnisse.

(4) Die obersten Landesbehörden beteiligen die Beauftragte oder den Beauftragten der Landesregierung Sachsen-Anhalt für Informations- und Kommunikationstechnologie unverzüglich bei der Planung von Maßnahmen, die ihre oder seine Stellung oder Aufgaben berühren.

§ 14 Umsetzung von Standardisierungsbeschlüssen des IT-Planungsrates

Fasst der IT-Planungsrat einen Beschluss über fachunabhängige und fachübergreifende IT-Interoperabilitäts- oder IT-Sicherheitsstandards nach § 1 Abs. 1 Satz 1 Nr. 2 und § 3 des Vertrages über die Errichtung des IT-Planungsrats und über die Grundlagen der Zusammenarbeit beim Einsatz der Informationstechnologie in den Verwaltungen von Bund und Ländern - Vertrag zur Ausführung von Artikel 91c GG, so beschließt die Landesregierung über Art und Zeitpunkt der Umsetzung dieses Beschlusses innerhalb der Stellen der unmittelbaren Landesverwaltung.

§ 15 Verordnungsermächtigung für den Einsatz der Informations- und Kommunikationstechnologie

Die Landesregierung wird ermächtigt, durch Verordnung nähere Bestimmungen für den Einsatz der Informations- und Kommunikationstechnologie innerhalb der Stellen der unmittelbaren Landesverwaltung hinsichtlich

1. der Beschaffung informationstechnischer Geräte und der für ihren Betrieb erforderlichen systemnahen Programme,

2. der Einführung der elektronischen Akte nach § 3 Abs. 1 und des Übertragens und der Vernichtung der Papierdokumente nach § 4,

3. der elektronischen Bearbeitung von Verwaltungsvorgängen nach § 3 Abs. 3,

4. der Festlegung und der Ausgestaltung von beschreibenden inhaltlichen Merkmalen und formalen Ordnungsmerkmalen zu Dokumenten, Vorgängen und Akten (Metainformationen); die Bestimmungen sollen den Umfang, die Interpretation und das Format der Metainformationen festlegen, um so einen bundesweiten Austausch von Metainformationen zu ermöglichen,

5. der Festlegung der Nutzungsbedingungen für Metainformationen; die Bestimmungen sollen insbesondere den Umfang der Nutzung, Nutzungsbedingungen, Nutzungsgebühren sowie Gewährleistungs- und Haftungsausschlüsse regeln,

6. der Festlegung der für die Übermittlung und Bearbeitung elektronischer Dokumente durch natürliche oder juristische Personen des Privatrechts geeigneten Dateiformate,

7. des Einsatzes von technischen Maßnahmen zur Verschlüsselung nach § 8,

8. des Einsatzes sicherer elektronischer Zugänge nach § 9 Abs. 1 und

9. des Einsatzes von elektronischen Bezahlmöglichkeiten nach § 4 des E-Government-Gesetzes zu erlassen. Beschlüsse des IT-Planungsrates und durch ihn entwickelte Verfahrenslösungen sind zu berücksichtigen.

Unterabschnitt 2. Landesportal Sachsen-Anhalt

§ 16 Nutzung des Landesportals Sachsen-Anhalt

(1) Das Landesportal Sachsen-Anhalt ermöglicht über standardisierte Schnittstellen die Integration und den Austausch von Daten mit den Portalen anderer Verwaltungsträger. Den in § 2 Abs. 4 des Onlinezugangsgesetzes genannten Personen, Vereinigungen und Stellen sollen über das Landesportal Sachsen-Anhalt nach Maßgabe des Onlinezugangsgesetzes elektronische Verwaltungsleistungen, wie zum Beispiel die elektronische Abwicklung von Verwaltungsverfahren einschließlich der dazu erforderlichen Informationen und die elektronische Kommunikation mit Stellen der Landesverwaltung über allgemein zugängliche Netze, angeboten

werden. Zu diesem Zweck stellt das Landesportal Sachsen-Anhalt verfahrens- und fachunab-hängige Systeme und Komponenten bereit, die Voraussetzung für die Schaffung entsprechen-der E-Government-Angebote sind (Basisdienste).

(2) Die Stellen der unmittelbaren Landesverwaltung nutzen das Landesportal Sachsen-Anhalt bei der Wahrnehmung ihrer Aufgaben nach dem E-Government-Gesetz und nach diesem Ge-setz sowie zum Anbieten elektronischer Verwaltungsleistungen im Sinne des Absatzes 1 Satz 2.

(3) Das Land stellt über das Landesportal Sachsen-Anhalt für natürliche Personen Bürgerkon-ten bereit, über die sie sich freiwillig einmalig oder dauerhaft für die im Portalverbund verfüg-baren elektronischen Verwaltungsleistungen im Sinne des Absatzes 1 Satz 2 von Bund und Ländern einheitlich identifizieren und authentifizieren können. Die besonderen Anforderun-gen einzelner elektronischer Verwaltungsleistungen im Sinne des Absatzes 1 Satz 2 an die Identifizierung der ein Bürgerkonto verwendenden natürlichen Person sind zu berücksichti-gen. Stellen der Landesverwaltung, die elektronische Verwaltungsleistungen im Sinne des Ab-satzes 1 Satz 2 über das Landesportal Sachsen-Anhalt anbieten, erkennen vorbehaltlich des Satzes 2 das Bürgerkonto und die bei der Registrierung erfolgte Identifizierung und Authenti-fizierung der ein Bürgerkonto verwendenden natürlichen Person an. Das Bürgerkonto enthält ein Postfach, das die natürliche Person freiwillig nutzen kann. Mit Zustimmung dieser Person können Stellen der Landesverwaltung dort an sie gerichtete elektronische Dokumente und Informationen bereitstellen.

(4) Die in § 2 Abs. 5 Satz 4 des Onlinezugangsgesetzes genannten Personen, Vereinigungen und Stellen mit Sitz im Land Sachsen-Anhalt nutzen zur Identifizierung und Authentifizierung für die im Portalverbund verfügbaren elektronischen Verwaltungsleistungen im Sinne des Ab-satzes 1 Satz 2 von Bund und Ländern das Organisationskonto im Sinne von § 2 Abs. 5 Satz 4 des Onlinezugangsgesetzes. Absatz 3 Satz 3 gilt entsprechend.

§ 17 Basisdienste

(1) Das Land stellt über das Landesportal Sachsen-Anhalt im Rahmen seiner technischen und organisatorischen Möglichkeiten Basisdienste bereit für

1. Bürgerkonten,

1a. die Identifizierung und Authentifizierung über das Organisationskonto im Sinne von § 2 Abs. 5 Satz 4 des Onlinezugangsgesetzes sowie über die Bürgerkonten anderer Verwaltungs-portalbetreiber,

2. Informationen über

a) Zuständigkeiten, Anschriften, Geschäftszeiten sowie postalische, telefonische und elektro-nische Erreichbarkeiten,

b) öffentlich-rechtliche Verwaltungstätigkeiten, damit verbundene Gebühren, beizubrin-gende Unterlagen, die zuständige Ansprechstelle und ihre Erreichbarkeit einschließlich der Bereitstellung der erforderlichen Formulare,

c) elektronisch angebotene Dienstleistungen,

d) allgemeine Leistungs-, Prozess- und Datenfeldinformationen in standardisierter Form zu leistungsbegründenden Gesetzen und Verordnungen des Landes,

3. elektronische Publikationen nach § 15 des E-Government-Gesetzes in Verbindung mit § 2 Satz 2 Nr. 3,

4. einen Zugang für die Übermittlung elektronischer Dokumente, auch soweit sie mit einer qualifizierten elektronischen Signatur versehen sind,

5. sichere elektronische Zugänge nach § 9 Abs. 1,

6. den elektronischen Identitätsnachweis nach § 18 des Personalausweisgesetzes, nach § 12 des eID-Karte-Gesetzes oder nach § 78 Abs. 5 des Aufenthaltsgesetzes,

7. die elektronische Einreichung von Nachweisen,

8. sichere Übertragungswege nach § 10 Abs. 1 Satz 3 zwischen

a) den elektronischen Postfächern der beim Landesportal Sachsen-Anhalt und seinen Basisdiensten registrierten natürlichen oder juristischen Personen des Privatrechts,

b) den elektronischen Postfächern der an das Landesportal Sachsen-Anhalt und seinen zentralen Diensten angeschlossenen Stellen der Landesverwaltung,

c) den auf sonstiger gesetzlicher Grundlage eingerichteten elektronischen Postfächern von Behörden, Gerichten und sonstigen Institutionen sowie natürlichen oder juristischen Personen,

9. elektronische Bezahlmöglichkeiten,

10. elektronische Beteiligungsverfahren und

11. die Georeferenzierung.

(2) Sowohl der Bund als auch das Land können Basisdienste vorgeben. Basisdienste des Landes müssen für den Betrieb im Portalverbund geeignet sein.

§ 18 Rechtsgrundlagen der Datenverarbeitung in Bürgerkonten und Organisationskonten
(1) Der Identitätsnachweis für ein Bürgerkonto kann bei natürlichen Personen auf unterschiedlichen Vertrauensniveaus erfolgen. Das verwendete Vertrauensniveau muss für das jeweilige Verwaltungsverfahren geeignet sein. Zur Feststellung der Identität dieser natürlichen Person dürfen bei Registrierung und Nutzung folgende Daten verarbeitet werden:

1. Familienname,

2. Geburtsname,

3. Vornamen,

4. akademischer Grad,

5. Tag der Geburt,

6. Ort der Geburt,

7. Geburtsland,

8. Anschrift,

9. Staatsangehörigkeit,

10. bei Nutzung der elektronischen Identitätsfunktion im Sinne des § 18 des Personalausweisgesetzes, des § 12 des eID-Karte-Gesetzes oder des § 78 Abs. 5 des Aufenthaltsgesetzes die Abkürzung „D" für Bundesrepublik Deutschland, die Dokumentenart sowie das dienste- und kartenspezifische Kennzeichen,

11. die eindeutige Kennung, die von sonstigen anerkannten elektronischen Identifizierungsmitteln übermittelt wird, und

12. die Postfachreferenz des Bürgerkontos;

bei späterer Nutzung des Bürgerkontos mit der eIDFunktion sind grundsätzlich das dienste- und kartenspezifische Kennzeichen und die Anschrift zu übermitteln; bei elektronischen Iden- tifizierungsmitteln nach Halbsatz 1 Nrn. 11 und 12 nur die jeweilige eindeutige Kennung.

(2) Zur Kommunikation mit der ein Bürgerkonto verwendenden natürlichen Person können zusätzlich folgende Daten mit ihrer Einwilligung verarbeitet werden: Anrede, weitere An- schriften, De-Mail-Adresse oder vergleichbare Adresse eines Zustelldienstes eines anderen EU-/EWR-Staates nach der Verordnung (EU) Nr. 910/2014 des Europäischen Parlaments und des Rates vom 23. Juli 2014 über elektronische Identifizierung und Vertrauensdienste für elektronische Transaktionen im Binnenmarkt und zur Aufhebung der Richtlinie 1999/93/EG (ABl. L 257 vom 28. 8. 2014, S. 73; L 23 vom 29. 1. 2015, S. 19; L 155 vom 14. 6.2016, S. 44), E- Mail-Adresse, Telefon- oder Mobilfunknummer und Telefaxnummer.

(3) Mit Einwilligung der ein Bürgerkonto verwendenden natürlichen Person dürfen elektroni- sche Dokumente zu Verwaltungsvorgängen sowie Status- und Verfahrensinformationen in- nerhalb des Bürgerkontos verarbeitet werden.

(4) Die elektronische Identifizierung kann jeweils mittels einer einmaligen Abfrage der Identi- tätsdaten erfolgen. Mit Einwilligung der ein Bürgerkonto verwendenden natürlichen Person ist eine dauerhafte Speicherung ihrer Identitätsdaten und deren Übermittlung an die für die elektronische Verwaltungsleistung im Sinne des § 16 Abs. 1 Satz 2 zuständigen Stellen sowie die dortige anschließende Verwendung dieser Daten zulässig. Im Falle der dauerhaften Spei- cherung muss die natürliche Person jederzeit die Möglichkeit haben, das Bürgerkonto und alle gespeicherten Daten selbständig zu löschen, soweit andere Rechtsvorschriften dem nicht ent- gegenstehen.

(5) Die für die Abwicklung einer elektronischen Verwaltungsleistung im Sinne des § 16 Abs. 1 Satz 2 zuständige Stelle kann im Einzelfall mit Einwilligung der ein Bürgerkonto verwendenden natürlichen Person die für ihre Identifizierung erforderlichen Daten bei der für das Bürger- konto zuständigen Stelle elektronisch abrufen.

(6) Bei einer Identifizierung und Authentifizierung über ein Organisationskonto im Sinne von § 2 Abs. 5 Satz 2 und 4 des Onlinezugangsgesetzes gilt § 8 des Onlinezugangsgesetzes für die Datenverarbeitung im Land Sachsen-Anhalt entsprechend.

§ 19 Verordnungsermächtigung für das Landesportal Sachsen-Anhalt

Die Landesregierung wird ermächtigt, durch Verordnung Bestimmungen für die Ausgestaltung und Nutzung des Landesportals Sachsen-Anhalt zu erlassen. Die Bestimmungen nach Satz 1 sollen regeln:

1. hinsichtlich der weiteren Ausgestaltung des Landesportals Sachsen-Anhalt

a) die Festlegung von Interoperabilitäts- und Informationssicherheitsstandards,

b) Funktionsumfang und Inhalt des Landesportals Sachsen-Anhalt und der damit verbundenen Basisdienste, insbesondere zu den durch den jeweiligen Dienst zu verarbeitenden personen- bezogenen Daten,

c) die Nutzung und Pflege des Landesportals Sachsen-Anhalt und der damit verbundenen Ba- sisdienste sowie deren Weiterentwicklung und die mit der Weiterentwicklung verbundene Finanzierung im Rahmen der im Landeshaushalt für diese Zwecke bereitgestellten Mittel,

2. die Bestimmung weiterer Basisdienste,

3. die Festlegung der Nutzungsbedingungen für elektronische Verwaltungsleistungen im Sinne des § 16 Abs. 1 Satz 2 einschließlich der Bürgerkonten; die Bestimmungen sollen insbesondere den Umfang der Nutzung, Nutzungsbedingungen, Nutzungsgebühren sowie Gewährleistungs- und Haftungsausschlüsse regeln,

4. die Abweichung von bundesrechtlichen Vorgaben für IT-Anwendungen, Basisdienste, Schnittstellen, Sicherheitsvorgaben und die elektronische Umsetzung von Standards nach Maßgabe von § 4 Abs. 1 Satz 3 des Onlinezugangsgesetzes,

5. die Umsetzung der Verpflichtung, mit den Verwaltungsportalen des Bundes und der anderen Länder einen Portalverbund zu bilden, und

6. die Bestimmung der für die Einrichtung, die Registrierung und den Betrieb von Bürgerkonten zuständigen und datenschutzrechtlich verantwortlichen öffentlichen Stelle.

§ 20 Gemeinsame Kommunikationsinfrastruktur

(1) Die Stellen der mittelbaren Landesverwaltung bestimmen ein Portal, über das sie nach Maßgabe des Onlinezugangsgesetzes elektronische Verwaltungsleistungen im Sinne des § 16 Abs. 1 Satz 2 anbieten. Dieses Portal muss zur Anbindung an einen mit den Verwaltungsportalen von Bund und Ländern gebildeten Portalverbund geeignet sein. Soweit Stellen der mittelbaren Landesverwaltung Bürgerkonten bereitstellen, gelten § 16 Abs. 3 und § 18 entsprechend.

(2) Zur Schaffung einer gemeinsamen Kommunikationsinfrastruktur überlässt das Land den Gemeinden, Verbandsgemeinden und Landkreisen die Nutzung des Landesportals Sachsen-Anhalt einschließlich der Basisdienste nach § 17 Abs. 1 unentgeltlich. Die Landesregierung wird ermächtigt, durch Verordnung weitere Basisdienste zu bestimmen, die den Gemeinden, Verbandsgemeinden und Landkreisen unentgeltlich zur Verfügung zu stellen sind.

(3) Soweit das Land anderen Stellen der mittelbaren Landesverwaltung die Nutzung des Landesportals Sachsen-Anhalt einschließlich der Basisdienste nach § 17 Abs. 1 überlässt, entscheidet es im Einzelfall, ob die Nutzung unentgeltlich oder gegen Übernahme der Mehrkosten erfolgt. Absatz 2 Satz 2 gilt für andere Stellen der mittelbaren Landesverwaltung entsprechend.

Unterabschnitt 3. Verwaltungsträgerübergreifende Zusammenarbeit
§ 21 Verwaltungsträgerübergreifende Zusammenarbeit im Bereich der Informations- und Kommunikationstechnologie

(1) Das Land und die Stellen der mittelbaren Landesverwaltung arbeiten im Bereich der Informations- und Kommunikationstechnologie eng und vertrauensvoll zusammen. Gegenstände der verwaltungsträgerübergreifenden Zusammenarbeit sind insbesondere:

1. Planung, Errichtung und Betrieb der für ihre Aufgabenerfüllung benötigten informationstechnischen Systeme sowie

2. elektronische Aufgabenerledigung und elektronische Kommunikation.

(2) Das Land und die Stellen der mittelbaren Landesverwaltung gewährleisten den erforderlichen rechtmäßigen und sicheren Datenaustausch auch über unterschiedliche Verwaltungsebenen hinweg.

(3) Beim elektronischen Austausch von Daten ist der Einsatz der Fachverfahren und der Informations- und Kommunikationstechnologie so aufeinander abzustimmen, dass der medienbruchfreie Austausch sowie die weitere Verarbeitung der Daten in elektronischer Form für alle beteiligten Stellen der Landesverwaltung sowohl rechtlich als auch technisch gewährleistet ist.

(4) Sofern die elektronische Abwicklung von Verwaltungsverfahren stellenübergreifend erfolgt, ist die notwendige Interoperabilität der eingesetzten Fachanwendungen sicherzustellen.
(5) Die Funktionsfähigkeit der elektronischen Kommunikation ist durch medienbruchfreie Prozesse und durch den Einsatz von interoperablen IT-Systemen und Fachanwendungen zu gewährleisten.

§ 22 Einheitliche Standards

(1) Das Land und die Stellen der mittelbaren Landesverwaltung verständigen sich vorbehaltlich bundesrechtlicher Regelungen auf folgende einheitliche Standards:
1. die Festlegung einer technischen Vorgehensweise auf einem bestimmten Gebiet (technische Standards); durch die Definition von Schnittstellen, die Festlegung von Datenschemata und von Daten- und Dateiformaten für den Austausch sowie für die Verarbeitung von Daten,
2. die Festlegung von organisatorischen Bedingungen oder der Vorgehensweise hinsichtlich des Verfahrens auf einem bestimmten Gebiet (prozessuale Standards) durch die Festlegung von zeitlichen und fachlichen Prozessschnittstellen sowie
3. Standards, die die Verfügbarkeit, Unversehrtheit oder Vertraulichkeit von Informationen betreffen (Sicherheitsstandards).
(2) Neben Standards aus Bundes- und Europarecht sind grundsätzlich verfügbare Standards aus der länderübergreifenden Zusammenarbeit sowie gesetzeskonforme Marktstandards zu nutzen.
(3) Soweit der Bund keine verbindlichen Standards festlegt, wird die Landesregierung ermächtigt, durch Verordnung
1. Standards für die betroffenen Fachverfahren und Fachanwendungen der beteiligten Stellen der Landesverwaltung festzulegen, um die Medienbruchfreiheit und Interoperabilität zu gewährleisten, dazu gehören Regelungen über
a) den Umfang und die Gestaltung der zu nutzenden gedruckten und elektronischen Formulare sowie
b) den behördenübergreifenden elektronischen Datenzugriff und Datenaustausch,
2. den Einsatz bestimmter Fachanwendungen vorzuschreiben, sofern die Interoperabilität der betroffenen Fachanwendungen nicht auf andere Weise sichergestellt werden kann, sowie
3. Standards für die elektronische Kommunikation zwischen den betroffenen Stellen der Landesverwaltung festzulegen, sofern die Funktionsfähigkeit der elektronischen Kommunikation zwischen den Stellen der Landesverwaltung nicht durch Maßnahmen nach den Nummern 1 oder 2 gewährleistet ist.
(4) Die durch Verordnung nach Absatz 3 vorgegebenen Standards und Fachanwendungen dürfen zu keiner finanziellen Mehrbelastung für die Stellen der mittelbaren Landesverwaltung führen.

§ 23 Grundsatz der kooperativen Kommunikation

Eine Verordnung nach § 22 Abs. 3 darf erst erlassen werden, wenn ein Abstimmungsverfahren zwischen dem Land und den betroffenen Stellen der mittelbaren Landesverwaltung durchgeführt worden ist und kein Einvernehmen erzielt werden konnte.

§ 24 IT-Kooperationsrat Sachsen-Anhalt

(1) Der IT-Kooperationsrat Sachsen-Anhalt ist das gemeinsame Gremium für die verwaltungsträgerübergreifende Zusammenarbeit zwischen dem Land und den Gemeinden, Verbandsgemeinden und Landkreisen im Bereich der Informations- und Kommunikationstechnologie.

(2) Dem IT-Kooperationsrat Sachsen-Anhalt gehören als ständige Mitglieder an:

1. die oder der Beauftragte der Landesregierung Sachsen-Anhalt für Informations- und Kommunikationstechnologie, die oder der den Vorsitz führt,

2. je eine Vertreterin oder ein Vertreter der Staatskanzlei und Ministeriums für Kultur sowie der weiteren Ministerien und

3. je zwei Mitglieder der kommunalen Spitzenverbände.

Die oder der Landesbeauftragte für den Datenschutz ist beratendes Mitglied. Bei Bedarf kann der IT-Kooperationsrat Sachsen-Anhalt weitere Dritte als beratende Mitglieder hinzuziehen. Beratende Mitglieder sind nicht stimmberechtigt.

(3) Der IT-Kooperationsrat Sachsen-Anhalt kann Empfehlungen aussprechen insbesondere

1. zu den im IT-Planungsrat zu behandelnden Themen,

2. zu den Umsetzungsregelungen für die Beschlüsse des IT-Planungsrates, die dieser nach § 1 Abs. 1 Satz 1 und § 3 des Vertrages über die Errichtung des IT-Planungsrats und über die Grundlagen der Zusammenarbeit beim Einsatz der Informationstechnologie in den Verwaltungen von Bund und Ländern - Vertrag zur Ausführung von Artikel 91c GG fasst, und zu den Bund-Länder-Beschlüssen im Bereich Informationstechnik und elektronische Verwaltung,

3. zur strategischen Entwicklung der Informationstechnologie und zur Förderung der elektronischen Verwaltungsarbeit in den Stellen der Landesverwaltung,

4. zur Steuerung von verwaltungsstellenübergreifenden Einzelprojekten,

5. zu einheitlichen Standards nach § 22 und

6. zu den elektronischen Kommunikations- und Zahlungsverfahren.

(4) Der IT-Kooperationsrat Sachsen-Anhalt wird durch eine Geschäftsstelle, die bei dem Beauftragten der Landesregierung Sachsen-Anhalt für die Informations- und Kommunikationstechnologie einzurichten ist, unterstützt.

(5) Der IT-Kooperationsrat Sachsen-Anhalt gibt sich eine Geschäftsordnung.

Abschnitt 4. Schlussbestimmungen

§ 25 Experimentierklausel

Die Landesregierung wird ermächtigt, durch Verordnung Ausnahmen von der Anwendung:

1. von Zuständigkeits- und Formvorschriften nach § 1 Abs. 1 Satz 1 des Verwaltungsverfahrensgesetzes Sachsen-Anhalt in Verbindung mit den §§ 3, 3a, 33, 34, 37 Abs. 2 bis 5, §§ 41, 57, 64 und 69 Abs. 2 des Verwaltungsverfahrensgesetzes, 2. von Zuständigkeits- und Formvorschriften nach § 1 Abs. 1 des Verwaltungszustellungsgesetzes des Landes Sachsen-Anhalt in Verbindung mit § 5 Abs. 4 bis 7, §§ 5a, 10 Abs. 2 des Verwaltungszustellungsgesetzes und 3. sonstiger Zuständigkeitsvorschriften für einen Zeitraum von höchstens drei Jahren zuzulassen.

§ 26 Einschränkung von Grundrechten Durch dieses Gesetz wird das Grundrecht auf den Schutz personenbezogener Daten im Sinne des Artikels 2 Abs. 1 in Verbindung mit Artikel 1 Abs. 1 des Grundgesetzes und des Artikels 6 Abs. 1 Satz 1 der Verfassung des Landes Sachsen-Anhalt eingeschränkt.

§ 27 Inkrafttreten

(1) Dieses Gesetz tritt vorbehaltlich des Absatzes 2 am Tag nach der Verkündung in Kraft.

(2) § 8 tritt ein Jahr nach Verkündung dieses Gesetzes in Kraft.

Archivgesetz Sachsen-Anhalt (ArchG LSA)

vom 28. Juni 1995 (GVBl. LSA S. 190), zuletzt geändert durch Gesetz vom 18. Februar 2020 (GVBl. LSA S. 25, 40)

Abschnitt 1 Allgemeine Bestimmungen

§ 1 Zweck und Geltungsbereich

(1) Dieses Gesetz regelt den Umgang mit öffentlichem Archivgut in Sachsen-Anhalt. Es soll das öffentliche Archivgut vor Vernichtung und Zersplitterung schützen und seine öffentliche Benutzung gewährleisten.

(2) Dieses Gesetz gilt nicht für

1. die öffentlich-rechtlichen Religionsgemeinschaften und deren Vereinigungen,

2. die öffentlich-rechtlichen Rundfunkanstalten,

3. die öffentlich-rechtlichen Unternehmen mit eigener Rechtspersönlichkeit, die am wirtschaftlichen Wettbewerb teilnehmen, und deren Zusammenschlüsse,

4. solche Zweckverbände, deren Zweck der Betrieb eines öffentlich-rechtlichen Unternehmens mit eigener Rechtspersönlichkeit ist, das am wirtschaftlichen Wettbewerb teilnimmt.

§ 2 Begriffsbestimmungen

(1) Öffentliches Archivgut sind alle archivwürdigen Unterlagen, die bei

1. den Verfassungsorganen, Behörden, Gerichten und sonstigen öffentlichen Stellen des Landes Sachsen-Anhalt,

2. den Gemeinden, Verbandsgemeinden und Landkreisen sowie bei sonstigen kommunalen Zusammenschlüssen oder

3. den sonstigen der Aufsicht des Landes unterstehenden juristischen Personen des öffentlichen Rechts und deren Zusammenschlüssen

sowie bei deren Rechts- und Funktionsvorgängern entstanden sind und zur dauernden Aufbewahrung von einem öffentlichen Archiv übernommen werden. Den in Satz 1 genannten Stellen stehen die von ihnen errichteten juristischen Personen des Privatrechtes, die öffentliche Aufgaben erfüllen und nicht am Wettbewerb teilnehmen, gleich.

(2) Als öffentliches Archivgut gelten auch Unterlagen oder dokumentarische Materialien, die von öffentlichen Archiven zur Ergänzung ihres Archivgutes angelegt, erworben oder diesen zur dauernden Verwahrung und Nutzung überlassen worden sind.

(3) Unterlagen im Sinne dieses Gesetzes sind unabhängig von ihrer Speicherungsform alle Aufzeichnungen und sonstigen Informationsobjekte. Hierzu zählen insbesondere Akten, Dateien, Urkunden, Amtsbücher, Einzelschriftstücke, Druckschriften, Karten, Pläne, Zeichnungen, Risse, Plakate, Siegel, Stempel, Bild-, Film- und Tonaufzeichnungen sowie verfügbare Hilfsmittel und Programme, die zur Nutzung und dauerhaften Erhaltung der Unterlagen erforderlich sind.

(4) Archivwürdig sind Unterlagen, denen für die Gesetzgebung, Rechtsprechung, Regierung und Verwaltung, für die Wissenschaft und Forschung, für das Verständnis von Geschichte und

Gegenwart, zur Rechtswahrung oder zur Sicherung berechtigter privater Interessen bleibender Wert zukommt.

(5) Archivieren ist das Ermitteln, Bewerten, Übernehmen, Verwahren auf Dauer, Sichern, Erhalten, Instandsetzen, Erschließen sowie Nutzbarmachen und Auswerten von Archivgut.

(6) Öffentliche Archive sind das Landesarchiv Sachsen-Anhalt, die Archive, die vom Landtag oder von Hochschulen errichtet sind, sowie die Kommunalarchive und die Archive von Stellen im Sinne des Absatzes 1 Satz 1 Nr. 3.

§ 3 Landesarchivgut

(1) Öffentliches Archivgut ist Landesarchivgut, wenn es bei einer der in § 2 Abs. 1 Satz 1 Nr. 1 genannten Stellen entstanden ist, oder wenn es sich um archivwürdige Unterlagen handelt, die in deren Eigentum übergegangen oder diesen zur Nutzung überlassen worden sind. Landesarchivgut ist auch sonstiges Archivgut, das in die Zuständigkeit des früheren Staatsarchivs Magdeburg fiel. Landesarchivgut sind ferner archivwürdige Unterlagen, die das Landesarchiv Sachsen-Anhalt von anderen als den in Satz 1 genannten öffentlichen Stellen oder von natürlichen Personen oder von juristischen Personen des privaten Rechts übernommen oder erworben haben, sofern es sich nicht um Depositalgut handelt.

(2) Die in Wahrnehmung staatlicher Aufgaben entstandenen archivwürdigen Unterlagen der SED, der übrigen Parteien und Massenorganisationen der Deutschen Demokratischen Republik sowie der mit diesen verbundenen Organisationen und juristischen Personen werden wie Landesarchivgut behandelt, soweit sie bei einem Organisationsteil anfielen oder archiviert wurden, der über die Orts- und Kreisebene, grundsätzlich aber nicht über die Ebene des heutigen Landes hinausging. Satz 1 gilt, sobald die dort genannten Unterlagen im Landesarchiv Sachsen-Anhalt archiviert sind.

§ 4 Kommunales und sonstiges öffentliches Archivgut

(1) Öffentliches Archivgut ist kommunales Archivgut, wenn es bei einer der in § 2 Abs. 1 Satz 1 Nr. 2 genannten Stellen entstanden ist. Kommunales Archivgut ist auch Archivgut, das in die Zuständigkeit der früheren Kreis- und Stadtarchive fiel.

(2) Öffentliches Archivgut ist sonstiges öffentliches Archivgut, wenn es bei einer der in § 2 Abs. 1 Satz 1 Nr. 3 genannten Stelle entstanden ist.

§ 5 Depositalgut

(1) Natürliche Personen sowie juristische Personen des öffentlichen oder privaten Rechts können ihr Archivgut einem öffentlichen Archiv als Depositum unter Wahrung des Eigentums anbieten. Zwischen Eigentümern des Archivgutes und dem jeweiligen öffentlichen Archiv ist ein Depositalvertrag abzuschließen.

(2) Deposita unterliegen den gleichen Bestimmungen wie öffentliches Archivgut, sofern nicht durch den jeweiligen Depositalvertrag etwas anderes bestimmt wird.

§ 6 Rechtsansprüche betroffener Personen

(1) Rechtsansprüche betroffener Personen gemäß Artikel 15 der Verordnung (EU) 2016/679 des Europäischen Parlaments und des Rates vom 27. April 2016 zum Schutz natürlicher Personen bei der Verarbeitung personenbezogener Daten, zum freien Datenverkehr und zur Aufhebung der Richtlinie 95/46/EG (Datenschutz-Grundverordnung) (ABl. L 119 vom 4. 5. 2016, S. 1; L 314 vom 22. 11. 2016, S. 72; L 127 vom 23. 5. 2018, S. 2) beschränken sich auf Auskunft über die im erschlossenen Archivgut enthaltenen, sie betreffenden personenbezogenen Daten. Die Auskunft ist auf Antrag zu erteilen, soweit

1. das Archivgut personenbezogen erschlossen ist oder die betroffenen Personen Angaben machen, die das Auffinden der Daten ermöglichen, und

2. der für die Erteilung der Auskunft erforderliche Aufwand nicht außer Verhältnis zu dem geltend gemachten Informationsinteresse steht.

Das öffentliche Archiv bestimmt das Verfahren, insbesondere die Form der Auskunftserteilung nach pflichtgemäßem Ermessen. Anstelle der Auskunft kann Einsichtnahme in das Archivgut gewährt werden, wenn der Erhaltungszustand des Archivgutes dies erlaubt. Ist das Archivgut in maschinenlesbaren Dateien gespeichert, so kann nur Einsicht in eine Abbildung gewährt werden.

(2) Die Auskunft wird nicht gewährt, soweit

1. sie die öffentliche Sicherheit gefährden oder sonst dem Wohle der Bundesrepublik Deutschland oder eines ihrer Länder Nachteile bereiten würde oder

2. personenbezogene Daten oder die Tatsache ihrer Speicherung nach einer Rechtsvorschrift oder ihrem Wesen nach, insbesondere wegen der überwiegenden berechtigten Interessen Dritter, sofern diese der Auskunftserteilung nicht zugestimmt haben, geheim gehalten werden müssen.

§ 11 Abs. 3 und 4 des Datenschutz-Grundverordnungs-Ausfüllungsgesetzes Sachsen-Anhalt findet entsprechende Anwendung.

(3) Weitergehende Rechtsansprüche betroffener Personen auf Auskunft gemäß Artikel 15 der Verordnung (EU) 2016/679 bestehen nicht.

(4) Machen betroffene Personen glaubhaft, daß das Archivgut eine falsche Tatsachenbehauptung enthält, die sie nicht nur unerheblich in ihren Rechten beeinträchtigt, so können sie verlangen, daß dem sie betreffenden erschlossenen Archivgut eine von ihnen eingereichte Gegendarstellung beigefügt wird. Ein Gegendarstellungsrecht besteht nicht für amtliche Niederschriften und Berichte über öffentliche Sitzungen rechtsetzender oder beschließender Kollegialorgane. Gegendarstellungen müssen sich auf Tatsachen beschränken und sollen die Beweismittel anführen. Im Übrigen bestehen weitergehende Rechte betroffener Personen auf Berichtigung gemäß Artikel 16 der Verordnung (EU) 2016/679 nicht.

(5) Rechte betroffener Personen auf Löschung gemäß Artikel 17 der Verordnung (EU) 2016/679 oder auf Einschränkung der Verarbeitung gemäß Artikel 18 der Verordnung (EU) 2016/679 bestehen bei archivierten personenbezogenen Daten nicht. Eine Mitteilungspflicht

gemäß Artikel 19 der Verordnung (EU) 2016/679 besteht für öffentliche Archive nicht. Das Recht auf Datenübertragbarkeit gemäß Artikel 20 der Verordnung (EU) 2016/679 und ein Widerspruchsrecht betroffener Personen gegen die Archivierung sie betreffender Daten gemäß Artikel 21 Abs. 1 der Verordnung (EU) 2016/679 bestehen nicht.

Abschnitt 2 Landesarchiv Sachsen-Anhalt

§ 7 Landesarchiv Sachsen-Anhalt

(1) Das Landesarchiv Sachsen-Anhalt hat die Aufgabe, das Landesarchivgut zu archivieren. Abweichend von Satz 1 können der Landtag sowie die Hochschulen ihr Archivgut in eigenen Archiven archivieren; diese Archive stehen, soweit keine entgegenstehenden Regelungen getroffen werden, dem Landesarchiv Sachsen-Anhalt gleich.

(2) Das Landesarchiv Sachsen-Anhalt kann Archivgut anderer Herkunft annehmen, sofern das im öffentlichen Interesse liegt. Es sammelt sonstige Unterlagen zur Ergänzung des Archivgutes.

(3) Das Landesarchiv Sachsen-Anhalt ist berechtigt, Veröffentlichungen und wissenschaftliche Auswertungen des Archivgutes selbst vorzunehmen.

(4) Das Landesarchiv Sachsen-Anhalt berät im Rahmen seiner Möglichkeiten Kommunalarchive und Archive sonstiger öffentlicher Stellen auf deren Anforderung.

Abschnitt 3 Archivgut

§ 8 Verwahrung und Sicherung

(1) Das Landesarchiv Sachsen-Anhalt hat das Verfügungsrecht über das Landesarchivgut und ist verpflichtet, dieses nach archivwissenschaftlichen Erkenntnissen zu bearbeiten und der Benutzung zugänglich zu machen. Die Zugänglichmachung kann unter Wahrung schutzwürdiger privater und öffentlicher Belange auch durch die Präsentation von digitalisiertem Archivgut und von Erschließungsdaten im Internet erfolgen.

(2) Archivgut ist Kulturgut und als solches unveräußerlich. Das Landesarchiv Sachsen-Anhalt hat es auf Dauer sicher zu verwahren und vor Schäden, Verlust, Vernichtung oder unbefugter Nutzung zu schützen.

(3) Landesarchivgut kann in Ausnahmefällen auf Grund eines widerruflichen Depositalvertrages in einem anderen öffentlichen Archiv verwahrt werden.

(4) Eine Übereignung von Landesarchivgut an Archive des Bundes und der Länder ist nur zulässig, wenn dieses fachlich geboten und Gegenseitigkeit gewährleistet ist.

§ 9 Grundsätze der Anbietung und Übernahme

(1) Die in § 2 Abs. 1 Satz 1 Nr. 1 genannten Stellen haben alle Unterlagen, sobald sie diese zur Erfüllung ihrer öffentlichen Aufgaben nicht mehr benötigen, unverzüglich, spätestens 30 Jahre nach der letzten inhaltlichen Bearbeitung, dem Landesarchiv Sachsen-Anhalt im Originalzustand zur Übernahme anzubieten und, wenn es sich um archivwürdige Unterlagen handelt, als Archivgut zu übergeben. Dateien sollen in einem Dateiformat übergeben werden, das das für Archivwesen zuständige Ministerium im Einvernehmen mit dem für Informations- und Kommunikationstechnologie zuständigen Ministerium bestimmt. Ist durch Rechtsvorschriften

oder durch Verwaltungsvorschriften oberster Landesbehörden eine längere als dreißigjährige oder eine dauernde Aufbewahrung bestimmt, wird der Zeitpunkt des Anbietens und der Übergabe durch Vereinbarung zwischen den in § 2 Abs. 1 Satz 1 Nr. 1 genannten Stellen und dem Landesarchiv Sachsen-Anhalt geregelt.

(2) Anzubieten und zu übergeben sind auch Unterlagen, die

1. a) dem § 30 der Abgabenordnung oder dem § 35 des Ersten Buches Sozialgesetzbuch - Allgemeiner Teil - unterliegen,

b) anderen als den in Buchstabe a genannten Rechtsvorschriften des Bundes oder des Landes über Geheimhaltung unterliegen oder gelöscht, vernichtet oder in der Verarbeitung eingeschränkt werden müssten oder könnten oder in der Verarbeitung eingeschränkt worden sind oder c) besondere Kategorien personenbezogener Daten im Sinne des Artikels 9 Abs. 1 der Verordnung (EU) 2016/679 enthalten;

2. personenbezogene Daten aus Einrichtungen der Deutschen Demokratischen Republik enthalten, deren Verarbeitung nicht zulässig ist und die bis zur Entscheidung über die Übernahme durch das Landesarchiv Sachsen-Anhalt von den anbietungspflichtigen Stellen weiterhin in der Verarbeitung einzuschränken sind.

Das Landesarchiv Sachsen-Anhalt hat von der Übernahme an ebenso wie die abgebende Stelle die schutzwürdigen Belange betroffener Personen zu berücksichtigen.

§ 9a Ausnahmen, Verfahren, Auskunft

(1) Von der Anbietungspflicht sind Unterlagen ausgenommen,

1. deren Speicherung unzulässig gewesen ist,

2. deren Offenbarung gegen das Brief-, Post- oder Fernmeldegeheimnis verstoßen würde, es sei denn, es liegt ein Fall des § 9 Abs. 2 Satz 1 Nr. 2 vor,

3. die gelöscht oder vernichtet werden müssten und die

a) ausschließlich zum Zwecke der Datenschutzkontrolle, der Datensicherung oder zur Sicherstellung des ordnungsgemäßen Betriebes einer Datenverarbeitungsanlage gespeichert wurden,

b) im Rahmen optisch-elektronischer Beobachtung nur vorübergehend gespeichert wurden,

c) den Kernbereich privater Lebensgestaltung betreffen oder

d) in Ausübung von Befugnissen zur heimlichen Informationsbeschaffung entstanden sind und

aa) bei denen sich nachträglich herausstellt, dass die Voraussetzungen für die Ausübung dieser Befugnisse nicht vorgelegen haben,

bb) die für den damit verfolgten Zweck nicht mehr benötigt werden, sofern es sich um Bildaufzeichnungen oder Aufzeichnungen des nicht öffentlich gesprochenen Wortes handelt, oder cc) die im Rahmen von Maßnahmen nach den §§ 98a, 99, 100a, 100c bis 100i, 110a sowie 163d bis 163f der Strafprozessordnung erhoben worden sind,

4. die dem Wahlgeheimnis unterliegen,

5. die nach statistikrechtlichen Vorschriften zu anonymisieren sind oder

6. für deren Archivierung besondere Rechtsvorschriften des Bundes oder des Landes etwas anderes bestimmen.

(2) Sofern andere Rechtsvorschriften die Löschung personenbezogener Daten oder die Vernichtung von solchen Unterlagen vorsehen, die personenbezogene Daten enthalten, ist diese bei den anbietungspflichtigen Stellen auszusetzen, solange eine fristgerechte Entscheidung gemäß Absatz 4 über die Archivwürdigkeit aussteht. In den Fällen des Satzes 1 dürfen personenbezogene Daten von den anbietungspflichtigen Stellen ohne Einwilligung der betroffenen Personen nur zu Zwecken der Anbietung oder Übergabe an das Landesarchiv Sachsen-Anhalt verarbeitet oder genutzt werden.

(3) Das Landesarchiv Sachsen-Anhalt entscheidet im Benehmen mit der anbietenden Stelle, ob die angebotenen Unterlagen archivwürdig sind. Wird die Archivwürdigkeit bejaht, so müssen die Unterlagen vom Archiv übernommen werden.

(4) Wird die Archivwürdigkeit verneint oder wird innerhalb von zwölf Monaten eine Entscheidung nicht getroffen, so kann die anbietende Stelle die Unterlagen nach Ablauf der Aufbewahrungsfristen vernichten.

(5) Schon vor dem Zeitpunkt des Anbietens der Unterlagen ist Beschäftigten des Landesarchivs Sachsen-Anhalt zur Erfassung und Sicherung archivwürdiger Unterlagen Auskunft und Einsicht in alle Unterlagen und Hilfsmittel der Registraturen der in § 2 Abs. 1 Satz 1 Nr. 1 genannten Stellen zu gewähren, sofern nicht Belange des Geheim- oder Persönlichkeitsschutzes entgegenstehen. Geheimhaltungsvorschriften des Landes stehen der Einsichtnahme insoweit nicht entgegen. Das Landesarchiv Sachsen-Anhalt hat durch geeignete sachliche und personelle Maßnahmen sicherzustellen, dass Belange des Geheim- und Persönlichkeitsschutzes nicht beeinträchtigt werden.

§ 9b Laufend aktualisierte Datenbestände in automatisierten Verfahren ohne Historisierungsfunktion

(1) An die Stelle der Anbietung und der Übergabe nach § 9 tritt bei Aufzeichnungen in solchen automatisierten Verfahren, die einer laufenden Aktualisierung unterliegen, die Pflicht, regelmäßig, jedoch höchstens jährlich einen aktuellen Datenbestand anzubieten und nach Feststellung der Archivwürdigkeit eine Kopie dieses Datenbestandes dem Landesarchiv Sachsen-Anhalt zu übergeben.

(2) Absatz 1 gilt nicht für Unterlagen

1. im Sinne des § 9a Abs. 1 Nrn. 2 bis 6,

2. die anstelle von Akten geführt werden und eine vollständige Historisierung aufweisen, indem sie

a) im Datenbestand selbst alle Änderungen nachweisen oder

b) einen vollständigen Änderungsnachweis bis zu einer Übernahme durch das Landesarchiv Sachsen-Anhalt außerhalb des Datenbestandes führen,

3. die ausschließlich der Unterstützung der allgemeinen Bürotätigkeit, insbesondere der Textverarbeitung, Vorgangsverwaltung, Terminüberwachung und der Führung von Adress-, Telefon- oder vergleichbaren Verzeichnissen dienen, nur vorübergehend vorgehalten werden und bei denen offensichtlich ist, dass die verarbeiteten Daten nicht archivwürdig sind, oder

4. bei denen das Landesarchiv Sachsen-Anhalt allgemein oder im Einzelfall im Benehmen mit den in § 2 Abs. 1 Satz 1 Nr. 1 genannten Stellen von der Übergabe eines kopierten aktuellen Datenbestandes abgesehen hat.

(3) Ob und in welchen zeitlichen Abständen, zu welchem Zeitpunkt und in welcher Form kopierte aktuelle Datenbestände oder Änderungsnachweise übergeben werden, legt das Landesarchiv Sachsen-Anhalt im Benehmen mit den in § 2 Abs. 1 Satz 1 Nr. 1 genannten Stellen fest.

(4) Stellt sich erst nach Übergabe eines kopierten aktuellen Datenbestandes oder eines Änderungsnachweises an das Landesarchiv Sachsen-Anhalt heraus, dass personenbezogene Daten betroffener Personen unzulässig gespeichert wurden oder die Voraussetzungen für die Erhebung in Ausübung von Befugnissen zur heimlichen Informationsbeschaffung nicht vorlagen, müssen diese Daten auf Antrag der betroffenen Personen oder auf Anzeige der abgebenden Stelle im Archivbestand gelöscht werden.

§ 9c Evaluierung

(1) Die Auswirkungen des § 9b für die Gemeinden, Verbandsgemeinden und Landkreise werden nach einem Erfahrungszeitraum von drei Jahren nach Inkrafttreten des § 9b durch die Landesregierung unter Mitwirkung der Kommunalen Spitzenverbände auf ihre Kostenneutralität hin überprüft.

(2) Die Landesregierung unterrichtet den Landtag schriftlich über das Ergebnis der Überprüfung.

§ 10 Benutzung

(1) Das Recht, öffentliches Archivgut nach Maßgabe dieses Gesetzes zu nutzen, steht jeder Person auf Antrag zu, soweit durch Rechtsvorschrift nichts anderes bestimmt ist. Weitergehende gesetzliche Rechte und besondere Vereinbarungen zugunsten von Eigentümern privaten Archivguts bleiben unberührt. Die Nutzer sind verpflichtet, von Werken, die sie unter wesentlicher Verwendung von Landesarchivgut verfassen, dem Landesarchiv Sachsen-Anhalt ein Exemplar kostenfrei abzuliefern; § 11 Abs. 3 bis 5 des Landespressegesetzes gilt entsprechend.

(2) Die Nutzung ist nicht zulässig, soweit

1. Grund zu der Annahme besteht, daß das Wohl der Bundesrepublik Deutschland oder eines ihrer Länder gefährdet würde, oder

2. Grund zu der Annahme besteht, daß schutzwürdige Belange betroffener Personen oder Dritter entgegenstehen, oder

3. der Erhaltungszustand des Archivgutes gefährdet würde oder

4. ein nicht vertretbarer Verwaltungsaufwand entstehen würde.

(3) Öffentliches Archivgut darf durch Dritte regelmäßig erst nach Ablauf von 30 Jahren nach der letzten inhaltlichen Bearbeitung der Unterlagen genutzt werden. Öffentliches Archivgut, das sich nach seiner Zweckbestimmung oder seinem wesentlichen Inhalt auf natürliche Personen bezieht, darf erst 30 Jahre nach dem Tode der betroffenen Personen durch Dritte genutzt werden; ist das Todesjahr nicht oder nur mit unvertretbarem Aufwand festzustellen, endet die Schutzfrist 110 Jahre nach der Geburt der betroffenen Personen. Kann auch das Geburtsjahr nicht oder nur mit unvertretbarem Aufwand festgestellt werden, endet die Schutzfrist 60 Jahre nach der Entstehung der Unterlagen. Archivgut nach § 9 Abs. 2 Satz 1 Nr. 1 darf erst 60 Jahre nach Entstehen genutzt werden. Die Schutzfristen der Sätze 1 bis 4 entfallen für solche Unterlagen, die bereits bei ihrer Entstehung zur Veröffentlichung bestimmt waren. Die Schutzfrist des Satzes 1 gilt nicht für die Unterlagen, die vor dem 3. Oktober 1990 entstanden sind.

(4) Die Schutzfrist nach Absatz 3 Satz 1 kann verkürzt werden, sofern Absatz 2 dem nicht entgegensteht. Die Schutzfristen nach Absatz 3 Satz 2 und 3 können verkürzt werden,

 1. wenn die Einwilligung der betroffenen Personen vorliegt;

2. wenn die Benutzung des Archivgutes

a) für ein benanntes wissenschaftliches Forschungsvorhaben oder

b) zur Wahrung berechtigter Interessen, die im überwiegenden Interesse einer anderen Person oder Stelle liegen, unerläßlich ist und die schutzwürdigen Interessen betroffener Personen durch angemessene Maßnahmen hinreichend gewahrt werden;

3. für Archivgut über Personen der Zeitgeschichte und Amtsträger in Ausübung ihres Amtes, wenn die schutzwürdigen Interessen der betroffenen Personen angemessen berücksichtigt werden.

Die Schutzfristen nach Absatz 3 Satz 1 und 4 können um höchstens 30 Jahre verlängert werden, soweit dies im öffentlichen Interesse liegt.

(4a) Schon vor Ablauf der Schutzfristen nach Absatz 3 Satz 1 bis 4 sind Unterlagen, die vor ihrer Übergabe an das Landesarchiv Sachsen-Anhalt bereits einem gesetzlichen Informationszugang offen gestanden haben, der Nutzung zugänglich zu machen, soweit dem besondere Verfahrensvorschriften nicht entgegenstehen. Die Entscheidung über den Informationszugang nach Satz 1 trifft das Landesarchiv Sachsen-Anhalt im Benehmen mit der abgebenden Stelle.

(5) Die Verknüpfung personenbezogener Daten während der Schutzfristen nach Absatz 3 ist nur zulässig, wenn schutzwürdige Belange betroffener Personen angemessen berücksichtigt werden.

(6) Die Nutzung von Archivgut durch die Stellen, von denen es übernommen worden ist, unterliegt keinen Einschränkungen nach diesem Gesetz. Satz 1 gilt nicht für solche Unterlagen, die bei den abgabepflichtigen Stellen auf Grund gesetzlicher Vorschriften zu löschen oder zu vernichten waren. Weitergehende gesetzliche Rechte auf Nutzung bleiben unberührt.

(7) Das Landesarchiv Sachsen-Anhalt kann in begründeten Fällen auf Antrag vor Ablauf der Schutzfristen gemäß Absatz 3 an Archive, Bibliotheken und Museen sowie Forschungs- und Dokumentationsstellen Vervielfältigungen von Archivgut überlassen, wenn diese einen gesetzlichen Auftrag zur Dokumentation, wissenschaftlichen Erforschung und Darstellung des Schicksals einer Gruppe natürlicher Personen unter nationalsozialistischer Herrschaft wahrnehmen. Bei der zweckgebundenen Nutzung der überlassenen Vervielfältigungen ist die Wahrung schutzwürdiger Belange betroffener Personen oder Dritter gemäß den Absätzen 2 bis 4 von der aufnehmenden Einrichtung oder Stelle zu gewährleisten.

Abschnitt 4 Kommunalarchive und Archive sonstiger öffentlicher Stellen
§ 11 Kommunale Archive
(1) Die in § 2 Abs. 1 Satz 1 Nr. 2 genannten Stellen archivieren ihr Archivgut in eigener Verantwortung und Zuständigkeit. Hierbei handelt es sich um eine Aufgabe des eigenen Wirkungskreises. Sofern die in Satz 1 genannten Stellen kein eigenes Archiv unterhalten, bieten sie ihre Unterlagen gemeinsamen Archiven oder als Depositum anderen kommunalen Archiven oder dem Landesarchiv Sachsen-Anhalt zur Archivierung an.

(2) Die in § 2 Abs. 1 Satz 1 Nr. 2 genannten Stellen regeln das Verfahren der Anbietung und Übernahme des kommunalen Archivgutes in eigener Zuständigkeit. § 8 Abs. 2, § 9 Abs. 2 sowie die §§ 9a und 9b gelten entsprechend. Für die Nutzung des kommunalen Archivgutes gilt § 10 entsprechend.

(3) Kommunale Archive können ihren Archivbestand durch notwendige Kopien aus dem Landesarchivgut (§ 3 Abs. 2) erweitern.

§ 12 Sonstige öffentliche Archive
(1) Sonstiges öffentliches Archivgut kann von den in § 2 Abs. 1 Satz 1 Nr. 3 genannten Stellen in eigenen Archiven archiviert werden. Sofern die in Satz 1 genannten Stellen kein eigenes Archiv unterhalten, bieten sie ihre Unterlagen gemeinsamen Archiven oder dem Landesarchiv Sachsen-Anhalt zur Archivierung an.

(2) § 11 Abs. 1 Satz 2 und Abs. 2 gelten entsprechend.

§ 13 Herausgabeverpflichtung
Befindet sich Archivgut in einem nicht zuständigen Archiv eines anderen Rechtsträgers, ist es an das zuständige Archiv auf Verlangen herauszugeben.

Abschnitt 5 Schlußvorschriften
§ 14 Einschränkung von Grundrechten
Durch dieses Gesetz wird das Recht auf Schutz personenbezogener Daten im Sinne des Artikels 6 Abs. 1 der Verfassung des Landes Sachsen-Anhalt und Artikel 2 Abs. 1 des Grundgesetzes und das Grundrecht des Brief-, Post- und Fernmeldegeheimnisses (Artikel 10 des Grundgesetzes) eingeschränkt.
§ 15- § 16 *(aufgehoben)*
§ 17 Inkrafttreten
Dieses Gesetz tritt am Tage nach seiner Verkündung in Kraft. (Magdeburg, den 28. Juni 1995)

Gemeinsame Geschäftsordnung der Ministerien - Allgemeiner Teil – (GGO LSA)

vom 4. April 2017 (MBl. LSA S. 238), zuletzt geändert durch Beschluss vom 6. Oktober 2020 (MBl. LSA S. 384)

Abschnitt I Allgemeines

§ 1 Geltungsbereich

Diese Gemeinsame Geschäftsordnung der Ministerien gilt für die Ministerien. Die Staatskanzlei und Ministerium für Kultur ist Ministerium im Sinne der Gemeinsamen Geschäftsordnung.

§ 2 Grundsätze

(1) Diese Gemeinsame Geschäftsordnung regelt die Grundsätze der Organisation und der Zusammenarbeit sowie den Verwaltungsablauf in den Ministerien und den Dienstverkehr nach außen.

(2) Diese Gemeinsame Geschäftsordnung soll dazu beitragen, den Verwaltungsablauf zweckmäßig, einheitlich und wirtschaftlich zu gestalten. Dabei ist anzustreben, dass Aufgaben, Befugnisse und Verantwortung sich weitgehend decken und möglichst weit nach unten verlagert werden, um alle Bediensteten möglichst selbständig und in eigener Verantwortung handeln und entscheiden zu lassen. Im Verwaltungsablauf ist grundsätzlich von den Möglichkeiten der Informations- und Kommunikationstechnologie Gebrauch zu machen.

(3) Die Bediensteten der Ministerien sind im Rahmen der Rechts- und Verwaltungsvorschriften an die ihnen gesetzten Arbeitsziele gebunden.

§ 3 Beachtung und Weiterentwicklung der Geschäftsordnung

(1) Alle Bediensteten eines Ministeriums hat sich mit der Gemeinsamen Geschäftsordnung der Ministerien vertraut zu machen und an ihrer Weiterentwicklung mitzuwirken.

(2) Die kritische Überprüfung der den Bediensteten zugewiesenen Aufgaben (Aufgabenkritik) ist dauerhaftes Ziel der Zusammenarbeit. Diese Aufgabenkritik sowie die Verbesserung der Art und Weise der Aufgabenwahrnehmung sind Aufgabe aller Bediensteten, sie gehören insbesondere zu den Führungsaufgaben der Referats- und Abteilungsleitungen.

(3) Feststellungen und Vorschläge, die der Verbesserung der Organisation dienen können, sind, sofern sie von allgemeiner Bedeutung sind, dem Organisationsreferat zuzuleiten. Die dauerhafte Verbesserung der Verwaltungsorganisation ist den Leitungen der Organisationsreferate als Aufgabe zugewiesen; bei grundsätzlichen und ressortübergreifenden Angelegenheiten ist das für die Organisation der Landesverwaltung zuständige Ministerium zu beteiligen.

§ 4 Ergänzende Geschäftsordnungen

(1) Die Ablauforganisation sowie die Ordnung des inneren Dienstes können, entsprechend den Erfordernissen des jeweiligen Ministeriums in ergänzenden Geschäftsordnungen eigenständig geregelt werden.

(2) Die ergänzenden Geschäftsordnungen dürfen dieser Gemeinsamen Geschäftsordnung nicht widersprechen.

§ 5 Führungsgrundsätze

(1) Ein wichtiges Ziel der Führung besteht darin, den Bediensteten im Rahmen ihrer individuellen Verantwortung ausreichend Raum zur Mitwirkung zu geben (kooperativer Führungsstil). Um dieses Ziel zu erreichen, arbeiten Vorgesetzte und Bedienstete eng und vertrauensvoll zusammen und unterstützen sich bei der Erfüllung ihrer Aufgaben. Alle Bediensteten eines Ministeriums sind in seinem Bereich für die erfolgreiche Erfüllung seiner Aufgaben selbst verantwortlich. Können Bedienstete ihre Arbeit nicht in angemessener Zeit erledigen, teilen sie dies ihren Vorgesetzten rechtzeitig mit.

(2) Die Vorgesetzten sollen bei den Bediensteten den Willen zur Leistung und zur Zusammenarbeit sowie die Bereitschaft fördern, Initiativen zu ergreifen und Verantwortung zu übernehmen. Dies geschieht insbesondere durch Personalführungsgespräche nach Absatz 3, gemeinsames Vereinbaren von Arbeitszeiten und Informationen sowie durch Kontrolle von Termineinhaltung und Zielerreichung.

(3) Mindestens einmal jährlich haben die unmittelbaren Vorgesetzten mit den ihnen zugeordneten Bediensteten ein Personalführungsgespräch durchzuführen. Das Gespräch dient insbesondere der Förderung der beiderseitigen Aufgabenwahrnehmung und der vertrauensvollen Zusammenarbeit.

(4) Die Leitungen der Organisationseinheiten legen mindestens einmal jährlich mit den Bediensteten die Arbeitsziele für die kommende Planungsperiode fest. Im Rahmen dieser Zielvereinbarung sollen Arbeitsschwerpunkte festgelegt werden.

(5) Die Bediensteten einer Organisationseinheit informieren sich gegenseitig, insbesondere in Referats- und Abteilungsbesprechungen, über alle wesentlichen Fragen ihres Aufgabenbereiches.

(6) Alle Vorgesetzten sind über wesentliche Angelegenheiten ihres Verantwortungsbereiches rechtzeitig auf dem Dienstweg zu informieren. Unmittelbare Vorgesetzte sind nachträglich zu unterrichten, wenn aus zwingenden Gründen der Dienstweg nicht eingehalten werden konnte.

§ 6 Aufgaben

(1) Die Ministerien nehmen die ihnen durch Rechtsvorschriften oder Beschlüsse der Landesregierung zugewiesenen Aufgaben wahr. Sie führen Beschlüsse der Landesregierung herbei, soweit diese nach der Geschäftsordnung der Landesregierung Sachsen-Anhalt, auf Grund besonderer Vorbehalte oder nach einer Richtlinie der Ministerpräsidentin oder des Ministerpräsidenten hierfür zuständig ist.

(2) Die Ministerien sollen nur vorbereitende gesetzgeberische und allgemein lenkende Aufgaben sowie zentrale Aufgaben der Aufsicht, Erfolgskontrolle und Planung wahrnehmen. Vollzugsaufgaben und die Bearbeitung von Einzelfällen sind in der Regel nachgeordneten Behörden vorbehalten.

(3) Zur Unterstützung der Aufgabenerfüllung können Dienstleistungen Außenstehender in Anspruch genommen werden, wenn sich zur Durchführung der Landesaufgaben ein zusätzlicher, inhaltlich und zeitlich abgrenzbarer Bedarf ergibt, der nicht durch das vorhandene Personal abgedeckt werden kann. Bei der Vergabe von Gutachten, Studien und Beraterverträgen sind die von der Landesregierung aufgestellten Maßgaben einzuhalten.

Abschnitt II Aufbauorganisation

§ 7 Leitung des Ministeriums

(1) Die Ministerin oder der Minister leitet das Ministerium gemäß Geschäftsordnung der Landesregierung Sachsen-Anhalt. Die Vertretung regelt sich nach § 7 der Geschäftsordnung der Landesregierung Sachsen-Anhalt sowie nach dem Beschluss der Landesregierung über die gegenseitige Vertretung der Ministerinnen und Minister.

(2) Die Staatssekretärin oder der Staatssekretär ist für die ordnungsgemäße Erfüllung der Aufgaben und für die Beachtung der maßgeblichen Richtlinien für den Geschäftsbereich verantwortlich. Sofern mehr als eine Staatssekretärin oder ein Staatssekretär vorhanden ist, legt die Ministerin oder der Minister die Leitungsaufgaben für die Staatssekretärinnen oder die Staatssekretäre fest und bestimmt die Amtschefin oder den Amtschef.

§ 8 Gliederung des Ministeriums

(1) Das Ministerium gliedert sich in Abteilungen. Die Abteilungen gliedern sich in Referate. In den Referaten sollen mehrere Aufgabengebiete zusammengefasst werden.

(2) Zur Entlastung und Beratung der Behördenleitung können Führungshilfsfunktionen wie insbesondere 1. Büro der Ministerin oder des Ministers, 2. Presse- und Öffentlichkeitsarbeit, 3. Kabinetts-, Landtags- und Bundesratsangelegenheiten, 4. Controlling in einer oder in mehreren besonderen Organisationseinheiten (Stabsstellen) zusammengefasst werden. Beauftragte können ebenfalls der Behördenleitung direkt unterstellt werden.

(3) Aufgaben können befristet einer Arbeits- oder Projektgruppe zugewiesen werden. Den Abteilungsleitungen kommt in der Koordination und Begleitung von und auch der Beteiligung an diesen Arbeitsformen eine wichtige Rolle zu.

§ 9 Abteilungen

(1) Die Abteilungen sind die organisatorische Zusammenfassung von Referaten. Die Abteilungsleitungen unterstützen die Leitung des Ministeriums. Sie sind für die sach- und fachgerechte Wahrnehmung der Aufgaben in ihren Abteilungen und für die Umsetzung der politischen Richtlinien und Grundsätze der Landesregierung verantwortlich.

(2) Die Zahl der Abteilungen ist auf die unbedingt notwendige Zahl zu begrenzen. Jede Abteilung muss gewichtige Teile der Gesamtaufgabe des jeweiligen Ministeriums umfassen; Fachbereiche sollen dabei möglichst geschlossen einer Abteilung zugewiesen werden. Abteilungen sollen in der Regel aus mindestens fünf und höchstens elf Referaten bestehen.

§ 10 Referate

(1) Das Referat ist die Grundeinheit im organisatorischen Aufbau des Ministeriums. Jede Aufgabe eines Ministeriums muss einem Referat, einer Stabsstelle, einer Arbeits- oder Projektgruppe zugeordnet sein.

(2) Das Referat umfasst grundsätzlich ein oder mehrere in sich geschlossene und abgegrenzte Aufgabengebiete. In den Referaten sind möglichst viele zusammenhängende oder sonst in einer Beziehung zueinander stehende Aufgaben zusammenzufassen. Referate sollen in der Regel sechs bis elf Bedienstete haben.

(3) Die Referatsleitungen sind verantwortlich für Qualität und Wirtschaftlichkeit der Aufgabenerfüllung. Sie sollen grundsätzlich ein Aufgabengebiet eigenständig bearbeiten.

§ 11 Kabinettsangelegenheiten

In jedem Ministerium ist eine Organisationseinheit mit dem Aufgabengebiet „Kabinettsangelegenheiten" zu beauftragen. Ihr obliegen die Koordinierung aller Kabinettsangelegenheiten innerhalb des Ministeriums und die Zusammenarbeit mit der Staatskanzlei und Ministerium für Kultur, sofern diese Aufgabe nicht einer anderen Organisationseinheit übertragen ist.

§ 12 Grundsatzangelegenheiten und Ressortplanung

In jedem Ministerium ist eine Organisationseinheit mit dem Aufgabengebiet „Grundsatzangelegenheiten und Ressortplanung" zu beauftragen, die eng mit der Staatskanzlei und Ministerium für Kultur, insbesondere mit den Spiegelreferaten, zusammenarbeitet.

§ 13 Organisationsreferat

(1) In jedem Ministerium ist ein Organisationsreferat einzurichten, das alle Organisationsangelegenheiten seines Ministeriums im Benehmen mit den Fachabteilungen bearbeitet. Hierzu gehören die Aufbau- und Ablauforganisation sowie die allgemeinen organisatorischen Fragen des Einsatzes technischer Arbeitsmittel einschließlich der Mitwirkung beim Einsatz der Informations- und Kommunikationstechnologie.

(2) Das Organisationsreferat hat in Zusammenarbeit mit den Fachabteilungen zu prüfen, inwieweit die Organisation des Ministeriums verbessert, vereinfacht und wirtschaftlicher gestaltet werden kann (Organisationsentwicklung).

(3) Das Organisationsreferat ist auch zuständig für die allgemeinen Organisationsangelegenheiten der nachgeordneten Dienststellen im Rahmen der Aufgaben nach den Absätzen 1 und 2, soweit keine andere Regelung getroffen ist.

(4) Die Leitungen der Organisationsreferate der Ministerien bilden gemeinsam mit den Vertretungen der übrigen obersten Landesbehörden den Interministeriellen Arbeitskreis Organisation (IMA ORG). Den Vorsitz und die Geschäfte führt die Referatsleitung des Referats mit Zuständigkeiten für die Organisation der Landesverwaltung bei dem für die Organisation der Landesverwaltung zuständigen Ministerium. Dieses Referat ist bei allen Angelegenheiten, die die Organisation und Zuständigkeiten in der Landesverwaltung betreffen, frühzeitig zu unterrichten. Es ist verantwortlich für die Erstellung des Amtlichen Verzeichnisses der Landesbehörden und legt die offiziellen Abkürzungen für die Dienststellen der Landesverwaltung in Abstimmung mit den zuständigen Ministerien fest.

§ 14 Personalreferat

In jedem Ministerium ist ein Personalreferat einzurichten. Ihm obliegen die Personalplanung, die Personalentwicklung und die Bearbeitung der Personalangelegenheiten der Bediensteten des Geschäftsbereiches, soweit diese Aufgaben nicht auf nachgeordnete Dienststellen übertragen sind. Der zur Personalentwicklung notwendige ressortübergreifende Personalwechsel ist über die Personalreferate zu koordinieren. Das Personalreferat soll die Aufgaben der internen Personalagentur für den Geschäftsbereich des Ministeriums wahrnehmen.

§ 15 Beauftragte für den Haushalt

Die Beauftragten für den Haushalt (§ 9 der Landeshaushaltsordnung des Landes Sachsen-Anhalt) der Ministerien haben zur Gewährleistung der Haushaltskonsolidierung zusammenzuarbeiten. Sie haben die Pflicht, die Leitung des Ministeriums rechtzeitig und umfassend zu informieren, wenn mit Überschreitungen von Haushaltsansätzen zu rechnen ist.

§ 16 (weggefallen)

§ 17 Organisationsplan

(1) Der organisatorische Aufbau des Ministeriums wird durch einen Organisationsplan in Form eines Schaubildes dargestellt.

(2) Die im Organisationsplan ausgewiesenen Organisationseinheiten sind mit textlicher Bezeichnung der Organisationseinheit, Name und Telefonnummer der Leitung der Organisationseinheit und mit Kennziffern auf der Grundlage der Organisationsdezimale zu versehen.

§ 18 Geschäftsverteilungsplan

Jedes Ministerium hat einen Geschäftsverteilungsplan aufzustellen. In ihm werden die Aufgaben der Organisationseinheiten bestimmt und auf einzelne Dienstposten und Arbeitsplätze aufgeteilt. Die Zuständigkeits- und Verantwortungsbereiche der Bediensteten sollen klar ersichtlich sein. Jedem Arbeitsplatz und Dienstposten soll ein Weiserzeichen zugeordnet werden.

Abschnitt III Behandlung der Eingänge

§ 19 Eingänge

(1) Eingänge sind alle dem Ministerium auf direktem oder postalischem Weg oder über die eröffneten elektronischen Zugänge zugeleiteten Dokumente und Informationen.

(2) Bei papiergebundener Vorgangsbearbeitung sind elektronisch zugeleitete Eingänge in einem Abdruck zum Vorgang zu nehmen. Im Abdruck sind - soweit vorhanden - auch Formmerkmale des elektronischen Dokuments (insbesondere das Zertifikat zu einer Signatur) zu berücksichtigen.

(3) -(4) (aufgehoben)

§ 20 Vorlage der Eingänge

(1) Vorgesetzte erhalten die Eingänge, die sie zur Wahrnehmung ihrer Leitungsaufgaben kennen müssen. (2) Der Ministerin oder dem Minister sind insbesondere 1. Eingänge von grundsätzlicher und politischer Bedeutung, 2. Dokumente von Abgeordneten des Europäischen Parlaments, des Bundestages und des Landtages, 3. alle Dokumente, die an sie oder ihn persönlich gerichtet sind, vorzulegen.

§ 21 Weitere Behandlung der Eingänge

(1) Die Eingänge werden den für die Bearbeitung zuständigen Bediensteten grundsätzlich auf dem Dienstweg zugeleitet. Elektronische Dokumente sind in der Regel elektronisch weiterzuleiten.

(2) Die Eingänge sind unverzüglich durchzusehen. Abwesenheit oder Verhinderung von Bediensteten dürfen die Bearbeitung nicht verzögern.

(3) Fehlgeleitete Eingänge sind unverzüglich und direkt weiterzuleiten. Dies ist durch Vertretungsregelungen sicherzustellen.

(4) Erhalten Bedienstete einen Eingang im Sinne des § 19 direkt, so haben sie diesen unter Berücksichtigung der in § 19 Abs. 2 oder 3 festgelegten Arbeitsschritte mit Namenszeichen und Datum zu versehen und ihren Vorgesetzten zuzuleiten.

(5) Wird ein Eingang an eine andere Behörde abgegeben, so erhält die einsendende Person eine Abgabenachricht.

§ 22 Sicht- und Arbeitsvermerke

(1) Vorgesetzte oder durch die Leitung des Ministeriums besonders Beauftragte versehen die Eingänge mit Sichtvermerken und bei Bedarf mit Arbeitsvermerken. Bei papiergebundener Vorgangsbearbeitung benutzen die Ministerpräsidentin oder der Ministerpräsident und die Ministerinnen oder die Minister den Grünstift, die Staatssekretärinnen oder die Staatssekretäre den Rotstift, die Abteilungsleitungen den Violettstift. Als Sichtvermerke gelten Striche oder Namenszeichen jeweils mit Datum. Bei elektronischer Vorgangsbearbeitung ist für die nach Satz 1 aufzunehmenden Sicht- und Arbeitsvermerke sicherzustellen, dass hierzu mindestens das Namenszeichen oder der Name jeweils mit Datum angegeben werden.

(2) Arbeitsvermerke sind insbesondere: + = Schlusszeichnung vorbehalten, K = vor Abgang zur Kenntnisnahme vorlegen, Kn. = nach Abgang zur Kenntnisnahme vorlegen, b. R. = bitte Rücksprache (kurze Erörterung), z. U. = Reinschrift zur Unterschrift vorlegen, „Eilt" = bevorzugt bearbeiten, „Sofort" = vor allen Vorgängen bearbeiten. Abschnitt IV Vorgangsbearbeitung

§ 23 Bearbeitung der Vorgänge

(1) Vorgänge werden unverzüglich und nach Möglichkeit in einem Arbeitsgang bearbeitet. Sie können in papiergebundener Form oder in elektronischer Form bearbeitet werden. Wird die elektronische Aktenführung angeordnet, müssen die Vorgänge ab dem hierfür vorgesehenen Zeitpunkt elektronisch geführt werden. Eine papiergebundene Vorgangsbearbeitung erfolgt ab diesem Zeitpunkt nur noch, wenn dies durch Rechtsvorschrift angeordnet ist.

(2) Bei elektronischer Vorgangsbearbeitung ist sicherzustellen, dass die Dokumente, der Laufweg und die Aufzeichnungen aus der Bearbeitung (z.B. Geschäftsablaufvermerke, Verfügungen, Aktenvermerke, Zeichnungen, Mitzeichnungen, Kenntnisnahmen) in Protokoll- und Bearbeitungsinformationen nachgewiesen und dem richtigen elektronischen Vorgang zugeordnet werden.

§ 24 Zwischennachricht

Können Vorgänge nicht innerhalb eines Monats nach Eingang erledigt werden, so ist unverzüglich eine Zwischennachricht zu erteilen.

§ 25 Rücksprachen

Rücksprachen werden unverzüglich erledigt, die Erledigung wird mit Namenszeichen und Datum auf dem Vorgang vermerkt. Bei elektronischer Vorgangsbearbeitung gilt § 23 Abs. 2 entsprechend.

§ 26 Verschlusssachen

Beim Umgang mit Verschlusssachen ist die Verschlusssachenanweisung für das Land Sachsen-Anhalt in der Fassung der Bekanntmachung des MI vom 2.9.1996 (MBl. LSA S. 1923), zuletzt geändert durch RdErl. vom 23.8.2001 (MBl. LSA S. 845), in der jeweils geltenden Fassung zu beachten.

§ 27 Termine

(1) Termine sind so zu setzen, dass sie wahrgenommen und vorbereitet werden können.

(2) Kann ein Termin nicht eingehalten werden, so ist rechtzeitig Terminverlängerung zu beantragen.

(3) Bei elektronischer Vorgangsbearbeitung soll zur Überwachung der Fristen sichergestellt werden, dass das standardmäßige Bürokommunikations-, Groupware- oder Dokumentenmanagementsystem angewendet wird.

§ 28 Wiedervorlage

Wiedervorlage wird verfügt, wenn der Vorgang erst zu einem späteren Termin weiter bearbeitet werden kann. § 27 Abs. 3 gilt entsprechend. Der Zweck der Wiedervorlage wird stichwortartig angegeben, wenn er nicht ohne weiteres erkennbar ist.

§ 29 Kommunikation

(1) Die Kommunikation nach außen wird unter der amtlichen Behördenbezeichnung geführt. Bei gemeinsamen Dokumenten mehrerer Ministerien stehen im Kopf die Bezeichnungen der

beteiligten Ministerien. Außer bei der Kommunikation mit Behörden und wenn es nach Art und Inhalt des Dokuments nicht angebracht ist, werden in der Regel Höflichkeitsanrede und Grußformel gebraucht.

(2) Die für die Bearbeitung zuständigen Bediensteten sollen in jedem Dokument ihre Telefonnummer, ihre E-Mail-Adresse, das Aktenzeichen sowie die Bezugszeichen angeben. Es ist die Ich-Form zu verwenden. Dokumente sollen knapp, klar, erschöpfend, höflich und verständlich sein.

(3) Die Kommunikation soll durch die Übermittlung von Dokumenten mittels elektronischer Medien sowie durch die Nutzung von Vordrucken beschleunigt werden.

(4) Vor allem im internen Geschäftsverkehr und im Geschäftsverkehr zwischen Behörden ist die mündliche oder fernmündliche Erledigung der schriftlichen oder elektronischen vorzuziehen.

(5) Für die elektronische Kommunikation sind die in den Ministerien angebotenen Verschlüsselungsverfahren grundsätzlich zu verwenden.

§ 30 Aktenvermerke

(1) Aktenvermerke werden über alle aus den Akten nicht ersichtlichen Ereignisse gefertigt, die für das Verständnis des Vorganges und die weitere Bearbeitung bedeutsam sind.

(2) Zusammenfassende Aktenvermerke für abschließend zeichnende Bedienstete werden nur gefertigt, wenn der Akteninhalt besonders umfangreich oder unübersichtlich ist.

§ 31 Entwurf, Reinschrift

(1) Entwurf und Reinschrift werden bei papiergebundener Vorgangsbearbeitung möglichst in einem Arbeitsgang gefertigt. Geringfügige handschriftliche Änderungen der Reinschrift können hingenommen werden.

(2) Bei elektronischer Vorgangsbearbeitung erfolgt keine Trennung zwischen Entwurf und Reinschrift. Soweit keine Entscheidung der Landesregierung ergeht, legt jedes Ministerium für sein Haus fest, ob und auf welche Weise eine durch Rechtsvorschrift angeordnete Schriftform durch eine andere gesetzlich vorgesehene Form ersetzt wird.

(3) Bei der Behandlung der Dokumente und der Bearbeitung der Vorgänge sind folgende Schlussverfügungen zu verwenden: Wgl. = Weglegen, Wv. = Wiedervorlage, z.S. = zur Sammlung (Sammlung von Eingängen auf ein Rundschreiben oder einen Erlass, bis Bearbeitung möglich ist), z. Vg. = zum Vorgang (Ablage des Dokuments nach Abschluss der Bearbeitung), z. d. A. = zu den Akten (Schließung des Vorgangs nach Abschluss der Bearbeitung) Bei Abschluss der Vorgangsbearbeitung haben die für die Bearbeitung zuständigen Bediensteten zu prüfen, ob alle Anweisungen der Verfügung erledigt sind. Insbesondere haben sie darauf zu achten, dass die Verfügung abschließend gezeichnet ist und dass verfügte Reinschriften abgesandt sind.

Abschnitt V Zeichnung von Dokumenten

§ 32 Zeichnungsrecht

(1) Auf der Grundlage der im Geschäftsverteilungsplan zugewiesenen Aufgaben zeichnen die für die Bearbeitung zuständigen Bediensteten grundsätzlich die von ihnen verfassten Dokumente.

(2) In der ressortspezifischen Zeichnungsregelung ist festzulegen, in welchen Fällen die Zeichnung, abweichend vom Grundsatz des Absatzes 1, den Vorgesetzten vorbehalten ist. Diese Ausnahmen sind möglichst genau zu beschreiben.

(3) Das Zeichnungsrecht von Bediensteten kann in begründeten Fällen, insbesondere für die Zeit der Einarbeitung, vorübergehend eingeschränkt werden. Die Einschränkung ist mit den betroffenen Bediensteten zu erörtern und in regelmäßigen Abständen zu überprüfen.

§ 33 Art der Zeichnung in Dokumenten im Dienstverkehr nach außen

(1) Bei papiergebundener Vorgangsbearbeitung sind Reinschriften in der Regel eigenhändig zu zeichnen. Beglaubigungen sind zulässig. Wird bei elektronischer Vorgangsbearbeitung eine durch Rechtsvorschrift angeordnete Schriftform durch eine andere gesetzlich vorgesehene Form ersetzt, erfolgt die Zeichnung nach Maßgabe der insoweit geltenden gesetzlichen Bestimmungen.

(2) Die Ministerin oder der Minister und die Chefin der Staatskanzlei oder der Chef der Staatskanzlei zeichnen ohne Zusatz. Die Staatssekretärin oder der Staatssekretär zeichnet „In Vertretung", die ständige Vertretung der Staatssekretärin oder des Staatssekretärs zeichnet „In Vertretung der Staatssekretärin" oder "In Vertretung des Staatssekretärs", alle anderen Zeichnungsberechtigten zeichnen „Im Auftrag".

(3) Bei papiergebundener Vorgangsbearbeitung kann bei gleichartigen Dokumenten in großer Zahl die Unterschrift vervielfältigt werden.

(4) Dokumente, die mit Hilfe elektronischer Systeme hergestellt werden, können in geeigneten Fällen nur mit der maschinenschriftlichen Namensangabe der zeichnenden Bediensteten herausgegeben werden.

§ 34 Vorlage zur Zeichnung

(1) Zeichnen die für die Bearbeitung zuständigen Bediensteten nicht selbst, versehen sie ihre Entwürfe am Schluss eines Dokuments in Papierform unten rechts mit Namenszeichen und Datum und legen sie auf dem Dienstweg zur abschließenden Zeichnung vor.

(2) Für elektronisch erstellte und zu versendende Dokumente kann durch geeignete organisatorische und technische Maßnahmen auf eine eigenhändige Abzeichnung verzichtet werden. Jedoch müssen auf dem für die Akten auszudruckenden Entwurf alle Zeichnungen erkennbar sein; die Absendung muss gegebenenfalls handschriftlich vermerkt werden oder durch geeignete Protokolle nachgewiesen werden. Bei elektronischer Vorgangsbearbeitung ist sicherzustellen, dass mindestens das Namenszeichen oder der Name sowie jeweils das Datum angegeben werden.

(3) Werden gegen ein Verwaltungshandeln des Ministeriums Beschwerden oder Gegenvorstellungen erhoben, so ist, wenn ihnen nicht entsprochen werden soll, der Entwurf der Antwort der oder dem nächst höheren Vorgesetzten vorzulegen. Absatz 2 Satz 3 gilt entsprechend.

§ 35 Mitzeichnung

(1) Federführend ist das Referat, das nach dem sachlichen Inhalt einer Angelegenheit überwiegend zuständig ist. Es hat das Mitzeichnungsverfahren durchzuführen. Hierzu werden im Entwurf in einer Mitzeichnungsleiste die zu beteiligenden Organisationseinheiten festgelegt.

(2) Vor Absendung der Mitzeichnung zeichnet das federführende Referat am weitesten rechts ab. Die Schlusszeichnung steht unter dem Vorbehalt der Mitzeichnung aller Beteiligten. Zeichnet das federführende Referat selbst Schluss, ist der Entwurf vor der Mitzeichnung schlusszuzeichnen.

(3) Die Mitzeichnung erfolgt durch Namenszeichen und Datum in der Mitzeichnungsleiste.

(4) Vorgeschlagene Änderungen und Ergänzungen (Mitzeichnungsvermerke) des Entwurfs sind dem federführenden Referat schriftlich mitzuteilen.

(5) Die Ablehnung einer Mitzeichnung ist schriftlich zu begründen.

(6) Zur Beschleunigung des Verfahrens kann die Einholung der Mitzeichnung im Sternverfahren erfolgen, das heißt alle Beteiligten erhalten separat einen Entwurf zur Mitzeichnung.

(7) Kommt bezüglich einer Änderung, Ergänzung oder Ablehnung eine Einigung unter den Beteiligten nicht zustande, entscheidet innerhalb des Ministeriums die oder der nächste gemeinsame Vorgesetzte.

Abschnitt VI Zusammenarbeit der Ministerien, Beteiligung
§ 36 Zusammenarbeit der Ministerien

(1) Bei allen Entscheidungen, Maßnahmen und Erklärungen wirken die Ministerien, deren Geschäftsbereiche berührt sind, zusammen. Die Mitzeichnung bezieht sich auf die Bewertung aus der Sicht der fachlichen Zuständigkeit. Bei unterschiedlichen politischen Auffassungen gilt § 13 der Geschäftsordnung der Landesregierung Sachsen-Anhalt.

(2) Die Beteiligung erfolgt durch das federführende Ministerium durch Anforderung von Auskünften, Stellungnahmen, Beiträgen oder durch Übersendung eines Entwurfs zur Mitzeichnung. In eiligen Fällen ist, sofern die Angelegenheit dafür geeignet ist, eine mündliche Beteiligung zulässig. Das Ergebnis ist aktenkundig zu machen. Zeichnet ein Ministerium nicht mit, so ist in der Stellungnahme darzulegen, von welchen Änderungen die Mitzeichnung abhängig gemacht oder aus welchen Gründen sie verweigert wird. § 35 Abs. 1 bis 6 gilt entsprechend. Bei unterschiedlichen Auffassungen zwischen den beteiligten Ministerien sollen Abstimmungsgespräche insbesondere auch auf der Ebene der Abteilungsleitungen durchgeführt werden.

(3) Das federführende Ministerium hat zu prüfen, ob wegen gleichstellungspolitischer Relevanz eine Beteiligung des für Gleichstellungspolitik zuständigen Ministeriums zu gewährleisten ist. In denjenigen Fällen, in denen ein Mitzeichnungsrecht besteht, wird das für Gleichstellungspolitik zuständige Ministerium zum frühestmöglichen Zeitpunkt beteiligt. Ergibt sich im Laufe der Bearbeitung, dass ein Mitzeichnungsrecht besteht, wird das für Gleichstellungspolitik zuständige Ministerium umgehend, jedoch spätestens zeitgleich mit den anderen berührten Ministerien beteiligt. Gelangen Angelegenheiten mit gleichstellungspolitischer Relevanz dem für Gleichstellungspolitik zuständigen Ministerium zur Kenntnis, bei denen es bisher nicht beteiligt wurde, kann eine Beteiligung eingefordert werden.

(4) Das federführende Ministerium ist für eine rechtzeitige und vollständige Beteiligung verantwortlich. Es hat bei der Terminplanung zu berücksichtigen, dass den zu beteiligenden Ministerien ausreichend Zeit zur Prüfung verbleibt. Die Frist für eine Stellungnahme oder Mitzeichnung soll mindestens eine Woche betragen und in der Regel drei Wochen nicht überschreiten.

(5) Kommt eine Einigung nicht zustande, ist nach § 13 der Geschäftsordnung der Landesregierung Sachsen-Anhalt zu verfahren.

(6) Sind ressortübergreifende Aufgaben einer Arbeits- oder Projektgruppe übertragen, ist das Ministerium federführend, das nach dem sachlichen Inhalt einer Angelegenheit überwiegend zuständig ist.

§ 37 Kabinettsvorlagen

(1) Die Beratung und Beschlüsse der Landesregierung werden durch Kabinettsvorlagen vorbereitet. Sie enthalten folgende Gliederungspunkte, für die gegebenenfalls gesonderte Arbeitshilfen für verbindlich erklärt werden können: 1. Bericht zum Inhalt der Vorlage, 2. Begründung für die Kabinettsbefassung, 3. Hinweis auf die Beachtung der Landeshaushaltsordnung und Angaben über die kostenmäßigen Auswirkungen, 4. Alternativen, 5. Bericht zum Verfahren der Vorlage, 6. Gleichstellungspolitischer Bericht, 7. Familienfreundlichkeitsprüfung, 8. Mittelstandspolitischer Bericht, 9. Digitalisierungs-/E-Government-Check, 10.Beschlussvorschläge. In Kabinettsvorlagen zur Freigabe von Gesetzentwürfen sind Beschlussvorschläge zur Anhörungsfrist und zu dem daraus folgenden Termin für die zweite Kabinettsbefassung aufzunehmen.

(2) Bei Angelegenheiten mit gleichstellungspolitischer Relevanz hat das federführende Ministerium entsprechend § 36 Abs. 3 zu verfahren. Strittig gebliebene Punkte und die dazu vorgeschlagenen Lösungen sind in die Vorlage aufzunehmen. Kabinettsvorlagen mit gleichstellungspolitischer Relevanz müssen erkennen lassen, dass das für Gleichstellungspolitik zuständige Ministerium den Entwurf mitgezeichnet hat.

(3) Die voraussichtlichen haushaltsmäßigen oder finanziellen Auswirkungen des betreffenden Vorhabens auf das Land, die Gemeinden, die Verbandsgemeinden und die Landkreise, den Bund, andere Träger der öffentlichen Verwaltung, die Wirtschaft oder Privatpersonen sind vollständig und nachvollziehbar darzulegen, notfalls zu schätzen.

(4) Bei Gesetzesvorhaben ist eine Gesetzesfolgenabschätzung (Auswirkungen auf Verwaltung, Privatpersonen und Wirtschaft) abzugeben. Die Empfehlungen der Normprüfung und, wenn ihnen nicht gefolgt wurde, eine Begründung hierfür sind beizufügen.

§ 38 Beteiligung des Landesrechnungshofs

(1) Beim Erlass von Rechtsvorschriften, die die Stellung und die Aufgaben des Landesrechnungshofs berühren oder Auswirkungen von erheblicher finanzieller Bedeutung haben, ist diesem frühzeitig Gelegenheit zur Stellungnahme zu geben.

(2) Die Unterrichtung des Landesrechnungshofs nach § 102 der Landeshaushaltsordnung des Landes Sachsen-Anhalt und die Anhörung des Landesrechnungshofs nach § 103 der Landeshaushaltsordnung des Landes Sachsen-Anhalt sollen möglichst frühzeitig erfolgen.

§ 39 Beteiligung von Verbänden und sonstigen Stellen

Beim Erlass von allgemeinen Regelungen, insbesondere von Rechtsvorschriften, sollen 1. die Spitzenorganisationen der zuständigen Gewerkschaften und Berufsverbände, 2. die Kommunalen Spitzenverbände, 3. sonstige Stellen, deren Beteiligung gesetzlich vorgeschrieben ist, beteiligt werden, soweit ihre Belange berührt sind (Verbandsbeteiligung). Die oder der Landesbeauftragte für den Datenschutz ist zu beteiligen, soweit die Verarbeitung personenbezogener Daten geregelt werden soll. Anderen Stellen kann Gelegenheit zur Stellungnahme gegeben werden, soweit dies im öffentlichen Interesse geboten ist.

Abschnitt VII Zusammenarbeit mit anderen Behörden und sonstigen Stellen

§ 40 Verkehr mit nachgeordneten Behörden

(1) Jedes Ministerium verkehrt außerhalb seines eigenen Geschäftsbereiches im Allgemeinen nur mit den obersten Landesbehörden. Ein unmittelbarer Verkehr mit nachgeordneten Stellen anderer oberster Landesbehörden ist vorbehaltlich besonderer Regelung nur in Ausnahmefällen zulässig. (2) Unmittelbare Anfragen nachgeordneter Stellen anderer Geschäftsbereiche sind in der Regel der zuständigen obersten Landesbehörde zur Kenntnis zuzuleiten, wenn nicht aus der Anfrage hervorgeht, dass sie bereits benachrichtigt ist; die Antwort ist über sie zu leiten.

(3) Der Verkehr mit den Gerichten und Staatsanwaltschaften in Rechtsangelegenheiten wird hiervon nicht berührt.

§ 41 Bund, Länder

(1) An Verfassungsorgane des Bundes gerichtete Dokumente sowie Dokumente von besonderer politischer Bedeutung an die Leitungen oberster Bundesbehörden sind vorbehaltlich besonderer Bestimmungen der Ministerpräsidentin oder dem Ministerpräsidenten vorbehalten.

(2) Die Ministerpräsidentin oder der Ministerpräsident ist über alle Vorgänge von wesentlicher politischer Bedeutung, die sich aus der Kommunikation mit den Behörden des Bundes, den bundesunmittelbaren Körperschaften, Anstalten und Stiftungen des öffentlichen Rechts sowie mit den Behörden der anderen Bundesländer ergeben, zu unterrichten.

(3) Die Ministerien verkehren mit den obersten Bundesbehörden und obersten Landesbehörden unmittelbar. Die Vertretung des Landes beim Bund ist durch Übersendung von Abdrucken zu unterrichten, soweit es für ihre Aufgabenerfüllung wissenswert ist.

§ 42 Verkehr mit konsularischen und diplomatischen Vertretungen

(1) Den Verkehr mit den deutschen konsularischen und diplomatischen Vertretungen im Ausland, den vom Bund beglaubigten ausländischen und konsularischen Vertretungen sowie den ausländischen nationalen und supranationalen Behörden führt grundsätzlich die Staatskanzlei und Ministerium für Kultur über das Auswärtige Amt. In Fällen geringfügiger Bedeutung verkehren die Ministerien mit den in Satz 1 genannten Vertretungen und Behörden ohne Einschaltung der Staatskanzlei und Ministerium für Kultur über das Auswärtige Amt.

(2) In Amts- und Rechtshilfesachen sowie in Angelegenheiten, in denen nachgeordneten Landesbehörden ein unmittelbarer Verkehr gestattet ist, verkehren auch die Ministerien mit diplomatischen und konsularischen Vertretungen unmittelbar.

§ 43 Presse- und Öffentlichkeitsarbeit

(1) Das bei der Staatskanzlei und Ministerium für Kultur gebildete Presse- und Informationsamt der Landesregierung hat die Aufgabe, die Politik der Landesregierung gegenüber den Medien zu vertreten. Sie unterrichtet die Mitglieder der Landesregierung über den Inhalt der Medienberichterstattung.

(2) Das Presse- und Informationsamt der Landesregierung vertritt die Landesregierung auf den Pressekonferenzen, an denen auch Bedienstete der einzelnen Ministerien teilnehmen.

(3) Veröffentlichungen und Mitteilungen an die Presse, die über fachliche Mitteilungen aus dem Arbeitsgebiet des Ministeriums hinausgehen und die von besonderer politischer Bedeutung sind, gehen grundsätzlich über das Presse- und Informationsamt der Landesregierung.

(4) Auskünfte aus den Ministerien an die Medien erteilt in der Regel das für den Kontakt mit den Medien zuständige Referat des Ministeriums oder nach Absprache mit ihm die zuständige Leitung einer Organisationseinheit. Bei Angelegenheiten von besonderer politischer Bedeutung findet eine Abstimmung über Art und Form der Vermittlung zwischen dem Presse- und Informationsamt der Landesregierung und dem jeweiligen Ministerium statt.

(5) In Angelegenheiten des Bundesrates hält die oder der Bevollmächtigte des Landes beim Bund in geeigneter Weise Verbindung zu den Medien am Sitz des Bundesrates. Absatz 4 bleibt unberührt.

(6) Die Ministerien unterrichten das Presse- und Informationsamt der Landesregierung sobald und soweit wie möglich über politisch bedeutsame Angelegenheiten.

(7) Die für die Presse bestimmten Veröffentlichungen fachlichen Inhalts sind grundsätzlich vom sachlich zuständigen Referat vorzubereiten. Die Abgabe an die Presse erfolgt durch das für den Kontakt mit den Medien zuständige Referat. Das Presse- und Informationsamt der Landesregierung erhält einen Abdruck.

(8) Auskünfte an die Medien dürfen nur im Einvernehmen mit dem für den Kontakt mit den Medien zuständigen Referat gegeben werden. Das Einvernehmen soll vor Auskunftserteilung hergestellt werden.

(9) Die Aktualisierung des Landesportals obliegt dem Presse- und Informationsamt der Landesregierung in Zusammenarbeit mit den für den Kontakt mit den Medien zuständigen Referaten der Ministerien. Die Absätze 1 bis 8 gelten entsprechend.

Abschnitt VIII Schlussvorschriften

§ 44 Inkrafttreten, Außerkrafttreten

Diese Gemeinsame Geschäftsordnung tritt am Tage nach der Veröffentlichung in Kraft. Gleichzeitig tritt der Beschluss der Landesregierung über die Gemeinsame Geschäftsordnung der Ministerien - Allgemeiner Teil - vom 15.3.2005 (MBl. LSA S. 207, 231), zuletzt geändert durch Beschluss vom 20.3.2012 (MBl. LSA S.145), außer Kraft.

Magdeburg, den 4. April 2017 Die Landesregierung Sachsen-Anhalt

Geschäftsordnung des Landesverwaltungsamtes (GO LVwA)

vom 27.05.2021 (MBl. LSA S. 519) – (Auszug)

Abschnitt 4 Geschäftslauf
1. Behandlung der Eingänge

§ 30 Eingänge

Eingänge sind alle dem Landesverwaltungsamt auf direktem oder postalischem Weg oder über die eröffneten elektronischen Zugänge zugeleiteten Dokumente und Informationen.

§ 31 Behandlung der Eingänge

(1) Die auf direktem oder postalischem Weg zugeleiteten Dokumente und Informationen werden in der Poststelle mit dem Eingangsstempel versehen und in Eingangsmappen weitergeleitet. Auf den Eingängen bezeichnete Anlagen werden auf Vollständigkeit geprüft.

(2) Eingehende elektronische Post mit Dokumentencharakter ist unverzüglich unter Beachtung der einschlägigen Dienstanweisungen weiterzuleiten. Ist eine Weiterleitung auf elektronischem Wege nicht möglich, ist ein Ausdruck zu fertigen und in den Posteingang zu geben.

(3) Eingängen mit Zustellungsurkunden, Einschreibe-, Wert- und Eilsendungen, Eingaben, die den Namen und die Anschrift des Absenders nicht oder nicht deutlich enthalten sowie Fristsachen wird der Briefumschlag beigefügt.

(4) Eingänge mit persönlicher Anschrift erhält der Empfänger ungeöffnet. Eingänge an das Landesverwaltungsamt, bei denen aus der Anschrift zu entnehmen ist, dass sie dem Empfänger „vertraulich", „persönlich" oder „eigenhändig" zugehen sollten, bleiben ebenfalls ungeöffnet.

(5) Offensichtlich falsch zugestellte Postsendungen werden ungeöffnet zurückgegeben. Geöffnete Sendungen, die offensichtlich für eine andere Behörde oder Dienststelle bestimmt sind, werden mit dem Eingangsstempel sowie dem Vermerk „Irrläufer" versehen und der zuständigen Stelle übersandt.

§ 32 Vorlage der Eingänge

(1) Vorgesetzte erhalten die Eingänge, die sie zur Wahrnehmung ihrer Leitungsaufgaben kennen müssen.

(2) Der Präsidentin oder dem Präsidenten sind insbesondere:

1. Eingänge von grundsätzlicher und politischer Bedeutung,
2. Einladungen zu Veranstaltungen von besonderer sachlicher und politischer Bedeutung,
3. Eingänge von obersten Landesbehörden,
4. Eingänge vom Landes- oder Bundesrechnungshof sowie anderer Prüfbehörden,
5. Dokumente von Abgeordneten des Europäischen Parlaments, des Bundestages und des Landtages,
6. alle Dokumente, die an sie oder ihn persönlich gerichtet sind sowie
7. Dienst- und Fachaufsichtsbeschwerden,

vorzulegen.

§ 33 Weitere Behandlung der Eingänge

(1) Die Eingänge werden den Bediensteten grundsätzlich auf dem Dienstweg zugeleitet. Elektronische Dokumente sind in der Regel elektronisch weiterzuleiten.

(2) Die Eingänge werden unverzüglich durchgesehen. Abwesenheit oder Verhinderung eines Bediensteten dürfen die Weitergabe nicht verzögern. In diesen Fällen obliegt die Durchsicht, Weitergabe oder Bearbeitung der zuständigen Vertreterin oder dem zuständigen Vertreter.

(3) Bei papiergebundener Vorgangsbearbeitung sind elektronisch zugeleitete Eingänge in einem Abdruck zum Vorgang zu nehmen. Im Abdruck sind – soweit vorhanden – auch, Formmerkmale des elektronischen Dokuments (insbesondere das Zertifikat zu einer Signatur) zu berücksichtigen.

(4) Fehlgeleitete Eingänge werden unverzüglich und unmittelbar den zuständigen Bediensteten zugeleitet.

(5) Erhalten Bedienstete Eingänge dienstlichen Inhalts direkt, so haben sie diese unter Berücksichtigung der in Absatz 3 oder 4 festgelegten Arbeitsschritte mit Namenszeichen und Tagesdatum zu versehen und ihren Vorgesetzten zuzuleiten.

(6) Soweit Vorgesetzte durch einen Arbeitsvermerk die Beteiligung weiterer Organisationseinheiten anordnen, sind diese unverzüglich zu unterrichten.

§ 34 Sicht- und Arbeitsvermerke

(1) Vorgesetzte versehen die Eingänge mit Sichtvermerken und bei Bedarf mit leserlichen Arbeitsvermerken. Dabei benutzen bei papiergebundener Vorgangsbearbeitung:

1. die Präsidentin oder der Präsident den Grünstift,
2. die Vizepräsidentin oder der Vizepräsident den Rotstift,
3. die Abteilungsleiterinnen oder die Abteilungsleiter den Violettstift,
4. die Referatsleiterinnen oder die Referatsleiter den Schwarzstift sowie
5. die Referentinnen oder die Referenten den Türkisstift.

Sicht- und Arbeitsvermerke erfolgen im Vertretungsfall in der Farbe des Vertretenen.

(2) Als Sichtvermerke gelten Striche oder Namenszeichen mit Datum. Bei elektronischer Vorgangsbearbeitung ist für die nach Satz 1 aufzunehmenden Sicht- und Arbeitsvermerke sicherzustellen, dass hierzu mindestens das Namenszeichen oder der Name jeweils mit Datum angegeben werden.

(3) Arbeitsvermerke sind insbesondere:

+ = Schlusszeichnung,

K = vor Abgang zur Kenntnisnahme vorlegen,

Kn = nach Abgang zur Kenntnisnahme vorlegen,

s.K. = schriftliche Kurzdarstellung (des Sachverhaltes mit Bearbeitungs- oder Entscheidungsvorschlag),

b.R. = bitte Rücksprache (kurze Erörterung),

z.U. = Reinschrift zur Unterschrift vorlegen,

„Eilt" = bevorzugt bearbeiten,

„Sofort" = vor allen anderen Vorgängen bearbeiten.

Bei Rücksprachen ist der Anlass kurz kenntlich zu machen.

2. Vorgangsbearbeitung

§ 35 Bearbeitung der Vorgänge

(1) Vorgänge sollen unverzüglich und nach Möglichkeit in einem Arbeitsgang bearbeitet werden. Sie können in papiergebundener Form oder in elektronischer Form bearbeitet werden. Wird die elektronische Aktenführung angeordnet, müssen die Vorgänge ab dem hierfür vorgesehenen Zeitpunkt elektronisch geführt werden. Eine papiergebundene Vorgangsbearbeitung erfolgt ab diesem Zeitpunkt nur noch, wenn dies durch Rechtsvorschrift angeordnet ist.

(2) Bei elektronischer Vorgangsbearbeitung ist sicherzustellen, dass die Dokumente, der Laufweg und die Aufzeichnungen aus der Bearbeitung (zum Beispiel Geschäftsablaufvermerke, Verfügungen, Aktenvermerke, Zeichnungen, Mitzeichnungen, Kenntnisnahmen) in Protokoll- und Bearbeitungsinformationen nachgewiesen und dem richtigen elektronischen Vorgang zugeordnet werden.

(3) Beschwerden werden bevorzugt bearbeitet.

§ 36 Besprechungen, Rücksprachen

(1) Besprechungen und Rücksprachen werden unverzüglich erledigt, die Erledigung wird mit Namenszeichen und Datum auf dem Vorgang vermerkt. Bei elektronischer Vorgangsbearbeitung gilt § 35 Abs. 2 entsprechend.

(2) Verzögern sich Besprechungen und Rücksprachen, so legen die Bediensteten in dringenden Fällen das ihren Vorstellungen entsprechende Arbeitsergebnis mit einem erklärenden Vermerk vor.

§ 37 Zwischennachricht, Abgabenachricht

(1) Können Vorgänge nicht innerhalb eines Monats nach Eingang erledigt werden, so ist unverzüglich, spätestens nach 14 Tagen, eine Zwischennachricht zu erteilen. Diese soll einen kurzen begründenden Hinweis auf die voraussichtliche Dauer der Bearbeitung enthalten.

(2) Wird ein Eingang an eine andere Behörde abgegeben, so erhält die Einsenderin oder der Einsender eine Abgabenachricht.

§ 38 Verschlusssachen, vertrauliche Angelegenheiten

(1) Für Verschlusssachen ist die Verschlusssachenanweisung für das Land Sachsen-Anhalt (VSA-LSA) zu beachten.

(2) Vertrauliche Vorgänge sind als solche zu kennzeichnen. Sie werden innerhalb der Dienststelle in verschlossenen Mappen oder Umschlägen befördert.

(3) Personalangelegenheiten sind vertraulich zu behandeln.

§ 39 Termine

(1) Termine sind so zu bestimmen, dass sie eingehalten werden können.

(2) Kann ein Termin nicht eingehalten werden, so ist rechtzeitig eine Terminänderung zu beantragen.

§ 40 Wiedervorlagen

Wiedervorlage wird verfügt, wenn der Vorgang aus sachlichen Gründen erst zu einem späteren Termin weiterbearbeitet werden kann. Der Zweck der Wiedervorlage wird stichwortartig angegeben, wenn er nicht ohne weiteres erkennbar ist.

§ 41 Arbeitsrückstände

Alle Bediensteten sind verpflichtet, ihre Vorgesetzten zu unterrichten, wenn größere Arbeitsrückstände zu entstehen drohen. § 16 Abs. 4 und § 17 Abs. 3 sind zu beachten.

3. Schriftverkehr

§ 42 Allgemeines

(1) Unnötiger Schriftverkehr unterbleibt.

(2) Vor allem im internen Geschäftsverkehr und im Geschäftsverkehr zwischen Behörden ist die mündliche oder fernmündliche Erledigung der schriftlichen oder elektronischen vorzuziehen. Soweit erforderlich, wird der Inhalt des Gesprächs in einem Vermerk festgehalten.

(3) Schriftverkehr soll vereinfacht und beschleunigt werden durch

1. Übersendung von Dokumenten auf elektronischem Weg oder durch Telefax, wobei grundsätzlich auf einen Zweitversand auf dem Postweg zu verzichten ist,

2. Übersendung von Dokumenten mit Kurzmitteilungen.

(4) Für die elektronische Kommunikation sind die im Landesverwaltungsamt angebotenen Verschlüsselungsverfahren grundsätzlich zu verwenden.

(5) Ist zu erwarten, dass die Empfängerin oder der Empfänger Mehrdrucke von Schreiben benötigt, so sind diese in der erforderlichen Anzahl beizufügen.

§ 43 Form der Schriftstücke

(1) Die Behördenbezeichnung lautet „Landesverwaltungsamt". Der Behördenbezeichnung dürfen Zusätze hinzugefügt werden, wenn Rechtsvorschriften es bestimmen.

(2) Außer bei der Kommunikation mit Behörden und wenn es nach Art und Inhalt des Dokuments nicht angebracht ist, werden in der Regel Höflichkeitsanrede und Grußformel gebraucht. Schriftverkehr mit Behörden ist mit Anrede und Grußformel zu versehen, wenn dieser an die jeweilige Behördenleiterin oder den jeweiligen Behördenleiter oder an persönlich benannte Personen gerichtet ist.

(3) Die für die Bearbeitung zuständigen Bediensteten haben in jedem Schreiben ihre Telefonnummer, ihre E-Mail-Adresse, das Aktenzeichen nach Aktenplan sowie die Bezugszeichen anzugeben. Schreiben sollen kurz, klar, erschöpfend, höflich und verständlich sein.

(4) Die Regeln für Maschinenschreiben sind in der DIN-Norm 5008 des DIN Deutschen Instituts für Normung e. V. festgelegt. Sie sind nach Maßgabe des Corporate Design der Landesregierung entsprechend anzuwenden.

§ 44 Vordrucke, Stempel

(1) Für häufig wiederkehrende gleichartige Arbeitsvorgänge werden Vordrucke oder Stempel verwendet. Vordrucke werden nach DIN-Normen gestaltet. Die Regelungen für die Gestaltung und Beschaffung von Vordrucken in der Landesverwaltung Sachsen-Anhalt sind zu beachten.

(2) Vordrucke, in die außer der Anschrift nur wenige Angaben einzutragen sind, können – auch im Schriftverkehr nach außen – handschriftlich leserlich ausgefüllt werden.

§ 45 Aktenvermerk

(1) Aktenvermerke werden über alle aus den Akten nicht ersichtlichen Ereignisse gefertigt, die für das Verständnis des Vorgangs und die weitere Bearbeitung bedeutsam sind. Sie werden so knapp wie möglich gefasst und sollen keine Ausführungen enthalten, die in ein anschließendes Schreiben aufgenommen werden.

(2) Zusammenfassende Aktenvermerke für abschließend zeichnende Bedienstete werden nur gefertigt, wenn der Akteninhalt besonders umfangreich oder unübersichtlich ist.

§ 46 Entwurf, Reinschrift

(1) Entwurf und Reinschrift werden bei papiergebundener Vorgangsbearbeitung möglichst in einem Arbeitsgang gefertigt. Der Entwurf wird durch „Entwurf" (abgekürzt „E") kenntlich gemacht.

(2) Vorgesetzte sollen Schriftstücke nur ändern, wenn es sachlich geboten ist.

(3) Bei der Behandlung der Dokumente und der Bearbeitung der Vorgänge sind folgende Schlussverfügungen zu verwenden:

Wgl. = Weglegen,

Wv. = Wiedervorlage,

z.S. = zur Sammlung (Sammlung von Eingängen auf ein Rundschreiben oder einen Erlass, bis eine Bearbeitung möglich ist),

z.Vg. = zum Vorgang (Ablage des Dokuments nach Abschluss der Bearbeitung)

z.d.A. = zu den Akten (Schließung des Vorgangs nach Abschluss der Bearbeitung)

Bei Abschluss der Vorgangsbearbeitung haben die für die Bearbeitung zuständigen Bediensteten zu prüfen, ob alle Anweisungen der Verfügung erledigt sind. Insbesondere haben sie darauf zu achten, dass die Verfügung abschließend gezeichnet ist und dass verfügte Reinschriften abgesandt sind.

§ 47 Privatdienstschreiben

(1) Im Behördenverkehr sind Schreiben dienstlichen Inhalts grundsätzlich nur an die Behörde zu richten. Ist in dienstlichen Angelegenheiten aus besonderen Gründen ein persönlicher Schriftwechsel zwischen Behördenangehörigen angezeigt, so werden Name und Amts- oder Dienstbezeichnung der oder des Unterzeichnenden unter die Behördenbezeichnung gesetzt (Privatdienstschreiben).

(2) Privatdienstschreiben sind in den Geschäftsgang zu geben.

§ 48 Erlasse, Berichte, Schreiben

„Erlasse" sind papiergebunden oder elektronisch übermittelte Schriftstücke oberster Landesbehörden an nachgeordnete Behörden. Schriftstücke an übergeordnete Behörden werden als „Berichte", an gleichgeordnete Behörden und Privatpersonen als „Schreiben" und an nachgeordnete Behörden als „Verfügung" bezeichnet.

§ 49 Hinweise auf Rechtsquellen, Abkürzungen

(1) Gesetze, Verordnungen und allgemeine Verwaltungsvorschriften sind mit Datum und Fundstelle anzugeben, sofern es sich nicht um allgemein bekannte Vorschriften handelt. Die Grundsätze der Rechtsförmlichkeit (Anlage zur Gemeinsamen Geschäftsordnung der Ministerien des Landes Sachsen-Anhalt – Besonderer Teil –) sind zu beachten.

(2) Kurzbezeichnungen und Abkürzungen werden in der festgelegten oder allgemein üblichen Form verwendet. Bei nicht geläufigen Abkürzungen wird bei der ersten Erwähnung die vollständige Bezeichnung angegeben und die Abkürzung in Klammern hinzugefügt.

(3) Im Schriftverkehr mit Privatpersonen werden nur solche Kurzbezeichnungen und Abkürzungen verwendet, die in der Bevölkerung allgemein bekannt sind. Im Zweifel sind beide nicht zu verwenden.

4. Zeichnung, Absendung

§ 50 Grundsatz

(1) Auf der Grundlage der im Geschäftsverteilungsplan zugewiesenen Aufgaben zeichnen die für die Bearbeitung zuständigen Bediensteten grundsätzlich die von ihnen verfassten Dokumente.

(2) Die Bediensteten übernehmen mit der Zeichnung die Verantwortung für ihre Zuständigkeit und für den Inhalt des Dokuments sowie dafür, dass die Vorschriften über die Zusammenarbeit und alle Arbeitsvermerke beachtet worden sind.

(3) Das Zeichnungsrecht von Bediensteten kann in begründeten Fällen vorübergehend eingeschränkt werden. Die Einschränkung ist mit den betroffenen Bediensteten zu erörtern und in regelmäßigen Abständen zu überprüfen.

§ 51 Zeichnung durch Vorgesetzte

(1) Vorgesetzte zeichnen, soweit dies in Rechts- und Verwaltungsvorschriften vorgeschrieben ist, im Übrigen entsprechend der von ihnen ausgeübten Funktion, wenn:

1. in Berichten an oberste Landesbehörden Stellungnahmen abgegeben oder Vorschläge gemacht werden,

2. dies im Einzelfall ausnahmsweise (zum Beispiel durch Arbeitsvermerk) bestimmt ist,

3. zweifelhaft ist, ob eine Entscheidung von den vorgegebenen Arbeitszielen gedeckt ist,

4. die Fachkenntnisse der Bediensteten für die abschließende Beurteilung des Vorgangs nicht ausreichen,

5. aus individuellen Gründen (zum Beispiel Einarbeitung, verminderte Leistungsfähigkeit) die Einschränkung der Zeichnungsbefugnis von Bediensteten erforderlich ist,

6. dies in einem für das Referat aufgestellten Vorbehaltskatalog bestimmt ist.

(2) Der Vorbehaltskatalog nach Absatz 1 Nr. 6 wird von der Abteilungsleiterin oder dem Abteilungsleiter in Zusammenarbeit mit der Referatsleiterin oder dem Referatsleiter aufgestellt. Die Präsidentin oder der Präsident kann festlegen, welche Angelegenheiten ihr oder ihm sowie der Vizepräsidentin oder dem Vizepräsidenten im Vorbehaltskatalog zur Zeichnung vorzuhalten sind. Der Vorbehaltskatalog soll die Zeichnungsvorbehalte genau beschreiben und die Zeichnungsbefugnis der Bediensteten insgesamt möglichst wenig einengen. Das Organisationsreferat erhält Gelegenheit zur Stellungnahme.

§ 52 Zeichnung von Kassenanordnungen

Zur Zeichnung und zur Freigabe von Kassenanordnungen sind nur die oder der Beauftragte für den Haushalt (BfH) und die von ihr oder ihm schriftlich ermächtigten Bediensteten befugt.

§ 53 Art der Zeichnung in Dokumenten im Dienstverkehr nach außen

(1) Bei papiergebundener Vorgangsbearbeitung sind Reinschriften in der Regel eigenhändig zu zeichnen. Wer die Reinschrift eigenhändig unterschreibt, setzt in der Regel auch das Datum ein. Beglaubigungen sind zulässig. Wird bei elektronischer Vorgangsbearbeitung eine durch Rechtsvorschrift angeordnete Schriftform durch eine andere gesetzlich vorgesehene Form ersetzt, erfolgt die Zeichnung nach Maßgabe der insoweit geltenden gesetzlichen Bestimmungen.

(2) Es zeichnen:

1. die Präsidentin oder der Präsident sowie die Vizepräsidentin oder der Vizepräsident bei Verwendung des entsprechenden Briefkopfes ohne Zusatz ansonsten mit ihrer oder seiner Funktion unter dem Namen,

2. die Abteilungsleiterin oder der Abteilungsleiter, wenn sie oder er die Vizepräsidentin oder den Vizepräsidenten in dieser Funktion vertreten, mit dem Zusatz „In Vertretung der Vizepräsidentin oder des Vizepräsidenten" über dem Namen.

In allen übrigen Fällen wird mit dem Zusatz „Im Auftrag" gezeichnet.

(3) Bei papiergebundener Vorgangsbearbeitung kann bei gleichartigen Dokumenten in großer Zahl die Unterschrift vervielfältigt werden, wenn keine spezialrechtlichen Regelungen dem entgegenstehen.

(4) Dokumente, die mit Hilfe elektronischer Systeme hergestellt werden, können in geeigneten Fällen nur mit der maschinenschriftlichen Namensangabe der zeichnenden Bediensteten herausgegeben werden.

§ 54 Zeichnung des Entwurfs

(1) Dokumente, die von Vorgesetzten zu zeichnen sind, werden im Entwurf nach der Schlussverfügung unten rechts vom Bearbeitenden mit Namenszeichen und Datum versehen und auf dem Dienstweg vorgelegt. Vorgesetzte, die nicht selbst zeichnen, verfahren ebenso.

(2) Für elektronisch erstellte und zu versendende Dokumente kann durch geeignete organisatorische und technische Maßnahmen auf eine eigenhändige Abzeichnung verzichtet werden. Jedoch müssen auf dem für die Akten auszudruckenden Entwurf alle Zeichnungen erkennbar

sein; die Absendung muss gegebenenfalls handschriftlich vermerkt werden oder durch geeignete Protokolle nachgewiesen werden. Bei elektronischer Vorgangsbearbeitung ist sicherzustellen, dass mindestens das Namenszeichen oder der Name sowie jeweils das Datum angegeben werden.

(3) Wer abschließend zeichnet, unterzeichnet den Entwurf mit seinem Namenszeichen und setzt das Datum ein.

(4) Vor Absendung prüft das federführende Referat, ob alle Mitzeichnungen vorliegen.

§ 55 Beteiligung bei der Abfassung von Dokumenten

Werden weitere Bedienstete bei der Abfassung eines Dokumentes beteiligt, so zeichnen sie den Entwurf ebenfalls ab.

§ 56 Mitzeichnung

(1) Die Mitzeichnung eines Entwurfes erfolgt mit Namenszeichen und Datum.

(2) Das federführende Referat führt das Mitzeichnungsverfahren durch und legt im Entwurf in einer Mitzeichnungsleiste die zu beteiligenden Organisationseinheiten fest.

(3) Der Entwurf wird von dem federführenden Referat vor der Mitzeichnung abgezeichnet.

(4) Vorgeschlagene Änderungen und Ergänzungen (Mitzeichnungsvermerke) des Entwurfes sind dem federführenden Referat schriftlich mitzuteilen.

(5) Die Ablehnung einer Mitzeichnung ist schriftlich zu begründen.

(6) Zur Beschleunigung des Verfahrens kann die Einholung der Mitzeichnung im Sternverfahren erfolgen, das heißt alle Beteiligten erhalten separat einen Entwurf zur Mitzeichnung.

(7) Kommt bezüglich einer Änderung, Ergänzung oder Ablehnung eine Einigung unter den Beteiligten nicht zustande, entscheidet die oder der nächste gemeinsame Vorgesetzte.

§ 57 Dienstsiegel, Beglaubigung

(1) Das Recht zum Besitz und die Ermächtigung zum Führen von Dienstsiegeln werden jeweils schriftlich erteilt. Dies gilt auch für die Vornahme von Beglaubigungen.

(2) Die Zahl der Dienstsiegel ist auf das notwendige Maß zu beschränken. Dies gilt ebenso für den Personenkreis, der zur Führung des Dienstsiegels berechtigt ist.

(3) Dienstsiegel werden fortlaufend nummeriert und gegen Empfangsbekenntnis ausgehändigt. Sie sind verschlossen aufzubewahren. Die Ausgabestelle ist unverzüglich bei einem Wechsel des Aufgabenbereiches oder Referates bzw. beim Ausscheiden aus dem Landesverwaltungsamt sowie über den Verlust eines ausgehändigten Dienstsiegels zu informieren.

§ 58 Laufmappen, Absendung

(1) Innerhalb des Landesverwaltungsamtes werden die Vorgänge in Laufmappen befördert. Für die Weitergabe der Laufmappen ist das Weiserzeichen der jeweiligen Empfänger und gegebenenfalls die Liegenschaft mit der üblichen Abkürzung anzugeben. Sofort- und Eilvorgänge werden besonders gekennzeichnet.

(2) Im Schriftverkehr nach außen werden alle abzusendenden papierhaften Dokumente der Poststelle zugeleitet. Das Nähere regelt die Ordnung für den Postdienst.

5. Sitzungen

§ 59 Einladungen

(1) Einladungen zu Besprechungen an Bedienstete anderer Behörden werden an die Behörde gerichtet. Die miteingeladenen Stellen werden in der Einladung bezeichnet. Die Einladungen sollen rechtzeitig vor dem Besprechungstermin versandt werden.

(2) Der Besprechungsgegenstand ist in der Einladung genau zu bezeichnen. Gegebenenfalls sollen Besprechungsunterlagen der Einladung beigefügt werden.

§ 60 Niederschrift

Grundsätzlich wird über die Ergebnisse einer Sitzung eine Niederschrift inklusive Teilnehmerliste (landeseinheitlicher Vordruck) gefertigt und den Teilnehmerinnen und Teilnehmern zugeleitet.

Abschnitt 5 Innerer Dienstbetrieb

§ 61 Aktenverwaltung

Das Schriftgut ist nach der Aktenordnung für die unmittelbare Landesverwaltung Sachsen-Anhalt (AktO) zu verwalten. Elektronische Akten werden nach der Elektronischen Aktenverordnung Sachsen-Anhalt (EAktVO LSA) geführt. Die oder der zuständige Vorgesetzte hat auf die Einhaltung hinzuwirken und diese zu kontrollieren.

§ 62 Dienstreise, Urlaub

(1) Die Genehmigung einer Dienstreise ist vor Antritt im entsprechenden System zu beantragen.

(2) Erholungsurlaub ist rechtzeitig im entsprechenden System zu beantragen. Er darf nur gewährt werden, wenn eine sachgemäße Vertretung sichergestellt ist.

(3) Dienstreise und Erholungsurlaub dürfen nur angetreten werden, wenn die Genehmigung vorliegt.

§ 63 Erkrankung, sonstige Verhinderung, Dienstunfall

(1) Bleiben Bedienstete dem Dienst wegen Erkrankung fern, so unterrichten sie die Vorgesetzte oder den Vorgesetzten unverzüglich vorzugsweise telefonisch über die voraussichtliche Dauer der Erkrankung. Dauert die Dienstunfähigkeit länger als drei Tage oder eine durch das Personalreferat im Einzelfall verfügte kürzere Frist, so ist dem Personalreferat unmittelbar eine ärztliche Bescheinigung zu übersenden.

(2) Für sonstige Verhinderungen gilt Absatz 1 entsprechend.

(3) Dienst- und Arbeitsunfälle einschließlich Wegeunfälle sind, auch wenn die Bediensteten dem Dienst nicht fernbleiben, unverzüglich dem Personalreferat anzuzeigen.

§ 64 Meldungen persönlicher und dienstlicher Art

(1) Bedienstete melden sich bei erstmaligem Dienstantritt und beim Wechsel des Arbeitsplatzes oder Dienstpostens bei ihren Vorgesetzten.

(2) Die Bediensteten zeigen Ereignisse persönlicher Art, die dienstliche Auswirkungen haben könnten (zum Beispiel Änderung des Familienstandes, Wohnungswechsel), unverzüglich dem Personalreferat an.

§ 65 Verbot des Handelns in Behörden

Es ist nicht gestattet, in den Dienstgebäuden und dienstlichen Anlagen Waren und Dienstleistungen für private Zwecke anzubieten oder zu vertreiben. Ausnahmen können von der Präsidentin oder dem Präsidenten zugelassen werden. Eine generelle Ausnahme gilt für Kantinen. Sie dürfen auch solche Waren verkaufen, die dem alsbaldigen Verbrauch oder Verzehr durch die Bediensteten bestimmt sind.

Papieraktenordnung für die unmittelbare Landesverwaltung Sachsen-Anhalt (PAktO) vom 14.09.2021 (MBl. LSA S. 2021, 614)

Abschnitt 1. Allgemeine Regelungen

§ 1 Geltungsbereich

(1) Diese Papieraktenordnung gilt ausschließlich für die Führung von Papierakten der Landesbehörden und Einrichtungen des Landes (Stellen der unmittelbaren Landesverwaltung) in den Fällen des § 4. Sie gilt nicht für die Gerichtsverwaltungen, die Behörden der Justizverwaltung einschließlich der ihrer Aufsicht unterliegenden Körperschaften des öffentlichen Rechts und die in § 1 Abs. 3 des E-Government-Gesetzes Sachsen-Anhalt vom 24. Juli 2019 (GVBl. LSA S. 200) genannten Stellen.

(2) Diese Papieraktenordnung ist bei der öffentlich-rechtlichen Verwaltungtätigkeit anzuwenden, soweit andere Rechtsvorschriften dem nicht entgegenstehen. Sie ist nicht anzuwenden bei den in § 1 Abs. 4 des E-Government-Gesetzes Sachsen-Anhalt genannten Verfahren und Tätigkeiten.

(3) Die obersten Landesbehörden können für ihren Geschäftsbereich festlegen, dass diese Papieraktenordnung auch für bestimmte in § 1 Abs. 4 des E-Government-Gesetzes Sachsen-Anhalt genannte Verfahren und Tätigkeiten entsprechend gilt, soweit gesetzliche Bestimmungen nicht entgegenstehen.

(4) Bei den in §§ 84 bis 91 des Landesbeamtengesetzes vom 15. Dezember 2009 (GVBl. LSA S. 648), zuletzt geändert durch Artikel 6 des Gesetzes vom 7. Juli 2020 (GVBl. LSA S. 372), genannten Verfahren und Tätigkeiten und bei Verschlusssachen gilt diese Papieraktenordnung mit den Abweichungen, die sich aus den Bestimmungen über die Führung von Personalakten und der Verschlusssachenanweisung ergeben.

§ 2 Begriffsbestimmungen

Im Sinne dieser Papieraktenordnung sind:

1. Aktenführende Stelle:

Eine Landesbehörde oder Einrichtung des Landes nach § 1 Abs. 1 Satz 1, die Akten führt.

2. Aktenplan:

Der als Grundlage für die gesamte Aktenbildung vorgeschriebene, systematisch nach Aufgabengebieten gegliederte Ordnungsplan.

3. Aktenplannummer:

Nummer laut Aktenplan.

4. Aktenrelevante Papierdokumente:

Papierdokumente sowie die dazugehörigen entscheidungserheblichen Bearbeitungsschritte, die zum späteren Nachweis der Vollständigkeit, zur Nachvollziehbarkeit und für die Transparenz des Verwaltungshandelns innerhalb der Verwaltung als auch gegenüber Dritten beweisfest vorzuhalten sind.

5. Aktenzeichen für Papierakten:

Das grundlegende Unterscheidungsmerkmal für alle angelegten Papierakten nach § 6.

6. Aufbewahrungsfrist für Papierakten:

Frist, innerhalb derer Papierakten nach verfügter Schließung bis zu ihrer Aussonderung aufbewahrt werden.

7. Aussonderung von Papierakten:

Anbietung und gegebenenfalls Abgabe von Papierakten aus dem Bestand der aktenführenden Stelle an das Landesarchiv Sachsen-Anhalt und deren Vernichtung.

8. Aussonderungsverfahren für Papierakten:

Verfahren zur Aussonderung von Papierakten.

9. Beweisfestigkeit:

Langfristige, unveränderliche Les- und Nutzbarkeit der aktenrelevanten Papierdokumente.

10. Metainformationen für Papierakten:

Inhaltliche Merkmale und formale Ordnungsmerkmale zu Papierdokumenten, Papiervorgängen und Papierakten.

11. Organisationseinheit:

Die nach dem Geschäftsverteilungsplan zuständige Teileinheit einer Landesbehörde oder Einrichtung des Landes.

12. Papierakte:

Die geordnete Zusammenstellung von Papierdokumenten in Papiervorgängen, die bei der Bearbeitung eines Sachverhaltes entstehen, mit eigenem Papieraktenzeichen und eigener Inhaltsbezeichnung. Eine Papierakte enthält ausschließlich Papiervorgänge und ein Papiervorgang ausschließlich Papierdokumente.

13. Papieraktenführung:

Die Erstellung, Registrierung, Bereitstellung, Aufbewahrung und Aussonderung von Papierakten.

14. Papierdokument:

Ein einzelnes Informationsobjekt auf papiergebundenem Informationsträger. Zum Papierdokument gehören auch alle ergänzenden Angaben, insbesondere die Metainformationen für Papierakten, die zum Verständnis der Informationen beitragen.

15. Papiervorgang:

Die Sammlung von zusammengehörenden Papierdokumenten aus der Bearbeitung eines Sachverhaltes, der durch eine Entscheidung abgeschlossen werden soll.

16. Papiervorgangsbearbeitung:

Die Bearbeitung von Geschäftsprozessen in Papierform. Ein Geschäftsprozess ist dabei die inhaltlich abgeschlossene, zeitliche und sachlogische Folge von Aktivitäten, die zur Bearbeitung eines Sachverhaltes notwendig sind.

17. Phase einer Papierakte:

Teil des Lebenszyklus einer Papierakte.

18. Verzeichnisse für Papierakten:

Verzeichnisse, die die aktenführende Stelle für die Papieraktenführung und Papiervorgangsbearbeitung erzeugt. Es gibt folgende Arten:

a) Abgabeverzeichnis für Papierakten:

Ein Verzeichnis, das alle Papierakten aufführt, die an das Landesarchiv Sachsen-Anhalt abgegeben werden.

b) Aktenverzeichnis für Papierakten:

Ein Verzeichnis über angelegte Papierakten, das in der Ordnung des Aktenplans geführt wird.

c) Altregistraturverzeichnis für Papierakten:

Ein separates Verzeichnis über geschlossene Papierakten, die der Altregistratur zugeführt worden sind.

d) Anbietungsverzeichnis für Papierakten:

Ein Verzeichnis, in dem die anbietungspflichtigen Papierakten aufgeführt werden, die dem Landesarchiv Sachsen-Anhalt angeboten werden sollen.

e) Inhaltsverzeichnis für Papierakten:

Ein Verzeichnis, in dem die zu einer Papierakte gehörenden Papiervorgänge aufgeführt werden.

Die Verzeichnisse nach Satz 2 Buchst. a bis d sollen in der Regel elektronisch geführt werden.

19. Weglegesachen:

Papierdokumente von geringer oder temporärer Bedeutung, deren Aufbewahrung in Papiervorgängen nicht notwendig ist.

§ 3 Grundsätze ordnungsgemäßer Papieraktenführung

(1) Papierakten sollen alle wesentlichen Verfahrenshandlungen vollständig, nachvollziehbar und wahrheitsgemäß abbilden. Dazu sind die Vollständigkeit der Papierakten und Papiervorgänge sowie die Integrität, Authentizität, Lesbarkeit und Vertraulichkeit der Papierdokumente bis zur Übergabe an das Landesarchiv Sachsen-Anhalt oder bis zu ihrer Vernichtung zu gewährleisten.

(2) Der Stand und die Entwicklung der Bearbeitung eines Geschäftsvorfalls müssen jederzeit aus der Papierakte oder aus dem Papiervorgang nachvollziehbar sein. In der Papierakte müssen alle zugewiesenen Papiervorgänge und im Papiervorgang alle aktenrelevanten Papierdokumente enthalten sein (Vollständigkeit).

(3) Papierdokumente dürfen weder beschädigt noch inhaltlich ohne Befugnis verändert oder vernichtet werden. Zulässige Anmerkungen, Zusätze und Streichungen in Papierakten, Papiervorgängen oder Papierdokumenten müssen so angebracht werden, dass sie erkennbar und nachvollziehbar sind (Integrität).

(4) Aus dem Papierdokument muss nachweisbar hervorgehen, wer es erstellt, geändert, mitgezeichnet und schlussgezeichnet hat (Authentizität).

(5) Die in den Papierdokumenten enthaltenen Informationen müssen für Menschen ohne Verwendung technischer Hilfsmittel lesbar sein (Lesbarkeit). Die Lesbarkeit der Papierdokumente ist dauerhaft sicherzustellen.

(6) Es ist sicherzustellen, dass Informationen der Papierakte nur Befugten in der zulässigen Weise zugänglich sind (Vertraulichkeit).

§ 4 Führung von Papierakten

Landesbehörden und Einrichtungen des Landes führen Papierakten nur,

1. soweit sie ihre Akten noch nicht nach § 3 Abs. 1 Satz 1 des E-Government-Gesetzes Sachsen-Anhalt elektronisch führen,

2. wenn sie aufgrund einer Entscheidung nach § 3 Abs. 1 Satz 3 des E-Government-Gesetzes Sachsen-Anhalt von der elektronischen Aktenführung ausgenommen sind,

3. wenn sie ab der Nutzung eines elektronischen Aktenführungssystems auf Grundlage von § 4 und § 21 der Elektronischen Aktenverordnung Sachsen-Anhalt einzelne Papierakten weiterführen oder

4. wenn für ein Verfahren aufgrund einer Rechtsvorschrift keine Verpflichtung zur elektronischen Aktenführung besteht.

§ 5 Aktenplan

(1) Als Grundlage für die gesamte Papieraktenbildung dient ein Aktenplan, der systematisch nach der Aufgabengliederung aufgestellt wird. Er soll sicherstellen, dass die Papierdokumente bei allen Stellen der unmittelbaren Landesverwaltung einheitlich geordnet werden.

(2) Der Aktenplan wird nummerisch gegliedert (Aktenplannummer). Um später neu hinzutretende Aufgabengebiete unterbringen zu können, werden nicht alle verfügbaren Nummern besetzt.

(3) Wird es erforderlich, den Aktenplan zu ändern oder zu ergänzen, so entscheidet hierüber die Stelle, die ihn aufgestellt hat.

(4) Von § 14 Abs. 1 Satz 2 abweichende Aufbewahrungsfristen sind im Aktenplan zu vermerken.

§ 6 Bildung von Aktenzeichen für Papierakten

Bei Papierakten setzt sich das Aktenzeichen zusammen aus dem Zeichen der nach dem Geschäftsverteilungsplan der aktenführenden Stelle zuständigen Organisationseinheit, der fünfstelligen Aktenplannummer und einer laufenden Nummer.

§ 7 Organisation der Papieraktenführung

(1) Die obersten Landesbehörden regeln in ihrem Geschäftsbereich

1. die Art der Papieraktenablage (Einzel-, Gruppen- oder Zentralablage),

2. die interne Verantwortung für die Papieraktenführung und

3. die interne Aufsicht über die Papieraktenführung.

Sie können in einem Fristenkatalog Aufbewahrungsfristen im Sinne des § 14 Abs. 1 Satz 2 für ihren Aufgabenbereich führen.

(2) Für einzelne Stellen der Landesverwaltung können bei Bedarf ergänzende oder von Absatz 1 Satz 1 abweichende Regelungen getroffen werden.

§ 8 Umgang mit Papierakten und Papiervorgängen

Papierakten und Papiervorgänge werden bei Bedarf angelegt. Sie sind durch geeignete Maßnahmen vor unbefugtem Zugriff zu schützen.

Abschnitt 2
Erstellung von Papierakten und Papiervorgängen
sowie Behandlung von Papierdokumenten

§ 9 Erstellung von Papierakten

(1) Papierakten sind bei ihrer Erstellung mit einem Aktenzeichen für Papierakten und mindestens den anderen in Anlage 1 aufgeführten Mindestmetainformationen für Papierakten zur Phase I zu versehen und in ein Aktenverzeichnis für Papierakten nach Anlage 2 aufzunehmen. Für die Beschriftung der Papierakten sollen die in der Anlage 3 und Anlage 4 enthaltenen Beschriftungsmuster verwendet werden.

(2) Bei Bedarf, insbesondere aus Gründen der Übersichtlichkeit kann ihnen ein Inhaltsverzeichnis für Papierakten nach Anlage 5 vorgeheftet werden, das fortlaufend zu führen ist. Inhaltsverzeichnisse für Papierakten sollen auf Ausnahmefälle beschränkt werden.

(3) Die Aktenbände sind mit fortlaufenden Bandnummern und Hinweisen auf dem Fortsetzungsband zu versehen. Im Aktenverzeichnis für Papierakten ist die Anlegung von Fortsetzungsbänden zu vermerken.

§ 10 Erstellung von Papiervorgängen

(1) Ein Papiervorgang ist einer bestimmten Papierakte zuzuweisen. Zugewiesene Papiervorgänge sind nur in Ausnahmefällen aus der Papierakte zu entfernen.

(2) Bezieht sich ein Papiervorgang auf mehrere Papierakten, so ist er zu der Papierakte zu nehmen, zu der er nach seinem Hauptinhalt gehört. In den anderen Papierakten, die einen Bezug zu diesem Papiervorgang haben, ist ein Hinweis aufzunehmen.

§ 11 Behandlung von Papierdokumenten

(1) Aktenrelevante Papierdokumente sind in Papiervorgängen zu führen. Die zu einem Papiervorgang gehörenden Papierdokumente sind schon während der Bearbeitung in der zeitlichen Reihenfolge ihres Eingangs zu ordnen. Von der zeitlichen Reihenfolge kann zur Erhaltung des sachlichen Zusammenhangs abgewichen werden.

(2) Bezieht sich ein Papierdokument auf mehrere Papiervorgänge, so ist es zu dem Papiervorgang zu nehmen, zu dem es nach seinem Hauptinhalt gehört. In den anderen Papiervorgängen, die einen Bezug zu diesem Papierdokument haben, ist ein Hinweis aufzunehmen.

(3) Wichtige Urkunden, die zum Beweis von Rechten und Rechtsverhältnissen von besonderer Bedeutung sind (insbesondere Grundstücksverträge), sowie andere mit den Papierdokumenten im Zusammenhang stehende Wertsachen (Wertpapiere, Sparbücher, Hinterlegungsscheine, ähnliche Urkunden und sonstige Wertgegenstände) sind nicht in den Papiervorgang einzuordnen, sondern besonders gesichert aufzubewahren. Sie bleiben Teil des Papiervorgangs. In die Papiervorgänge sind Hinweise oder beglaubigte Abschriften aufzunehmen.

(4) Papierdokumente, die wegen ihrer Beschaffenheit nicht in Papiervorgänge aufgenommen werden können, werden anderweitig gesondert aufbewahrt. Der Zusammenhang mit dem Papiervorgang ist durch wechselseitige Hinweise sicherzustellen.

§ 12 Eingehende elektronische Dokumente, Ausdruck

Eingehende elektronische Dokumente sind mit den sie begleitenden Informationen, insbesondere zu vorhandenen Signaturen und Zertifikaten, auszudrucken und zum Papiervorgang zu nehmen.

Abschnitt 3. Beginn der Aufbewahrung (Phase II)

§ 13 Schließung von Papiervorgängen und Papierakten

(1) Die Schließung eines Papiervorgangs setzt voraus, dass seine Bearbeitung abgeschlossen ist und die Entscheidung unanfechtbar ist. Die Bearbeitung wird insbesondere abgeschlossen durch

1. die Bekanntgabe eines Verwaltungsaktes,
2. die Zustellung einer das Vorverfahren abschließenden Entscheidung,
3. die Zustellung einer die Gerichtsinstanz abschließenden Entscheidung,
4. die Veröffentlichung von Rechts- oder Verwaltungsvorschriften und
5. die Beantwortung einer Anfrage.

(2) Eine Papierakte ist zu schließen, wenn dies eine besondere Rechtsvorschrift vorschreibt oder sämtliche in der Papierakte enthaltenen Papiervorgänge geschlossen worden und weitere Papiervorgänge nicht zu erwarten sind. Die Schließung einer Papierakte bewirkt die Schließung ihrer Papiervorgänge.

(3) Die Schließung von Papiervorgängen und Papierakten ist zu dokumentieren. Vor der Schließung ist zu prüfen, ob alle Verfahrensschritte und Verfügungspunkte erledigt sind.

(4) Die aktenführende Stelle prüft spätestens alle zwei Jahre, ob die Schließung der Papierakten und Papiervorgänge tatsächlich erfolgt ist.

(5) Offene Papierakten und Papiervorgänge können rückwirkend zu dem Zeitpunkt geschlossen werden, zu dem die Schließungsvoraussetzungen erfüllt waren.

§ 14 Aufbewahrungsfrist

(1) Die Aufbewahrungsfrist beginnt mit Ablauf des Kalenderjahres, in dem die Papierakte geschlossen worden ist. Sie beträgt zehn Jahre, soweit besondere Rechtsvorschriften keinen anderen Zeitraum vorsehen.

(2) Die Aufbewahrungsdauer für die einzelne Papierakte richtet sich nach den zu ihr gehörenden Papiervorgängen sowie den zu den Papiervorgängen gehörenden Papierdokumenten mit der längsten Aufbewahrungsfrist.

(3) Die Aufbewahrungsdauer von Papierdokumenten und Papiervorgängen, die wegen ihrer Beschaffenheit getrennt von den Papiervorgängen oder Papierakten aufbewahrt werden, sowie von Urkunden und Wertsachen im Sinne von § 11 Abs. 3 richtet sich nach den Aufbewahrungsfristen der Papiervorgänge oder Papierakten, zu denen sie gehören.

(4) Werden innerhalb der Aufbewahrungsfrist Papierdokumente oder Papiervorgänge aus einer geschlossenen Papierakte wieder in Bearbeitung genommen, ist die Aufbewahrungsfrist bis zum Abschluss der Bearbeitung unterbrochen. Nach erneuter Schließung der Papierakte beginnt sie neu.

Abschnitt 4 Auslagerung (Phase III)

§ 15 Altregistratur

(1) Geschlossene Papierakten sind spätestens zwei Jahre nach Beginn der Aufbewahrungsfrist einer Altregistratur zuzuführen. Zuvor ist in ihren Papiermetainformationen das Ende der Aufbewahrungsfrist zu vermerken. Satz 1 gilt sinngemäß für Urkunden und Wertsachen im Sinne von § 11 Abs. 3 sowie sonstige Papierdokumente, die wegen ihrer äußeren Beschaffenheit getrennt von den Papiervorgängen und damit getrennt von den Papierakten aufbewahrt werden.

(2) Die der Altregistratur zugeführten Papierakten werden in ein Altregistraturverzeichnis für Papierakten aufgenommen.

Abschnitt 5 Aussonderung von Papierakten (Phase IV)

§ 16 Zeitpunkt der Aussonderung und Grundsätze

Nach Ablauf der Aufbewahrungsfrist sind Papierakten dem Landesarchiv Sachsen-Anhalt mit dem Anbietungs- und Abgabeverzeichnis für Papierakten (Anlagen 6 und 7) zur Übernahme anzubieten. Archivwürdige Papierakten werden an das Landesarchiv Sachsen-Anhalt abgegeben. Nicht archivwürdige Akten sind von der aktenführenden Stelle zu vernichten.

§ 17 Aussonderungsverfahren für Papierakten

(1) Die für die Altregistratur der aktenführenden Stelle verantwortliche Organisationseinheit listet die zur Anbietung vorgesehenen Papierakten in einem Anbietungsverzeichnis für Papierakten entsprechend Anlage 6 auf, das sie anschließend an das Landesarchiv Sachsen-An-

halt übermittelt. Dies gilt nicht für Papierakten, auf deren Anbietung das Landesarchiv Sachsen-Anhalt von vornherein verzichtet hat. Elektronisch geführte Anbietungsverzeichnisse für Papierakten entsprechend Anlage 6 sollen elektronisch übermittelt werden.

(2) Die als archivwürdig bestimmten Papierakten sind dem Landesarchiv Sachsen-Anhalt an dem von ihm bestimmten Dienstort zu übergeben. Elektronisch geführte Abgabeverzeichnisse für Papierakten entsprechend Anlage 7 sollen elektronisch übermittelt werden.

(3) An den abzugebenden Papierakten dürfen keine Veränderungen (insbesondere Entfernen von Siegeln, Freimarken) vorgenommen werden.

(4) Die Abgabe an das Landesarchiv Sachsen-Anhalt ist im Altregistraturverzeichnis für Papierakten zu vermerken.

(5) Absatz 1 bis 4 gelten sinngemäß für Urkunden und Wertsachen im Sinne von § 11 Abs. 3 sowie sonstige Papierdokumente, die wegen ihrer äußeren Beschaffenheit getrennt von den Papiervorgängen und damit getrennt von den Papierakten aufbewahrt werden.

§ 18 Weglegesachen

Weglegesachen werden nicht zu Papiervorgängen genommen und bei Bedarf, spätestens aber ein Jahr nach ihrer Entstehung vernichtet. Sie werden nicht dem Landesarchiv Sachsen-Anhalt zur Übernahme angeboten.

Abschnitt 6 Schlussbestimmungen

§ 19 Übergangsvorschrift

Bereits geschlossene Papierakten, die schon mindestens seit zehn Jahren aufbewahrt werden, werden spätestens nach zwei Jahren ausgesondert, soweit Rechtsvorschriften keinen anderen Aufbewahrungszeitraum vorsehen.

§ 20 Inkrafttreten, Außerkrafttreten

Dieser Gem. RdErl. tritt am Tag nach der Veröffentlichung in Kraft. Gleichzeitig treten die Bezugs-RdErl. zu a und b außer Kraft.

Anlagen (nichtamtliches Verzeichnis)

Anlage 1: Mindestmetainformationen für Papierakten
Anlage 2: Aktenverzeichnis für Papierakten
Anlage 3: Beschriftungsmuster für Hefter für Papierakten
Anlage 4: Beschriftungsmuster für Ordner für Papierakten
Anlage 5: Inhaltsverzeichnis für Papierakten
Anlage 6: Anbietungsverzeichnis für Papierakten
Anlage 7: Abgabeverzeichnis für Papierakten

Anlage 1
(zu § 9 Abs. 1 Satz 1)

Mindestmetainformationen für Papierakten

lfd. Nr.	Papiermetainformation
	Erstellung (Phase I)
1	Aktenführende Stelle
2	Organisationseinheit
3	Aktenzeichen (Papier)
4	Nummer des Bandes
5	Aktenbezeichnung
6	angelegt am
7	Hinweise auf weitere Akten
	Schließung (Phase II)
8	geschlossen am
9	aufzubewahren bis
	Auslagerung (Phase III)
10	an Altregistratur am
	Aussonderung (Phase IV)
11	archivwürdig? Ja/Nein Vorschlag aktenführende Stelle
12	archivwürdig? Ja/Nein Entscheidung Landesarchiv Sachsen-Anhalt
13	Übergabe an Landesarchiv Sachsen-Anhalt am
14	Vernichtung am

Anlage 2
(zu § 9 Abs. 1 Satz 1)

Aktenverzeichnis für Papierakten

(Aktenführende Stelle)

(Organisationseinheit)

Akten-zeichen	Aktenbezeichnung	Nummer des Bandes	angelegt am	geschlossen am	aufzubewahren bis	an Altregistratur am	Übergabe an LASA am	Vernichtung am	Vermerke
1	2	3	4	5	6	7	8	9	10

PAktO

Anlage 3
(zu § 9 Abs. 1 Satz 2)

(für DIN-A4-Format)

Beschriftungsmuster für Hefter (Papierakte)

(Aktenzeichen)		

(aktenführende Stelle, Organisationseinheit)

(Aktenbezeichnung)

angelegt am
geschlossen am
aufzubewahren bis

Hinweis auf weitere Akten

Aktenzeichen	Band

Anlage 4
(zu § 9 Abs. 1 Satz 2)

(für DIN-A4-Format)

Beschriftungsmuster für Ordner (Papierakte)

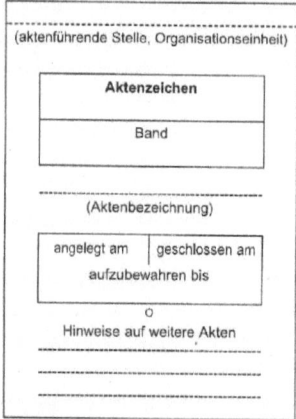

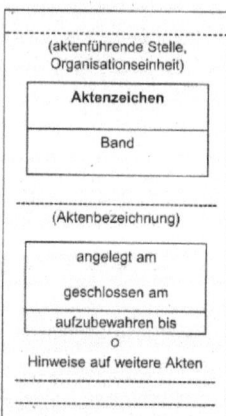

621

Anlage 5
(zu § 9 Abs. 2 Satz 1)

Inhaltsverzeichnis für Papierakten

Inhaltsverzeichnis		Aktenzeichen	Band
Anlegungsdatum des Vorgangs	Kurze Inhaltsangabe des Vorgangs	Blatt Nummer	Vermerke

Anlage 6
(zu § 16 Satz 1, § 17 Abs. 1 Satz 1 und 3)

Anbietungsverzeichnis für Papierakten

_____
(Aktenführende Stelle)

_____
(Für Altregistratur verantwortliche Organisationseinheit)

Lfd. Nr.	Akten-zeichen	Organisations-einheit, die die Akte geschlossen hat	Aktenbezeichnung	Nummer des Bandes	angelegt am	geschlos-sen am	aufzu-bewahren bis	archivwürdig? Ja/Nein Vorschlag aktenführende Stelle	archivwürdig? Ja/Nein Entscheidung Landesarchiv Sachsen-Anhalt

Anbietungsverzeichnis durch die für Altregistratur
verantwortliche Organisationseinheit gefertigt am:

_____,   _____
(Datum),   (Unterschrift)

Entscheidung über die Archivwürdigkeit durch das
Landesarchiv Sachsen-Anhalt am:

_____,   _____
(Datum),   (Unterschrift)

PAktO

Anlage 7
(zu § 16 Satz 1, § 17 Abs. 2 Satz 2)

_____

(Aktenführende Stelle)

Abgabeverzeichnis für Papierakten

_____

(Für Altregistratur verantwortliche Organisationseinheit)

Lfd. Nr.	Akten-zeichen	Organisationseinheit, die die Akte geschlossen hat	Aktenbezeichnung	Nummer des Bandes	angelegt am	geschlossen am

An das Landesarchiv Sachsen-Anhalt abgegeben am: _____
(Datum)

Übergeben: _____   Übernommen: _____
(Unterschrift)   (Unterschrift)

Verordnung über die elektronische Aktenführung und Vorgangsbearbeitung, das Übertragen und Vernichten von Papierdokumenten und die Festlegung und Ausgestaltung von Metainformationen in der unmittelbaren Landesverwaltung Sachsen-Anhalt (Elektronische Aktenverordnung Sachsen-Anhalt - EAktVO LSA) vom 7. Dezember 2020 (GVBl. LSA S. 683)

Abschnitt 1 Allgemeine Regelungen

§ 1 Geltungsbereich

(1) Diese Verordnung gilt für die elektronische Aktenführung der Landesbehörden und Einrichtungen des Landes (Stellen der unmittelbaren Landesverwaltung). Sie gilt nicht für die Gerichtsverwaltungen, die Behörden der Justizverwaltung einschließlich der ihrer Aufsicht unterliegenden Körperschaften des öffentlichen Rechts und die in § 1 Abs. 3 des E-Government-Gesetzes Sachsen-Anhalt genannten Stellen. Für die Verfassungsschutzbehörde gilt diese Verordnung nur bei der Wahrnehmung von Aufgaben nach § 1 Abs. 3 und § 15 des Gesetzes über den Verfassungsschutz im Land Sachsen-Anhalt.

(2) Diese Verordnung ist bei der öffentlich-rechtlichen Verwaltungstätigkeit anzuwenden, soweit andere Rechtsvorschriften dem nicht entgegenstehen. Sie ist nicht anzuwenden bei den in § 1 Abs. 4 des E-Government-Gesetzes Sachsen-Anhalt und §§ 84 bis 91 des Landesbeamtengesetzes genannten Verfahren und Tätigkeiten und der Führung von Ordensakten.

(3) Die obersten Landesbehörden können für ihren Geschäftsbereich festlegen, dass diese Verordnung auch für bestimmte in § 1 Abs. 4 des E-Government-Gesetzes Sachsen-Anhalt genannte Verfahren und Tätigkeiten entsprechend gilt, soweit gesetzliche Bestimmungen nicht entgegenstehen.

§ 2 Begriffsbestimmungen

Im Sinne dieser Verordnung sind:

1. Akte (elektronisch):

Die geordnete Zusammenstellung von elektronischen Dokumenten in Vorgängen, die bei der Bearbeitung eines Sachverhaltes entstehen, mit eigenem Aktenzeichen und eigener Inhaltsbezeichnung.

2. Aktenführende Stelle:

Eine Landesbehörde oder Einrichtung des Landes nach § 1 Abs. 1 Satz 1, die Akten führt.

3. Aktenführung (elektronisch):

Die Erstellung, Registrierung, Bereitstellung, Aufbewahrung und Aussonderung elektronischer Akten unter Einsatz von Informationstechnologie.

4. Aktenführungssystem (elektronisch):

Ein Softwaresystem für die Behandlung elektronischer Dokumente, das durch Gewährleistung eines strukturierten Zugriffs sowie der Fähigkeit zur Zusammenführung der Dokumente zu Vorgängen und Akten diese elektronisch führt und dabei Leistungsfähigkeit, Sicherheit und

Zuverlässigkeit unabhängig vom Dokumentenformat - Datenformat - sicherstellt. Ein elektronisches Aktenführungssystem enthält folgende Bestandteile:

a) Ein Dokumentenmanagementsystem (DMS):

Ein System, das der datenbankgestützten Verwaltung elektronischer Dokumente bis zum Zeitpunkt der Aussonderung dient,

b) und gegebenenfalls ein Vorgangsbearbeitungssystem (VBS):

Ein System, das den Bearbeitungsweg eines elektronischen Vorgangs und damit einer elektronischen Akte von Arbeitsplatz zu Arbeitsplatz steuert. In einem solchen System werden Dokumente erzeugt, bearbeitet und gezeichnet (Mit- oder Schlusszeichnung).

5. Aktenplan:

Der als Grundlage für die gesamte Aktenbildung vorgeschriebene, systematisch nach Aufgabengebieten gegliederte Ordnungsplan.

6. Aktenplannummer:

Nummer laut Aktenplan.

7. Aktenrelevante Dokumente:

Dokumente sowie die dazugehörigen entscheidungserheblichen Bearbeitungsschritte, die zum späteren Nachweis der Vollständigkeit, zur Nachvollziehbarkeit und für die Transparenz des Verwaltungshandelns innerhalb der Verwaltung als auch gegenüber Dritten beweisfest vorzuhalten sind.

8. Aktenzeichen:

Das grundlegende Unterscheidungsmerkmal für alle elektronisch angelegten Akten nach § 6 Abs. 1.

9. Aussonderung:

Anbietung und gegebenenfalls Abgabe elektronischer Akten oder Vorgänge aus dem Bestand der aktenführenden Stelle an das Landesarchiv Sachsen-Anhalt und deren Löschung oder Vernichtung.

10. Aussonderungsverfahren:

Verfahren zur Aussonderung elektronischer Akten oder einzelner Vorgänge in zwei oder vier Stufen nach § 19 oder § 20.

11. Beweisfestigkeit:

Langfristige, unveränderliche Les- und Nutzbarkeit der aktenrelevanten Dokumente.

12. Dokument:

Ein einzelnes Informationsobjekt auf elektronischem, papiergebundenem oder anderem Informationsträger. Zum Dokument gehören auch alle ergänzenden Angaben, insbesondere Metainformationen, die zum Verständnis der Informationen beitragen.

13. Dokumentenbehandlung:

Die Erfassung (Aufzeichnen von Merkmalen) und Ablage oder Speicherung von Dokumenten des laufenden Geschäftsbetriebs.

14. Dokumentennummer:

Identifikationsmerkmal eines elektronischen Dokuments nach § 6 Abs. 3.

15. Fristen für die Aktenführung (elektronisch):

a) Aufbewahrungsfrist

Frist, innerhalb derer elektronische Akten oder Vorgänge nach verfügter Schließung bis zu ihrer Aussonderung aufbewahrt werden.

b) Transferfrist

Frist, innerhalb derer elektronische Dokumente noch im Originalformat vorhanden sind und wieder in Bearbeitung genommen werden können. Die Transferfrist ist eine Teilmenge der Aufbewahrungsfrist.

16. Hybride Ablage:

Die Ablage von Papierdokumenten in den Fällen des § 13.

17. Metainformationen:

Metainformationen sind beschreibende inhaltliche Merkmale und formale Ordnungsmerkmale zu elektronischen Dokumenten, Vorgängen und Akten.

18. Organisationseinheit:

Die nach dem Geschäftsverteilungsplan zuständige Teileinheit einer Landesbehörde oder Einrichtung des Landes.

19. Papierakte:

Eine Akte, die ausschließlich Papierdokumente zusammenfasst.

20. Phase:

Teil des Lebenszyklus einer elektronischen Akte.

21. Qualitätskontrolle:

Eine Kontrolle, die die Vollständigkeit, die Integrität, die Authentizität und die Lesbarkeit eines elektronischen Dokuments nach dessen Übertragung aus der Papierform sicherstellt.

22. Vererbung:

Die Übernahme bestimmter Metainformationen einer Akte oder eines Vorgangs in die Metainformationen der zugewiesenen Vorgänge oder Dokumente.

23. Verzeichnisse (elektronisch):

Verzeichnisse, die die aktenführende Stelle für die elektronische Aktenführung und Vorgangsbearbeitung erzeugt. Es gibt folgende Arten:

a) Abgabeverzeichnis:

Ein nach dem XDOMEA-Standard erzeugtes elektronisches Verzeichnis, das alle elektronischen Akten oder Vorgänge aufführt, die an das Landesarchiv Sachsen-Anhalt abgegeben werden.

b) Aktenverzeichnis:

Ein elektronisches Verzeichnis über angelegte Akten, das in der Ordnung des Aktenplans geführt wird.

c) Altregistraturverzeichnis:

Ein separates elektronisches Verzeichnis über geschlossene elektronische Akten oder Vorgänge, die der Altregistratur zugeführt worden sind.

d) Anbietungsverzeichnis:

Ein nach dem XDOMEA-Standard erzeugtes elektronisches Verzeichnis, in dem die anbietungspflichtigen elektronischen Akten oder Vorgänge aufgeführt werden, die dem Landesarchiv Sachsen-Anhalt angeboten werden sollen.

e) Bewertungsverzeichnis:

Ein elektronisches Anbietungsverzeichnis, das das Landesarchiv Sachsen-Anhalt um eine Bewertung der Archivwürdigkeit ergänzt hat.

24. Vorgang (elektronisch):

Die Sammlung von zusammengehörenden elektronischen Dokumenten aus der Bearbeitung eines Sachverhaltes, der durch eine Entscheidung abgeschlossen werden soll.

25. Vorgangsbearbeitung (elektronisch):

Die IT-gestützte Bearbeitung von Geschäftsprozessen. Ein Geschäftsprozess ist dabei die inhaltlich abgeschlossene, zeitliche und sachlogische Folge von Aktivitäten, die zur Bearbeitung eines Sachverhaltes notwendig sind.

26. Vorgangsnummer:

Die Kennzeichnung eines Vorgangs nach § 6 Abs. 2 zur Unterscheidung der einzelnen Vorgänge innerhalb einer Akte.

27. XDOMEA:

Ein Standard des IT-Planungsrates für den IT-gestützten Austausch und die IT-gestützte Aussonderung von elektronischen Akten, Vorgängen und Dokumenten.

28. Zugriff:

Die Zugangsmöglichkeiten des Landesarchivs Sachsen-Anhalt von seinen Rechnern über das Landesnetz zu elektronischen Akten, Vorgängen oder Dokumenten im Rahmen von Aussonderungsverfahren. Es gibt folgende Arten:

a) Lesender Zugriff auf Metainformationen:

Die Möglichkeit, die Metainformationen aller elektronischen Akten, Vorgänge oder Dokumente zu sehen.

b) Lesender Zugriff auf Altregistratur:

Die Möglichkeit, zusätzlich zum lesenden Zugriff auf die Metainformationen den Inhalt der in der Altregistratur geführten elektronischen Akten und Vorgänge sowie den dazugehörigen Vorgängen und Dokumenten zu sehen.

c) Schreibender Zugriff auf Metainformationen mit Bezug zur Bewertungsentscheidung:

Die Möglichkeit, zusätzlich zu den lesenden Zugriffen diejenigen Metainformationen der elektronischen Akten, Vorgänge und Dokumente zu ändern, die für die Bewertungsentscheidung vorgesehen sind.

§ 3 Grundsätze ordnungsgemäßer Aktenführung

(1) Elektronische Akten sollen alle wesentlichen Verfahrenshandlungen vollständig, nachvollziehbar und wahrheitsgemäß abbilden. Dazu sind die Vollständigkeit der elektronischen Akten

und Vorgänge sowie die Integrität, Authentizität, Lesbarkeit und Vertraulichkeit der Dokumente bis zur Übergabe an das Landesarchiv Sachsen-Anhalt oder bis zu ihrer Löschung oder Vernichtung zu gewährleisten.

(2) Der Stand und die Entwicklung der Bearbeitung eines Geschäftsvorfalls müssen jederzeit aus der elektronischen Akte oder aus dem Vorgang nachvollziehbar sein. In der Akte müssen alle zugewiesenen Vorgänge und im Vorgang alle aktenrelevanten Dokumente enthalten sein (Vollständigkeit). Die Aussonderung einzelner Vorgänge ist möglich.

(3) Dokumente dürfen weder beschädigt noch inhaltlich ohne Befugnis verändert oder gelöscht oder vernichtet werden. Zulässige Anmerkungen, Zusätze und Streichungen in elektronischen Akten, Vorgängen oder Dokumenten müssen so angebracht werden, dass sie erkennbar und nachvollziehbar sind (Integrität).

(4) Aus dem Dokument muss nachweisbar hervorgehen, wer es erstellt, geändert, mitgezeichnet und schlussgezeichnet hat (Authentizität).

(5) Die in den Daten enthaltenen Informationen müssen in eine menschenlesbare Form umgewandelt werden können (Lesbarkeit). Die Lesbarkeit der Dokumente ist dauerhaft sicherzustellen. Elektronische Dokumente sind in einem gängigen und zukunftsfähigen Dateiformat zu speichern, wobei gewährleistet sein muss, dass diese auch außerhalb der speichernden Stelle gelesen werden können. Soweit kein Dateiformat nach § 9 Abs. 1 Satz 2 des Archivgesetzes Sachsen-Anhalt bestimmt worden ist, legt die oder der Beauftragte der Landesregierung Sachsen-Anhalt für Informations- und Kommunikationstechnologie die entsprechenden Formate im Benehmen mit dem Landesarchiv Sachsen-Anhalt fest.

(6) Es ist sicherzustellen, dass Informationen der Akte nur Befugten in der zulässigen Weise zugänglich sind (Vertraulichkeit).

§ 4 Einführung elektronischer Akten

Ab der Nutzung eines elektronischen Aktenführungssystems werden Akten ausschließlich elektronisch geführt. Neue Papierakten werden nicht mehr angelegt. Papierakten sind umgehend, spätestens aber nach zwei Jahren zu schließen.

§ 5 Aktenplan

(1) Als Grundlage für die gesamte elektronische Aktenbildung dient ein Aktenplan, der systematisch nach der Aufgabengliederung aufgestellt wird. Er soll sicherstellen, dass die Dokumente bei allen Stellen der unmittelbaren Landesverwaltung einheitlich geordnet werden.

(2) Der Aktenplan wird nummerisch gegliedert (Aktenplannummer). Um später neu hinzutretende Aufgabengebiete unterbringen zu können, werden nicht alle verfügbaren Nummern besetzt.

(3) Wird es erforderlich, den Aktenplan zu ändern oder zu ergänzen, so entscheidet hierüber die Stelle, die ihn aufgestellt hat.

(4) Aktenplannummern, die nicht mehr verwendet werden, sind im elektronischen Aktenführungssystem entsprechend zu kennzeichnen.

(5) Von § 15 Abs. 1 Satz 2 abweichende Aufbewahrungsfristen sind im Aktenplan zu vermerken.

§ 6 Bildung von Aktenzeichen, Vorgangsnummer und Dokumentennummer

(1) Das Aktenzeichen setzt sich zusammen aus dem alphanumerischen Zeichen der nach dem Geschäftsverteilungsplan der aktenführenden Stelle zuständigen Organisationseinheit, der fünfstelligen Aktenplannummer und einer laufenden Nummer. Als Trennzeichen wird die Konstante „-" (Bindestrich) verwendet.

(2) Die Vorgangsnummer wird aus dem Aktenzeichen und einer auf die Akte bezogenen fortlaufenden Nummer gebildet. Als Trennzeichen wird die Konstante „/" (Schrägstrich) verwendet.

(3) Die Dokumentennummer ist eine Zahl, die die Vorgangsnummer ergänzt. Sie wird innerhalb eines Jahres mit „1" beginnend fortlaufend vergeben. Als Trennzeichen wird die Konstante „/" (Schrägstrich) verwendet. Das Aktenführungssystem vervollständigt die Dokumentennummer um die aktuelle vierstellige Jahreszahl.

§ 7 Organisation der elektronischen Aktenführung

(1) Die obersten Landesbehörden regeln in ihrem Geschäftsbereich unter Beachtung von § 13 Abs. 3 Satz 2 des E-Government-Gesetzes Sachsen-Anhalt

1. die Art der elektronischen Aktenablage (Einzel-, Gruppen- oder Zentralablage),

2. die interne Verantwortung für die elektronische Aktenführung einschließlich der Qualitätskontrolle nach § 12 Abs. 1 und

3. die interne Aufsicht über die elektronische Aktenführung.

Sie können in einem Fristenkatalog Aufbewahrungsfristen im Sinne des § 15 Abs. 1 Satz 2 für ihren Aufgabenbereich führen.

(2) Für einzelne Stellen der Landesverwaltung können bei Bedarf ergänzende oder von Absatz 1 Satz 1 abweichende Regelungen getroffen werden.

§ 8 Umgang mit elektronischen Akten und Vorgängen

Elektronische Akten und Vorgänge werden bei Bedarf angelegt und in einem elektronischen Aktenführungssystem geführt. Sie sind durch geeignete Maßnahmen vor unbefugtem Zugriff zu schützen. Der Schutzbedarf ist abhängig vom Grad der Vertraulichkeit („normal", „hoch" oder „sehr hoch").

Abschnitt 2

Erstellung elektronischer Akten und Vorgänge sowie Dokumentenbehandlung (Phase I)

§ 9 Erstellung elektronischer Akten

(1) Elektronische Akten sind bei ihrer Erstellung mit einem Aktenzeichen und mindestens den in der Anlage aufgeführten Metainformationen zu versehen und in ein elektronisches Aktenverzeichnis aufzunehmen.

(2) Elektronische Akten sind in einem nach dem Stand der Technik aktuellen Datenformat zu führen. Soweit sie nach Maßgabe von § 5 des E-Government-Gesetzes Sachsen-Anhalt in ein

anderes elektronisches Format übertragen werden, sollen die Dateiformate entsprechend den Vorgaben nach § 3 Abs. 5 gewählt werden.

§ 10 Erstellung elektronischer Vorgänge

(1) Elektronische Vorgänge sind bei ihrer Erstellung mit einer Vorgangsnummer und mindestens den in der Anlage aufgeführten Metainformationen zu versehen. Dabei ist eine eindeutige Bezeichnung jedes Vorgangs durch aktenbezogene Angaben in den Metainformationen zu gewährleisten. Metainformationen der Bezugsakte sind nach Maßgabe der Anlage zu übernehmen (Vererbung).

(2) Ein elektronischer Vorgang ist einer bestimmten elektronischen Akte zuzuweisen. Zugewiesene Vorgänge sind nur in Ausnahmefällen aus der elektronischen Akte zu entfernen.

(3) Bezieht sich ein Vorgang auf mehrere Akten, so ist er zu der Akte zu nehmen, zu der er nach seinem Hauptinhalt gehört. In den anderen Akten, die einen Bezug zu diesem Vorgang haben, ist ein Hinweis aufzunehmen oder eine Verlinkung abzulegen.

§ 11 Behandlung elektronischer Dokumente

(1) Aktenrelevante elektronische Dokumente sind in elektronischen Vorgängen zu führen. Sie sind mit einer Dokumentennummer und mindestens den in der Anlage aufgeführten Metainformationen zu versehen. Dabei ist eine eindeutige Kennzeichnung jedes Dokuments durch aktenbezogene Angaben in den Metainformationen zu gewährleisten. Metainformationen des Bezugsvorgangs sind nach Maßgabe der Anlage zu übernehmen (Vererbung). Ihre Speicherung erfolgt in einem Format, das nach dem Stand der Technik Vollständigkeit, Integrität, Authentizität und Lesbarkeit gewährleistet Sie dürfen nur in Ausnahmefällen aus elektronischen Vorgängen entfernt werden.

(2) Bezieht sich ein Dokument auf mehrere Vorgänge, so ist es zu dem Vorgang zu nehmen, zu dem es nach seinem Hauptinhalt gehört. In den anderen Vorgängen, die einen Bezug zu diesem Dokument haben, ist ein Hinweis aufzunehmen oder eine Verlinkung abzulegen.

§ 12 Eingereichte Papierdokumente, übertragene elektronische Dokumente

(1) Elektronische Dokumente, die durch eine Übertragung nach § 4 Abs. 1 des E-Government-Gesetzes Sachsen-Anhalt entstanden sind, sind einer sofortigen Qualitätskontrolle zu unterziehen und weiterzuleiten. Bei dieser Qualitätskontrolle ist zu prüfen, ob das erstellte elektronische Dokument bildlich, farblich und inhaltlich mit dem eingereichten Papierdokument übereinstimmt, wenn es lesbar gemacht wird. Ist dies nicht der Fall, muss der Übertragungsvorgang wiederholt werden. Die Papierdokumente sind sechs Monate aufzubewahren.

(2) Spätestens sechs Monate nach Einreichung sind Papierdokumente, die nur vorübergehend zur Bearbeitung überlassen worden sind, insbesondere Ausweise, Originalverträge und sonstige Privaturkunden, der einreichenden Person zurückzugeben.

(3) Soweit gesetzliche Bestimmungen nicht entgegenstehen, sind eingereichte Papierdokumente, die nicht zurückgegeben werden, nach Ablauf der Frist in Absatz 1 Satz 4 grundsätzlich zu vernichten. Eine Vernichtung findet nicht oder zu einem späteren Zeitpunkt statt, wenn an

dem eingereichten Papierdokument vorübergehend oder dauerhaft ein besonderes Erhaltungsinteresse besteht. Das ist insbesondere der Fall bei Urkunden, an denen für Beteiligte ein Beweisführungsrecht besteht und bei kulturhistorisch wertvollen archivwürdigen Dokumenten.

§ 13 Hybride Ablage

Die hybride Ablage umfasst:

1. Papierdokumente, bei denen nach § 4 Abs. 1 Satz 3 des E-Government-Gesetzes Sachsen-Anhalt von einer Übertragung abgesehen worden ist oder die nach der Übertragung nicht vernichtet werden, weil sie kulturhistorisch wertvoll archivwürdig sind. Diese Papierdokumente gehören zum elektronischen Vorgang, in dem ein entsprechender Verweis aufzunehmen ist.

2. Papierdokumente, die nach der Übertragung zum Zweck der Beweiserhaltung bis zum rechtskräftigen Abschluss eines Verwaltungsverfahrens aufbewahrt und anschließend vernichtet oder zurückgegeben werden. Diese Papierdokumente gehören bis zu ihrer Vernichtung oder Rückgabe zum elektronischen Vorgang, in dem ein entsprechender Verweis aufzunehmen ist.

3. Alle anderen Papierdokumente, die nach der Übertragung in elektronische Dokumente und erfolgter Qualitätskontrolle vorübergehend aufbewahrt und anschließend vernichtet oder zurückgegeben werden. Diese Papierdokumente gehören nicht zum elektronischen Vorgang.

Abschnitt 3 Beginn der Aufbewahrung (Phase II)

§ 14 Schließung elektronischer Vorgänge und Akten

(1) Die Schließung eines elektronischen Vorgangs setzt voraus, dass seine Bearbeitung abgeschlossen ist und die Entscheidung unanfechtbar ist. Die Bearbeitung wird insbesondere abgeschlossen durch

1. die Bekanntgabe eines Verwaltungsaktes,

2. die Zustellung einer das Vorverfahren abschließenden Entscheidung,

3. die Zustellung einer die Gerichtsinstanz abschließenden Entscheidung,

4. die Veröffentlichung von Rechts- oder Verwaltungsvorschriften und

5. die Beantwortung einer Anfrage.

(2) Eine elektronische Akte ist zu schließen, wenn dies eine besondere Rechtsvorschrift vorschreibt oder sämtliche in der Akte enthaltenen elektronischen Vorgänge geschlossen worden und weitere Vorgänge nicht zu erwarten sind. Die Schließung einer elektronischen Akte bewirkt die Schließung ihrer elektronischen Vorgänge.

(3) Die Schließung von Vorgängen und Akten ist zu dokumentieren. Vor der Schließung ist zu prüfen, ob alle Verfahrensschritte und Verfügungspunkte erledigt sind.

(4) Die aktenführende Stelle prüft spätestens alle zwei Jahre, ob die Schließung der elektronischen Akten und Vorgänge tatsächlich erfolgt ist.

(5) Die Aussonderung einzelner geschlossener elektronischer Vorgänge ist möglich, soweit rechtliche Bestimmungen nicht entgegenstehen.

§ 15 Aufbewahrungsfrist

(1) Die Aufbewahrungsfrist beginnt mit Ablauf des Kalenderjahres, in dem die elektronische Akte oder der Vorgang geschlossen worden ist. Sie beträgt zehn Jahre, soweit besondere Rechtsvorschriften keinen anderen Zeitraum vorsehen.

(2) Die Aufbewahrungsdauer für die einzelne elektronische Akte richtet sich nach den zu ihr gehörenden Dokumenten und Vorgängen mit der längsten Aufbewahrungsfrist.

(3) Die Aufbewahrungsdauer von Dokumenten und Vorgängen, die wegen ihrer Beschaffenheit getrennt von den elektronischen Akten aufbewahrt werden, richtet sich nach den Aufbewahrungsfristen der elektronischen Akten oder Vorgänge, zu denen sie gehören.

§ 16 Transferfrist

(1) Die Transferfrist beginnt mit Ablauf des Kalenderjahres, in dem die elektronische Akte oder der Vorgang geschlossen worden ist. Sie beträgt zwei Jahre, soweit besondere Rechtsvorschriften keinen anderen Zeitraum vorsehen.

(2) Werden innerhalb der Transferfrist Dokumente oder Vorgänge aus einer geschlossenen elektronischen Akte wieder in Bearbeitung genommen, ist die Transferfrist bis zum Abschluss der Bearbeitung unterbrochen. Nach erneuter Schließung der elektronischen Akte beginnt sie neu. Die Sätze 1 und 2 gelten entsprechend für die Aufbewahrungsfrist.

(3) Nach Ablauf der Transferfrist werden die Dateien nach Maßgabe von § 5 des E-Government-Gesetzes Sachsen-Anhalt in ein elektronisches Format übertragen, das eine verlustfreie Langzeitspeicherung ermöglicht. Die Dateiformate für die Übergabe sollen entsprechend den Vorgaben nach § 3 Abs. 5 Satz 4 gewählt werden.

Abschnitt 4 Auslagerung (Phase III)

§ 17 Altregistratur

(1) Geschlossene elektronische Akten oder Vorgänge sind nach Ablauf der Transferfrist einer Altregistratur zuzuführen. Zuvor sind in ihren Metainformationen der Ablauf der Transferfrist und das Ende der Aufbewahrungsfrist zu vermerken. Satz 1 gilt sinngemäß für sonstige Dokumente, die wegen ihrer äußeren Beschaffenheit getrennt von den Akten oder Vorgängen aufbewahrt werden.

(2) Die der Altregistratur zugeführten elektronischen Akten oder Vorgänge werden in ein Altregistraturverzeichnis aufgenommen.

Abschnitt 5 Aussonderung elektronischer Akten oder Vorgänge (Phase IV)

§ 18 Zeitpunkt der Aussonderung und Grundsätze

Nach Ablauf der Aufbewahrungsfrist werden elektronische Akten oder Vorgänge entweder an das Landesarchiv Sachsen-Anhalt abgegeben oder gelöscht oder vernichtet. Die Aussonderung erfolgt nach Verständigung zwischen der für die Altregistratur der aktenführenden Stelle verantwortlichen Organisationseinheit und dem Landesarchiv Sachsen-Anhalt entweder im zweistufigen oder im vierstufigen Aussonderungsverfahren. Beide Verfahren müssen die Anforderungen des XDOMEA-Standards erfüllen. Die in den Verfahren vorgesehenen Zugriffe erfolgen elektronisch von den Rechnern des Landesarchivs Sachsen-Anhalt über das Landesnetz.

§ 19 Zweistufiges Aussonderungsverfahren

(1) Das Landesarchiv Sachsen-Anhalt hinterlegt seine Bewertungsentscheidung (archivwürdig oder Löschen/ Vernichten) in den elektronischen Akten und Vorgängen, die der Altregistratur zugeführt worden sind. Zu diesem Zweck ist dem Landesarchiv Sachsen-Anhalt der lesende Zugriff auf die in der Altregistratur geführten elektronischen Akten und Vorgänge und der schreibende Zugriff auf die für die Bewertungsentscheidung vorgesehenen Metainformationen zu ermöglichen.

(2) Die für die Altregistratur der aktenführenden Stelle verantwortliche Organisationseinheit soll elektronische Akten oder Vorgänge, die als „archivwürdig" eingestuft worden sind, innerhalb von zwei Monaten nach Ablauf der Aufbewahrungsfrist an das Landesarchiv Sachsen-Anhalt abgeben. Vor der Abgabe erzeugt sie im elektronischen Aktenführungssystem ein Abgabeverzeichnis. Sie legt die zu übermittelnden Metainformationen im Benehmen mit dem Landesarchiv Sachsen-Anhalt fest.

(3) Hat das Landesarchiv Sachsen-Anhalt die Bewertungsentscheidung „Löschen/Vernichten" getroffen, soll die für die Altregistratur der aktenführenden Stelle verantwortliche Organisationseinheit innerhalb von zwei Monaten nach Ablauf der Aufbewahrungsfrist die Löschung oder Vernichtung der entsprechenden elektronischen Akten oder Vorgänge veranlassen und dies im elektronischen Aktenführungssystem protokollieren.

§ 20 Vierstufiges Aussonderungsverfahren

(1) Die für die Altregistratur der aktenführenden Stelle verantwortliche Organisationseinheit listet die zur Anbietung vorgesehenen elektronischen Akten oder Vorgänge in einem Anbietungsverzeichnis auf, das sie anschließend an das Landesarchiv Sachsen-Anhalt übermittelt. Die zu übermittelnden Metainformationen legt sie im Benehmen mit dem Landesarchiv Sachsen-Anhalt fest.

(2) Das Landesarchiv Sachsen-Anhalt erhält schreibenden Zugriff auf das Anbietungsverzeichnis, um dort die Bewertungsentscheidung zu treffen. Im Anschluss sendet es das so erstellte Bewertungsverzeichnis an die aktenführende Stelle zurück.

(3) Die für die Altregistratur der aktenführenden Stelle verantwortliche Organisationseinheit überträgt dieses Bewertungsverzeichnis in ihr elektronisches Aktenführungssystem.

(4) § 19 Abs. 2 und 3 gelten für die Umsetzung der Bewertungsentscheidung entsprechend.

Abschnitt 6 Schlussbestimmungen

§ 21 Übergangsvorschriften

Abweichend von § 4 Sätze 1 und 2 können aktenführende Stellen im Einzelfall zulassen, dass Papierakten weitergeführt werden, wenn dies aus wirtschaftlichen Gründen geboten ist.

§ 22 Inkrafttreten

Diese Verordnung tritt am Tag nach der Verkündung in Kraft.   MD, den 7.12.2020. LReg. LSA

Anlage
(zu § 9 Abs. 1, § 10 Abs. 1 und § 11 Abs. 1)
Mindestmetainformationen für Akten, Vorgänge und Dokumente

(hier nicht abgedruckt)

Bekanntmachung der Neufassung der Verschlußsachenanweisung für das Land Sachsen-Anhalt (VSA-LSA) vom 2. September 1996 (MBl. LSA 1996, 1923) – 34.11-02220

I. Allgemeine Grundsätze

§ 1

(1) Von einer Einstufung als Verschlußsache (VS) ist nur der notwendige Gebrauch zu machen.

(2) Von einer VS dürfen nur Personen Kenntnis erhalten, die auf Grund ihrer Dienstpflichten von ihr Kenntnis haben müssen. Keine Person darf über eine VS umfassender oder eher unterrichtet werden, als dies aus dienstlichen Gründen unerläßlich ist (Grundsatz: "Kenntnis nur, wenn nötig").

II. Verantwortung und Zuständigkeit

§ 2

(1) Der Dienststellenleiter ist innerhalb seines Zuständigkeitsbereiches für die ordnungsgemäße Durchführung der VS-Anweisung und der sie ergänzenden Richtlinien (§ 64) verantwortlich.

(2) Leiter größerer Dienststellen können ihre Aufgaben nach der VS-Anweisung ganz oder teilweise auf einen leitenden Beamten ihrer Dienststelle übertragen.

§ 3

(1) Bei den obersten Landesbehörden, den größeren Landesober- und -mittelbehörden sind, wenn sie mit STRENG GEHEIM, GEHEIM oder VS-VERTRAULICH eingestuften VS zu tun haben, ein Geheimschutzbeauftragter und ein Vertreter zu bestellen. Andere VS verwaltende Behörden können einen Geheimschutzbeauftragten bestellen; soweit dies nicht geschieht, nimmt der Dienststellenleiter die Aufgaben des Geheimschutzbeauftragten wahr.

(2) Der Geheimschutzbeauftragte hat in seiner Dienststelle

1. für die Durchführung der VS-Anweisungen und der sie ergänzenden Richtlinien (§ 64) zu sorgen,

2. den Dienststellenleiter in allen Fragen des Geheimschutzes zu beraten.

Diese Aufgaben führt er in Zusammenarbeit mit dem Landesamt für Verfassungsschutz (§ 60) durch. Er ist für seine Aufgaben auf dem Gebiet des Geheimschutzes, die sich auch auf vorbeugende Maßnahmen personeller Art (vgl. § 5 Sicherheitsrichtlinien – SiR-LSA –) erstrecken, in erforderlichem Umfang von seiner sonstigen dienstlichen Tätigkeit freizustellen.

(3) Der Geheimschutzbeauftragte hat ein unmittelbares Vortragsrecht beim Dienststellenleiter.

§ 4

Jeder, dem eine VS anvertraut oder zugänglich gemacht worden ist, trägt ohne Rücksicht darauf, wie die VS zu seiner Kenntnis oder in seinen Besitz gelangt ist, die persönliche Verantwortung für ihre sichere Aufbewahrung und vorschriftsmäßige Behandlung sowie für die Geheimhaltung ihres Inhalts gemäß den Bestimmungen dieser VS-Anweisung.

III. Begriff der VS, Ausnahmen für bestimmte Arten

§ 5

(1) VS sind im öffentlichen Interesse geheimhaltungsbedürftige Tatsachen, Gegenstände oder Erkenntnisse, unabhängig von ihrer Darstellungsform (z. B. Schriftstücke, Zeichnungen, Karten, Fotokopien, Lichtbildmaterial, elektronische Datenträger, elektrische Signale, Geräte, technische Einrichtungen oder das gesprochene Wort). Sie werden entsprechend ihrer Schutzbedürftigkeit von einer amtlichen Stelle oder auf deren Veranlassung eingestuft.

(2) Zwischenmaterial, das im Zusammenhang mit einer VS anfällt (z.B. Vorentwürfe, Stenogramme, Tonträger, Folien oder Fehldrucke), ist ebenfalls VS im Sinne von Absatz 1. Für die Behandlung von VS-Zwischenmaterial sind Abweichungen bei der Kennzeichnung und beim Nachweis (§ 14) sowie bei der Vernichtung (§ 30 Abs. 4) zugelassen.

§ 6

Können wegen der Beschaffenheit einer VS Bestimmungen der VS-Anweisung nicht angewendet werden, so ist sinngemäß zu verfahren. Dabei sind möglichst gleichwertige Sicherheitsmaßnahmen zu treffen. Für automatisiert verarbeitete oder übertragene Informationen bestimmen ergänzende Richtlinien (§ 64) Näheres.

IV. Geheimhaltungsgrade

§ 7

VS sind je nach dem Schutz, dessen sie bedürfen, in folgende Geheimhaltungsgrade einzustufen:

1. STRENG GEHEIM, wenn die Kenntnisnahme durch Unbefugte den Bestand oder lebenswichtige Interessen der Bundesrepublik Deutschland oder eines ihrer Länder gefährden kann.

2. GEHEIM, wenn die Kenntnisnahme durch Unbefugte die Sicherheit der Bundesrepublik Deutschland oder eines ihrer Länder gefährden oder ihren Interessen schweren Schaden zufügen kann.

3. VS-VERTRAULICH, wenn die Kenntnisnahme durch Unbefugte für die Interessen der Bundesrepublik Deutschland oder eines ihrer Länder schädlich sein kann.

4. VS-NUR FÜR DEN DIENSTGEBRAUCH, wenn die Kenntnisnahme durch Unbefugte für die Interessen der Bundesrepublik Deutschland oder eines ihrer Länder nachteilig sein kann.

siehe Hinweise zur VS-Einstufung (**Anlage 1**)

V. Bestimmung und Änderung des Geheimhaltungsgrades einer VS

§ 8

(1) Die herausgebende Stelle bestimmt über die Notwendigkeit der VS-Einstufung (§ 1 Abs. 1) und den Geheimhaltungsgrad der VS.

siehe Hinweise zur VS-Einstufung (Anlage 1)

(2) Der Geheimhaltungsgrad einer VS richtet sich nach ihrem Inhalt und nicht nach dem Geheimhaltungsgrad des Vorgangs, zu dem sie gehört oder auf den sie sich bezieht. Ein Schriftstück mit VS-Anlagen ist mindestens so hoch einzustufen wie die am höchsten eingestufte Anlage. Ist es wegen seiner Anlagen eingestuft oder höher eingestuft, so ist darauf zu vermerken, daß es ohne Anlagen nicht mehr als VS zu behandeln oder niedriger einzustufen ist.

siehe Beispiel 2a (**Anlage 2**)

(3) Innerhalb der Gesamteinstufung einer VS können deutlich feststellbare Teile, z. B. Teilpläne, Abschnitte, Kapitel oder Nummern, niedriger oder nicht eingestuft werden.

siehe Beispiel 5 (Anlage 2)

§ 9

(1) Die herausgebende Stelle hat den Geheimhaltungsgrad einer VS zu ändern oder aufzuheben, sobald die Gründe für die bisherige Einstufung weggefallen sind. Von der Änderung oder Aufhebung hat die herausgebende Stelle alle Empfänger der VS schriftlich zu benachrichtigen.

(2) Ist die Einstufung einer VS von einem bestimmten Zeitpunkt ab oder mit dem Eintritt eines bestimmten Ereignisses nicht mehr oder nicht mehr im ursprünglichen Umfange erforderlich, so ist dies auf der VS zu bestimmen.

siehe Beispiel 3, 3a (Anlage 2)

(3) Die VS-Einstufung ist nach 30 Jahren aufgehoben, sofern auf der VS keine kürzere (Abs. 2) oder längere Frist bestimmt ist. Die Frist beginnt am 1. 1. des auf die Einstufung folgenden Jahres. Für die Bestimmung einer längeren Frist als 30 Jahre gilt folgendes:

1. Die Frist kann um höchstens 30 Jahre verlängert werden. Von der Fristverlängerung ist nur der notwendige Gebrauch zu machen. Sie ist auf der VS oder einem Beiblatt schriftlich zu begründen.

2. Die Verlängerung der Frist kann für einzelne VS oder pauschal für die in einem bestimmten Bereich entstehenden VS verfügt werden. Sie bedarf der Zustimmung der zuständigen obersten Landesbehörde und bei pauschaler Verfügung für einen bestimmten Bereich des Einvernehmens mit dem Ministerium des Innern.

3. Auf der ersten Seite des Entwurfs der VS und auf allen Ausfertigungen ist ein Hinweis auf die verlängerte Frist anzugeben: "Die VS-Einstufung endet mit Ablauf des Jahres ...".

4. Ist die Notwendigkeit einer Fristverlängerung sowie deren Umfang zum Zeitpunkt der VS-Einstufung ausnahmsweise nicht hinreichend zu beurteilen, so ist die Wiedervorlage der VS vor Ablauf der 30 Jahre zu verfügen. Wird erst nach Herausgabe der VS eine längere Frist verfügt, sind alle Empfänger zu unterrichten und zu bitten, auf den vorliegenden Ausfertigungen der VS einen entsprechenden Hinweis gemäß Nr. 3 anzubringen.

Bei VS, die vor dem Inkrafttreten dieser VS-Anweisung entstanden sind, bestimmt sich die Aufhebung der VS-Einstufung nach Absatz 1 und dem Landesarchivgesetz vom 28. 6. 1995 (GVBl. LSA S. 190) – (§ 29).

(4) Absatz 3 gilt nicht für nichtdeutsche VS. Ihre VS-Einstufung kann nur im Einvernehmen mit der herausgebenden Stelle geändert oder aufgehoben werden.

VI. Herstellung, Kennzeichnung und Vervielfältigung von VS

§ 10

(1) Die Zahl der herzustellenden Ausfertigungen sowie die Empfänger von STRENG GEHEIM, GEHEIM oder VS-VERTRAULICH eingestuften VS werden im Entwurf festgelegt. Der Entwurf wird nicht mitgezählt. Zur Herstellung von Ausfertigungen benötigte Kopier- und Druckvorlagen u. ä. sind als Ausfertigung mitzuzählen. Bei STRENG-GEHEIM oder GEHEIM eingestuften VS ist jede Ausfertigung mit einer laufenden Nummer zu versehen, die auf den oberen Rand der ersten Seite der Ausfertigung zu setzen ist. Im Entwurf ist festzuhalten, welche Ausfertigung der einzelne Empfänger erhält.

siehe Beispiel 1 bis 3 (Anlage 2)

(2) Personen, die STRENG GEHEIM, GEHEIM oder VS-VERTRAULICH eingestufte VS herstellen, haben im Entwurf oder auf dem Auftragsformular durch ihr Namenszeichen zu bescheinigen, daß sie nur die festgelegten Ausfertigungen hergestellt haben. Auftragsformulare sind durch die ausführende Stelle der VS-Registratur zuzuleiten und von dieser zum Vorgang zu nehmen.

(3) Kopier- oder Druckarbeiten zur Herstellung von STRENG GEHEIM, GEHEIM oder VS-VER-TRAULICH eingestuften VS sind nur an den hierfür bestimmten Stellen (§ 53) zulässig. Die Arbeiten sind in Gegenwart einer weiteren entsprechend ermächtigten Person durchzuführen (Vieraugenprinzip). Die Zahl der hergestellten Ausfertigungen und evtl. angefallenes VS-Zwischenmaterial sind durch Unterschrift der Beteiligten auf dem Entwurf oder dem Auftragsformular zu bestätigen.

(4) Informationstechnische Systeme und Komponenten, die zur Verarbeitung oder Übertragung von STRENG GEHEIM, GEHEIM oder VS-VERTRAULICH eingestuften VS eingesetzt werden, müssen bestimmten Sicherheitsanforderungen entsprechen. Näheres bestimmen ergänzende Richtlinien (§ 64).

§ 11

(1) Der Geheimhaltungsgrad (§ 7) ist ungekürzt und gut sichtbar so auf der VS anzubringen, daß er sich deutlich von der übrigen Beschriftung abhebt. Im einzelnen gilt folgendes:

1. Bei STRENG GEHEIM oder GEHEIM eingestuften VS wird der Geheimhaltungsgrad mit dem Zusatz "amtlich geheimgehalten" in roter Farbe durch Stempel oder Druck am oberen und unteren Rand jeder beschriebenen Seite angebracht. Die beschriebenen Seiten sind zu numerieren; ihre Gesamtzahl ist auf der ersten Seite anzugeben. Die VS sind mit Geschäftszeichen und Datum zu versehen. Das Geschäftszeichen ist am Schluß durch die Abkürzung str.geh.

bzw. geh. zu ergänzen; bei STRENG GEHEIM eingestuften VS ist es auf jeder beschriebenen Seite anzubringen.

siehe Beispiele 1a, 2a (Anlage 2)

2. Bei VS-VERTRAULICH eingestuften VS wird der Geheimhaltungsgrad mit dem Zusatz "amtlich geheimgehalten" in schwarzer oder blauer Farbe durch Stempel, Druck oder Maschinenschrift am oberen Rand jeder beschriebenen Seite angebracht. Die beschriebenen Seiten sind zu numerieren. Die VS sind mit Geschäftszeichen und Datum zu versehen. Das Geschäftszeichen ist am Schluß durch die Abkürzung VS-Vertr. zu ergänzen.

siehe Beispiel 3a (Anlage 2)

3. Bei VS-NUR FÜR DEN DIENSTGEBRAUCH eingestuften VS wird der Geheimhaltungsgrad in schwarzer oder blauer Farbe durch Stempel, Druck oder Maschinenschrift am oberen Rand jeder beschriebenen Seite angebracht. Die VS sind mit Geschäftszeichen und Datum zu versehen. Das Geschäftszeichen ist am Schluß durch die Abkürzung VS-NfD zu ergänzen. Bei Büchern, Broschüren u. ä. genügt die Kennzeichnung auf dem Einband und dem Titelblatt.

siehe Beispiel 4 (Anlage 2)

(2) Als VS eingestufte Anlagen einer VS sind auf dem Anschreiben zu vermerken und entsprechend ihrer Einstufung (§ 8 Abs. 3) zu kennzeichnen. Auf der ersten Seite jeder Anlage ist anzugeben, zu welcher VS (herausgebende Stelle, Geschäftszeichen, Datum und gegebenenfalls Ausfertigungsnummer) sie gehört.

siehe Beispiel 2b (Anlage 2)

(3) Wird der Geheimhaltungsgrad einer VS geändert oder aufgehoben (§ 9), so haben die verantwortlichen VS-Bearbeiter oder VS-Verwalter der herausgebenden Stelle und des Empfängers die überholten Kennzeichnungen zu ändern oder zu streichen. Die Änderung oder Streichung ist auf der ersten Seite der VS mit Namenszeichen und Datum zu versehen. Bei Büchern oder Broschüren u. ä. genügt eine Änderung oder Streichung auf dem Einband und dem Titelblatt; dies gilt nicht für Höhereinstufungen. Die Änderung oder Aufhebung der Einstufung von STRENG GEHEIM, GEHEIM oder VS-VERTRAULICH eingestuften VS ist im VS-Bestandsverzeichnis (§ 24) zu vermerken.

(4) Für die Kennzeichnung nichtdeutscher VS gilt **Anlage 4**.

§ 12

(1) Die äußeren Vorder- und Rückseiten sowie gegebenenfalls die Rücken der Schriftgutbehälter (Lauf-, Klebe-, Sammelmappen, Ordner, Hefter), in denen STRENG GEHEIM, GEHEIM oder VS-VERTRAULICH eingestufte VS befördert oder verwahrt werden, sind wie folgt zu kennzeichnen:

1. Bei STRENG GEHEIM mit einem gelben und einem roten Diagonalstreifen (überkreuzt),

2. bei GEHEIM mit einem roten Diagonalstreifen,

3. bei VS-VERTRAULICH mit einem blauen Diagonalstreifen.

Von dieser äußeren Kennzeichnung sind VS-Transportbehälter (§ 36) ausgenommen.

(2) VS-Bestandsverzeichnisse (§ 24) sind in derselben Weise zu kennzeichnen.

§ 13

(1) Vervielfältigungen (Kopien, Abdrucke, Abschriften, Auszüge usw.) bedürfen bei STRENG GEHEIM eingestuften VS der Zustimmung der herausgebenden Stelle; die Zustimmung ist auf der VS zu vermerken. Bei GEHEIM oder VS-VERTRAULICH eingestuften VS entscheidet, soweit die herausgebende Stelle auf der VS nichts anderes verfügt hat, der Empfänger nach Prüfung der Notwendigkeit und unter Einhaltung des Grundsatzes "Kenntnis nur, wenn nötig".

(2) Anzahl und Empfänger der Vervielfältigungen von STRENG GEHEIM, GEHEIM oder VS-VER-TRAULICH eingestuften VS sind auf der zu vervielfältigenden VS oder auf einem Auftragsformular zu verfügen. Für die Herstellung gilt § 10 Abs. 2 und 3 sinngemäß. Die Vervielfältigungen sind unverzüglich zu registrieren und erhalten bei STRENG GEHEIM oder GEHEIM eingestuften VS eine fortlaufende Nummer.

siehe Beispiele 6, 6a, 6b (Anlage 2)

§ 14

(1) Zwischenmaterial (§ 5 Abs. 2), das nicht an Dritte weitergegeben und das unverzüglich vernichtet wird (§ 30, Abs. 4), braucht nicht als VS gekennzeichnet und nicht nachgewiesen zu werden.

(2) Zwischenmaterial von STRENG GEHEIM, GEHEIM oder VS-VERTRAULICH eingestuften VS, das nicht unverzüglich vernichtet wird, ist mit dem entsprechenden Geheimhaltungsgrad und dem Zusatz "VS-Zwischenmaterial" zu kennzeichnen. Die Kennzeichnung kann handschriftlich erfolgen. Bei Weitergabe an Dritte ist ein Nachweis (§ 24) erforderlich; dies gilt nicht bei Weitergabe an VS-Verwalter nach § 30 Abs. 4.

§ 14a

(1) VS, die mit einem vom Bundesamt für Sicherheit in der Informationstechnik für den betreffenden Geheimhaltungsgrad zugelassenen Kryptosystem kryptiert wurden, bedürfen keines weiteren Schutzes gegen unbefugte Kenntnisnahme.

(2) Die bei der

1. Kryptierung und Dekryptierung sowie

2. informationstechnischen Verarbeitung oder Übertragung unkryptierter VS

zu treffenden Sicherheitsvorkehrungen bestimmen ergänzende Richtlinien (§ 64).

VII. Zugang zu VS und allgemeine Dienstpflichten zu ihrem Schutze
a) Zugang zu VS und Tätigkeiten mit der Möglichkeit, sich Zugang zu VS zu verschaffen

§ 15

(1) Bevor eine Person Zugang zu STRENG GEHEIM, GEHEIM oder VS-VERTRAULICH eingestuften VS erhält, muß sie nach den Regelungen für die Sicherheitsüberprüfung überprüft und zum Zugang zu VS ermächtigt sein (§ 16). Zugang zu VS haben Personen, die VS

1. bearbeiten,

2. verwalten,

3. kontrollieren oder

4. sonst geschäftsmäßig behandeln und dabei Kenntnis von ihrem Inhalt erhalten.

(2) Bevor einer Person eine Tätigkeit übertragen wird, bei der sie sich Zugang zu STRENG GE-HEIM, GEHEIM oder VS-VERTRAULICH eingestuften VS verschaffen kann, muß sie nach den Regelungen für die Sicherheitsüberprüfung überprüft und für eine solche Tätigkeit zugelassen sein (§ 16). Zugang zu VS verschaffen können sich Personen, die

1. als Boten (§§ 36, 37) oder Kuriere (§ 42) VS befördern,

2. VS-Verwahrgelasse (§ 21) oder Sicherheitsbereiche (§ 52) bewachen,

3. in einem Sicherheitsbereich (§ 52) tätig sind,

4. VS-Verwahrgelasse oder VS-Schlüsselbehälter (§ 31) warten oder instandsetzen,

5. Alarmanlagen zum Schutze von VS (§ 21 Abs. 2) installieren, warten oder instandsetzen,

6. Schlüssel- oder Zahlenkombinationen zu VS-Verwahrgelassen, VS-Schlüsselbehältern oder Alarmanlagen zum Schutze von VS verwalten,

7. im Rahmen ihrer Tätigkeiten an informationstechnischen Systemen oder Komponenten, die für die Verarbeitung oder Übertragung von STRENG GEHEIM, GEHEIM oder VS-VERTRAULICH eingestuften VS eingesetzt sind, wesentliche Maßnahmen zum Geheimschutz unwirksam machen oder unbefugten Zugriff auf die VS erlangen können. Näheres regeln ergänzende Richtlinien (§ 64).

§ 16

(1) Ermächtigungen/Zulassungen (§ 15) sowie ihre Erweiterung, Einschränkung oder Aufhebung nimmt der Dienststellenleiter oder in seinem Auftrag der Geheimschutzbeauftragte vor. Ermächtigungen/Zulassungen sind auf das notwendige Maß zu beschränken. Sie erlöschen spätestens bei Ausscheiden aus der Dienststelle. Die VS-Registratur ist über Ermächtigungen/Zulassungen sowie deren Erweiterung, Einschränkung, Aufhebung oder Erlöschen im erforderlichen Umfange zu unterrichten.

(2) Die ermächtigten oder für eine Tätigkeit nach § 15 Abs. 2 zugelassenen Personen sind über die wesentlichen Geheimschutzbestimmungen und die Anbahnungs- und Werbemethoden fremder Nachrichtendienste sowie über die Möglichkeiten straf- und disziplinarrechtlicher Ahndung oder arbeitsrechtlicher Maßnahmen bei Verstößen (§ 59) zu unterrichten. Die Unterrichtung ist regelmäßig alle fünf Jahre zu wiederholen. Den ermächtigten Personen sind gegen Empfangsbestätigung die nach ihrer Tätigkeit erforderlichen Vorschriften zum Schutz von VS auszuhändigen.

(3) Bei Einschränkung, Aufhebung oder Erlöschen der Ermächtigung/Zulassung ist der Betroffene auf das Fortbestehen seiner Geheimschutzpflichten hinzuweisen.

(4) Die in den Absätzen 1 bis 3 genannten Maßnahmen sind aktenkundig zu machen (**Muster 1 bis 1 b**). Sie sind, soweit der Dienststellenleiter persönlich betroffen ist, von der vorgesetzten Behörde durchzuführen. Eine schriftliche Mitteilung an den Betroffenen ergeht nicht.

b) Allgemeine Dienstpflichten zum Schutze von VS

§ 17

(1) Erörterungen über VS in Gegenwart Unbefugter und in der Öffentlichkeit, insbesondere in Verkehrsmitteln, Gaststätten und Kantinen, sind zu unterlassen. Zum Führen von Telefongesprächen vgl. § 47.

(2) Niemand darf sich dadurch zur Preisgabe von VS an andere Personen verleiten lassen, daß diese sich über den Vorgang unterrichtet zeigen.

§ 18

(1) Personen, die zum Zugang zu VS ermächtigt sind oder eine Tätigkeit ausüben, bei der sie sich Zugang zu VS verschaffen können (§ 15), ist das Mitbringen von privaten Film- und Fotogeräten oder privater Informationstechnik an den Arbeitsplatz untersagt.

(2) Die Dienststelle kann Ausnahmen zulassen, wenn ein besonderes Interesse glaubhaft gemacht wird und keine zwingenden Sicherheitsgründe entgegenstehen.

§ 19

(1) Personen, deren Ermächtigung aufgehoben wird oder erlischt, sind verpflichtet, VS sowie persönliche Vermerke und Aufzeichnungen, die ihrer Art nach eine entsprechende Behandlung erfordern, unaufgefordert abzuliefern und darüber eine Erklärung zu unterschreiben (Muster 1b). Dies gilt entsprechend im Falle der Einschränkung der Ermächtigung (Muster 1).

(2) Die nach dem Ausscheiden aus dem Dienst bestehende Verpflichtung zur Wahrung aller Dienstgeheimnisse (§ 61 BG LSA, § 9 BAT-O, § 11 MTArb-O) erstreckt sich in besonderem Maße auf die aus VS gewonnenen Kenntnisse.

VIII. Aufbewahrung und Verwaltung sowie Archivierung und Vernichtung von VS
a) Aufbewahrung von VS

§ 20

STRENG GEHEIM, GEHEIM oder VS-VERTRAULICH eingestufte VS sind in der VS-Registratur (§ 24) aufzubewahren; Akten (Vorgänge), die STRENG GEHEIM eingestufte VS enthalten, sind von anderen Akten getrennt zu halten. Eine Aufbewahrung außerhalb der VS-Registratur ist nur unter den Voraussetzungen des § 21 und insoweit zulässig, als dies aus dienstlichen Gründen unerläßlich ist.

§ 21

(1) STRENG GEHEIM, GEHEIM oder VS-VERTRAULICH eingestufte VS sind in VS-Verwahrgelassen (§ 22) einzuschließen. Dies gilt für STRENG GEHEIM oder GEHEIM eingestufte VS bereits bei kürzerer Abwesenheit des Bearbeiters oder Verwalters. VS-VERTRAULICH eingestufte VS können bei kurzer Abwesenheit des Bearbeiters oder Verwalters während der Arbeitszeit im Dienstzimmer liegenbleiben, sofern die Zimmertür mit einem Sicherheitsschloß verschlossen wird.

(2) Außerhalb der Arbeitszeit sind diese VS-Verwahrgelasse zu bewachen oder durch eine Alarmanlage technisch zu überwachen. Bei GEHEIM oder VS-VERTRAULICH eingestuften VS kann eine Bewachung bzw. technische Überwachung des VS-Verwahrgelasses unterbleiben, wenn das Gebäude oder der Gebäudeteil, in dem sich das VS-Verwahrgelaß befindet, ständig bewacht oder technisch überwacht ist und die VS nur vorübergehend in dem VS-Verwahrgelaß aufbewahrt werden.

(3) Ist eine Aufbewahrung nach den Absätzen 1 und 2 nicht möglich, so sind die VS bei einer anderen Dienststelle unterzubringen, die über die erforderlichen Voraussetzungen verfügt. Außer bei STRENG GEHEIM eingestuften VS ist die Aufbewahrung in einem Bankschließfach zulässig, wenn sichergestellt ist, daß nur befugte Personen (§ 15 Abs. 1) der Dienststelle Zugang erhalten.

(4) Bei GEHEIM oder VS-VERTRAULICH eingestuften VS kann auf Antrag des Dienststellenleiters nach Beratung durch das Landesamt für Verfassungsschutz die zuständige oberste Landesbehörde zulassen, daß von der vorgeschriebenen Bewachung bzw. technischen Überwachung abgewichen wird, wenn die damit verbundenen Maßnahmen unangemessen wären. Bei GEHEIM eingestuften VS muß in diesem Falle jedoch mindestens sichergestellt sein, daß ein Angriff auf das VS-Verwahrgelaß unmittelbar erkennbar ist.

(5) VS-NUR FÜR DEN DIENSTGEBRAUCH eingestufte VS sind in verschlossenen Räumen oder Behältern (Schränke, Schreibtische u. ä.) aufzubewahren. Innerhalb von Sicherheitsbereichen (§ 52) kann hiervon abgesehen werden.

§ 22

(1) VS-Verwahrgelasse sind Stahlschränke, Aktensicherungsräume u.ä., die besonderen Sicherheitsanforderungen entsprechen. Näheres über VS-Verwahrgelasse, ihre Bewachung oder technische Überwachung bestimmen ergänzende Richtlinien (§ 64).

(2) Ein VS-Verwahrgelaß kann von mehreren Personen benutzt werden. Soweit es der Grundsatz "Kenntnis nur, wenn nötig" erfordert, sind VS-Verwahrgelasse zu unterteilen, z. B. Stahlschränke mit verschließbaren Innenfächern auszustatten.

§ 23

Ein VS-Verwahrgelaß, dessen Benutzer nicht rechtzeitig erreicht werden kann, hat der Geheimschutzbeauftragte oder ein von ihm Beauftragter in Gegenwart eines Zeugen zu öffnen. Die Entnahme von VS ist aktenkundig zu machen.

b) Verwaltung von VS

§ 24

(1) STRENG GEHEIM, GEHEIM oder VS-VERTRAULICH eingestufte VS sind in VS-Registraturen zu verwalten und durch VS-Bestandsverzeichnisse (z. B. Tagebücher), VS-Quittungsbücher, VS-Begleitzettel, VS-Empfangsscheine, VS-Übergabeverhandlungen und VS-Vernichtungsverhandlungen nachzuweisen. Näheres regelt Anlage 5.

(2) VS-NUR FÜR DEN DIENSTGEBRAUCH eingestufte und offene Akten (Vorgänge) sollten, soweit sie nicht Bestandteil höher eingestufter VS sind, von diesen getrennt verwaltet und aufbewahrt werden.

(3) STRENG GEHEIM, GEHEIM oder VS-VERTRAULICH eingestufte VS dürfen Dritten nur mit Zustimmung der zuständigen Organisationseinheit (z. B. Referat, Abteilung) zugänglich gemacht werden.

(4) In Räumen, in denen STRENG GEHEIM, GEHEIM oder VS-VERTRAULICH eingestufte VS verwaltet werden, dürfen nur Personen tätig sein, die entsprechend ermächtigt sind.

§ 25

VS-Bestandsverzeichnisse, VS-Quittungsbücher, VS-Empfangsscheine, VS-Übergabeverhandlungen und VS-Vernichtungsverhandlungen sind zehn Jahre aufzubewahren. Für VS-Bestandsverzeichnisse beginnt die Frist mit Herabstufung auf den Geheimhaltungsgrad VS-NUR FÜR DEN DIENSTGEBRAUCH, Aufhebung der VS-Einstufung, Abgabe oder Vernichtung aller in ihnen nachgewiesenen VS. Für VS-Quittungsbücher, VS-Empfangsscheine, VS-Übergabeverhandlungen und VS-Vernichtungs- verhandlungen beginnt die Frist mit der Ausstellung bzw. der letzten Eintragung.

§ 26

(1) Eingehende Sendungen mit STRENG GEHEIM, GEHEIM oder VS-VERTRAULICH eingestuften VS sind der VS-Registratur umgehend zuzuleiten und dort, soweit Absatz 2 nichts anderes bestimmt, zu öffnen. Jede Sendung ist zu prüfen, ob sie unbeschädigt und der Inhalt vollständig ist. Zeigen sich Spuren unbefugten Öffnens oder ist der Inhalt unvollständig, so ist der Geheimschutzbeauftragte unverzüglich zu benachrichtigen.

(2) Sendungen mit STRENG GEHEIM, GEHEIM oder VS-VERTRAULICH eingestuften VS, die auf dem inneren Umschlag den Vermerk "Persönlich" (§ 41 Abs. 4) oder "Nicht durch die Registratur zu öffnen" tragen, sind dem Empfänger oder gegebenenfalls dem Vertreter im Amt ungeöffnet mit einem VS-Begleitzettel (**Muster 2**) zuzuleiten. Der Empfänger kann eine solche VS von der Weitergabe in den Geschäftsgang ausschließen, wenn es der Grundsatz: "Kenntnis nur, wenn nötig" erfordert. In diesem Falle werden der zuständigen VS-Registratur nur der ausgefüllte VS-Begleitzettel und der unterschriebene VS-Empfangsschein zugeleitet.

(3) Auf den VS-Empfangsscheinen eingehender Sendungen (§ 44) vermerkt der VS-Verwalter das Datum des Empfangstages. Er sendet die Empfangsscheine mit Unterschrift und Dienststempelabdruck versehen unverzüglich an den Absender zurück. Bei ausgehenden Sendungen überwacht der VS-Verwalter den Rücklauf der VS-Empfangsscheine.

§ 27

(1) Die Verwalter von STRENG GEHEIM, GEHEIM oder VS-VERTRAULICH eingestuften VS (VS-Verwalter) haben in besonderem Maße auf die Einhaltung der VS-Vorschriften zu achten und

bei Verstößen oder Verdachtsmomenten (§ 56) den Geheimschutzbeauftragten zu unterrichten.

(2) Die VS-Verwalter prüfen täglich, ob alle ausgegebenen VS zurückgelangt sind. Soweit eine tägliche Rückgabe nicht erfolgt (§ 20 Satz 2), fordern sie mindestens halbjährlich alle VS an, die länger als drei Monate ausstehen, oder überzeugen sich auf andere Weise, daß die ausgegebenen VS vorhanden sind. Wird nach zweimaliger Aufforderung der Verbleib der VS nicht nachgewiesen, so unterrichten sie den Geheimschutzbeauftragten. § 26 Abs. 2 bleibt unberührt.

§ 28

(1) Wechselt ein VS-Verwalter sein Arbeitsgebiet, so hat der Nachfolger die Vollzähligkeit der Schlüssel zu den VS-Verwahrgelassen und Alarmanlagen sowie der Registraturhilfsmittel (§ 24 Abs. 1) zu prüfen und sich stichprobenartig davon zu überzeugen, daß die VS richtig nachgewiesen und vorhanden sind. Es ist eine VS-Übergabeverhandlung (**Muster 3**) zu fertigen.

(2) Bei vorübergehender Vertretung eines VS-Verwalters (z. B. bei Urlaub oder Krankheit) ist nach Absatz 1 Satz 1 zu verfahren. Es reicht aus, die Übergabe aktenkundig zu machen.

(3) Kann der VS-Verwalter die Übergabe nicht vornehmen, so hat der Geheimschutzbeauftragte oder ein von ihm Beauftragter Schlüssel und Zahlenkombinationen zu den VS-Verwahrgelassen und Alarmanlagen zu beschaffen und dem Vertreter oder Nachfolger zusammen mit den Registraturhilfsmitteln zu übergeben. Dabei ist deren Vollzähligkeit in Gegenwart eines Zeugen zu prüfen; dasselbe gilt für die stichprobenartige Prüfung, ob die VS vorhanden sind.

c) Archivierung und Vernichtung von VS

§ 29

Nicht mehr benötigte VS sind auszusondern und gemäß § 9 Landesarchivgesetz (ArchG LSA) vom 28. 6. 1995 (GVBl. LSA S. 190) dem zuständigen Landesarchiv zur Übernahme anzubieten. VS, die das zuständige Landesarchiv nicht übernimmt, sind zu vernichten.

§ 30

(1) VS sind so zu vernichten, daß der Inhalt weder erkennbar ist noch erkennbar gemacht werden kann.

(2) STRENG GEHEIM, GEHEIM oder VS-VERTRAULICH eingestufte VS dürfen nur auf Weisung eines zeichnungsbefugten VS-Bearbeiters vernichtet werden. Der zuständige VS-Verwalter prüft diese VS auf Vollständigkeit und vernichtet sie in Gegenwart eines entsprechend ermächtigten Zeugen.

(3) Im Bestandsverzeichnis ist zu vermerken, an welchem Tag welche VS oder welche Teile davon vernichtet wurden (bei STRENG GEHEIM und GEHEIM mit Angabe der Ausfertigungsnummer und Seitenzahl) und wer die Weisung zur Vernichtung erteilt hat. Der Vermerk ist vom VS-Verwalter und vom Zeugen (Abs. 2) zu unterschreiben. Wird über die Vernichtung der VS eine VS-Vernichtungsverhandlung (**Muster 4**) gefertigt, so genügt es, wenn diese vom VS-

Verwalter und Zeugen unterschrieben und unter Angabe der laufenden Nummer der Vernichtungsverhandlung im VS-Bestandsverzeichnis auf diese verwiesen wird.

(4) Zwischenmaterial von STRENG GEHEIM eingestuften VS, das nicht nachgewiesen ist (§ 14), ist durch den zuständigen VS-Verwalter unter Aufsicht des Verfassers (bei Abschriften des Auftraggebers, bei Ablichtungen/Abdrucken der überwachenden Person) zu vernichten. Zwischenmaterial von GEHEIM oder VS-VERTRAULICH eingestuften VS ist, soweit vom Dienststellenleiter nichts anderes bestimmt ist, dem zuständigen VS-Verwalter zur Vernichtung zu übergeben; einer Aufsicht bedarf es nicht.

IX. Sicherung der Schlüssel und Zahlenkombinationen von VS-Verwahrgelassen und Alarmanlagen

§ 31

(1) Schlüssel zu VS-Verwahrgelassen und zum Ein- und Ausschalten von Alarmanlagen sind während des Dienstes in persönlichem Gewahrsam zu halten. Vor Verlassen des Dienstgebäudes (§ 35) sind sie grundsätzlich in einem VS-Verwahrgelaß oder VS-Schlüsselbehälter zu verschließen.

(2) VS-Schlüsselbehälter sind möglichst unter Bewachung zu stellen. Näheres über VS-Schlüsselbehälter bestimmen ergänzende Richtlinien (§ 64). Wird ein VS-Schlüsselbehälter von mehreren Personen benutzt, so muß er mit Schließfächern ausgerüstet sein, in denen die Benutzer ihre Schlüssel getrennt unterbringen. Dies gilt nicht bei gemeinsamer Benutzung von VS-Verwahrgelassen (§ 22 Abs. 2) oder Alarmanlagen. Die Schlüssel zu den Schließfächern verbleiben im persönlichen Gewahrsam der Schließfachbenutzer.

§ 32

(1) Die Zahlenkombination eines VS-Verwahrgelasses oder VS-Schlüsselbehälters oder zum Ein- und Ausschalten einer Alarmanlage darf nur dem Benutzer bekannt sein. Sie darf nicht aus leicht zu ermittelnden Zahlen oder Zusammenstellungen, z. B. persönlichen Daten, Fernsprechnummern oder arithmetischen Reihen, bestehen.

(2) Die Zahlenkombinationen von VS-Verwahrgelassen, VS-Schlüsselbehältern oder zum Ein- und Ausschalten von Alarmanlagen sind zu ändern
1. nach Beschaffung,
2. bei Wechsel des Benutzers,
3. nach Öffnung in Abwesenheit des Benutzers,
4. wenn der Verdacht besteht, daß die Zahlenkombination Unbefugten bekanntgeworden ist,
5. regelmäßig alle zwölf Monate.
Außer dem Benutzer kann mit Zustimmung des Geheimschutzbeauftragten auch der zuständige VS-Verwalter in Anwesenheit des Benutzers die Änderungen vornehmen.

(3) Die schriftliche Aufzeichnung der Zahlenkombination ist dem mit ihrer Verwaltung Beauftragten (§ 33 Abs. 2) in einem versiegelten Umschlag zu übergeben und mindestens wie eine

VS-VERTRAULICH eingestufte VS aufzubewahren. Weitere Aufzeichnungen der Zahlenkombination sind unzulässig.

§ 33

(1) Ein Verzeichnis der VS-Verwahrgelasse, Alarmanlagen und VS-Schlüsselbehälter (Standorte, Nummern usw.) und ihrer Benutzer ist beim Geheimschutzbeauftragten aufzubewahren.

(2) Reserveschlüssel der in § 31 Abs. 1 Satz 1 genannten Schlüssel und die Aufzeichnungen der Zahlenkombinationen sind in getrennten VS-Verwahrgelassen (Reserveschlüssel auch in VS-Schlüsselbehältern) in beschrifteten und versiegelten Umschlägen aufzubewahren. Sie sind durch verschiedene Personen zu verwalten, wenn der Verwalter nicht ohnehin Zugang zu den gesicherten VS hat (z. B. VS-Verwalter oder Vertreter). Die Zahlenkombinationen der VS-Schlüsselbehälter sind getrennt von den Zahlenkombinationen der VS-Verwahrgelasse aufzubewahren und zu verwalten.

(3) Ist die vorgeschriebene Aufbewahrung der Schlüssel und Zahlenkombinationen in einem eigenen Dienstgebäude nicht möglich, sind die Umschläge entsprechend Absatz 2 und § 21 Abs. 3 Satz 1 und 2 bei einer anderen Dienststelle zu hinterlegen oder in Bankschließfächern aufzubewahren.

X. Weitergabe von VS

§ 34

(1) Jeder hat sich vor der Weitergabe von VS oder ihrem Inhalt zu vergewissern, daß der vorgesehene Empfänger zur Annahme bzw. Kenntnisnahme berechtigt ist. Arten der Weitergabe sind:

1. Weitergabe von Hand zu Hand,
2. Beförderung durch Boten,
3. Versendung durch Kurier,
4. Versendung durch die Deutsche Post AG oder andere private Zustelldienste,
5. mündliche Mitteilung,
6. Übertragung über Telekommunikations- oder andere technische Kommunikationsverbindungen.

(2) Die dabei einzuhaltenden Sicherheitsmaßnahmen richten sich nach dem Geheimhaltungsgrad der VS, der Art ihrer Weitergabe und dem Bestimmungsort. Dabei ist unerheblich, ob Absender und Empfänger einer VS derselben Dienststelle oder verschiedenen Dienststellen angehören.

(3) Für die Weitergabe an Parlamente (§ 48) sowie an außerbehördliche Stellen (§ 49) gelten besondere Bestimmungen.

a) Weitergabe von VS innerhalb desselben Gebäudes
oder einer geschlossenen Gebäudegruppe

§ 35

(1) Innerhalb desselben Gebäudes oder einer geschlossenen Gebäudegruppe sind STRENG GEHEIM, GEHEIM oder VS-VERTRAULICH eingestufte VS von Hand zu Hand weiterzugeben oder durch Boten (§§ 36 und 37) zu befördern; sie sind in einem VS-Quittungsbuch (**Muster 5**) nachzuweisen. Von einer Quittungspflicht ausgenommen sind VS-VERTRAULICH eingestufte VS, die innerhalb von Referaten oder vergleichbaren Organisationseinheiten weitergegeben oder die täglich an die VS-Registratur zurückgegeben werden.

(2) Bei GEHEIM eingestuften VS kann der Dienststellenleiter ausnahmsweise zulassen, daß innerhalb bestimmter Referate oder vergleichbarer Organisationseinheiten eine Quittung entfällt, wenn besondere Umstände (außergewöhnlich große Anzahl dieser VS und unvertretbare Zeitverzögerungen) vorliegen und der aktuelle Verbleib der VS jederzeit feststellbar ist. VS-VERTRAULICH eingestufte VS können bei besonders großer Anzahl dieser VS mit Zustimmung des Dienststellenleiters auch an andere Organisationseinheiten ohne Quittung weitergegeben werden; bei Weitergabe soll die VS-Registratur beteiligt werden. Der Verbleib solcher VS ist verstärkt zu kontrollieren (§ 55).

(3) VS-NUR FÜR DEN DIENSTGEBRAUCH eingestufte VS werden ohne Quittung weitergegeben und wie nicht eingestuftes Schriftgut befördert.

§ 36

(1) STRENG GEHEIM oder GEHEIM eingestufte VS sind bei Beförderung durch Boten in Klebemappen oder Umschlägen zu verschließen. Der Klebestreifen oder Umschlag muß neben der Unterschrift des Absenders die Aufschrift tragen:
"STRENG GEHEIM/GEHEIM – diese Mappe (dieser Umschlag) darf nur von .... oder dem STRENG GEHEIM/GEHEIM ermächtigten Vertreter geöffnet werden!"
Die Klebemappen oder Umschläge sind in verschlossenen VS-Transportbehältern mit Zählwerkschloß zu befördern; die Mappen/Umschläge dürfen jeweils nur VS für einen Empfänger enthalten. Stehen in Ausnahmefällen VS-Transportbehälter mit Zählwerkschloß nicht zur Verfügung, so ist als Hülle ein zweiter Umschlag zu verwenden, auf dem die Anschrift des Empfängers und das Geschäftszeichen ohne den Geheimhaltungsgrad angegeben werden.

(2) Der Absender hat die erforderlichen Eintragungen im VS-Quittungsbuch (Muster 5) vorzunehmen. Das VS-Quittungsbuch ist dem Boten mitzugeben. Der Absender hat auf baldige Rückgabe zu achten und die Eintragungen hinsichtlich der Vollständigkeit, der für die Beförderung benötigten Zeit und der Übereinstimmung der Zählwerknummern zu überprüfen.

(3) Der Bote hat die VS unverzüglich zu befördern und bis zu ihrer Ablieferung im persönlichen Gewahrsam zu halten. Kann eine STRENG GEHEIM oder GEHEIM eingestufte VS nicht sofort zugestellt werden, so ist sie dem Absender oder der zuständigen VS-Registratur zur einstweiligen Verwahrung zurückzugeben.

(4) Der Empfänger hat die Unversehrtheit und den Verschluß des VS-Transportbehälters bzw. Umschlages zu prüfen und ihn persönlich zu öffnen. Er überprüft anhand der Eintragungen im VS-Quittungsbuch die für die Beförderung benötigte Zeit sowie bei VS-Transportbehältern den Zählwerkstand. Er trägt das Datum, die Uhrzeit und bei VS-Transportbehältern den Zählwerkstand in das VS-Quittungsbuch ein und quittiert die VS.

§ 37

(1) VS-VERTRAULICH eingestufte VS sind bei Beförderung durch Boten in Klebemappen oder Umschlägen zu verschließen. Der Klebestreifen oder Umschlag muß neben der Unterschrift des Absenders die Aufschrift tragen:
"VS-VERTRAULICH – diese Mappe (dieser Umschlag) darf nur von .... oder dem VS-VERTRAULICH ermächtigten Vertreter geöffnet werden!"
Der Verwendung von VS-Transportbehältern bedarf es nicht.
(2) Unterbleibt eine Quittung bei der Weitergabe (§ 35), so ist der Klebestreifen durch das Datum und die Uhrzeit beim Absenden zu ergänzen. Im übrigen gilt § 36 Abs. 2 bis 4 sinngemäß.

§ 38

(1) VS-Transportbehälter sind so aufzubewahren, daß sie Unbefugten nicht zugänglich sind.
(2) Der VS-Verwalter hat darauf zu achten, daß die VS-Transportbehälter nach Gebrauch unverzüglich an die VS-Registratur zurückgegeben werden.

§ 39

(1) Vorzimmerberechtigte nehmen STRENG GEHEIM und GEHEIM oder VS-VETRAULICH eingestufte VS persönlich entgegen und geben sie auch persönlich weiter, so daß die Vorzimmerkräfte keine Kenntnis vom Inhalt nehmen können (vgl. § 1 Abs. 2). Die Vorzimmerberechtigten können die VS jedoch durch die für die Bearbeitung zuständigen Mitarbeiter oder den zuständigen VS-Verwalter persönlich vorlegen und abholen lassen.
(2) Für VS-VERTRAULICH eingestufte VS kann der Dienststellenleiter auf schriftlichen Antrag des Vorzimmerberechtigten Ausnahmen zulassen, wenn die damit verbundene Belastung für den Vorzimmerberechtigten unvertretbar groß ist. Die Ausnahmegenehmigung ist schriftlich zu erteilen. Eine Vorzimmerkraft darf VS-VERTRAULICH eingestufte VS für einen Vorzimmerberechtigten nur bei dessen Anwesenheit oder kurzfristiger Abwesenheit annehmen. Sie hat diese VS, die sie für den Vorzimmerberechtigten annimmt oder von ihm zur Weitergabe erhält, unverzüglich weiterzuleiten. Sie weist den Ein- und Ausgang dieser VS in einem VS-Quittungsbuch nach; ein Nachweis durch den Vorzimmerberechtigten kann entfallen. § 35 Abs. 1 Satz 2 und Abs. 2 bleiben unberührt. Der Vorzimmerberechtigte prüft durch Stichproben die unverzügliche Weitergabe dieser VS.

(3) Der Vorzimmerberechtigte hat die VS unter Verschluß zu halten (§ 21) und darf Vorzimmerkräften Zugang zum Inhalt seines VS-Verwahrgelasses nicht gewähren. Schlüssel oder Zahlenkombination hierzu dürfen den Vorzimmerkräften nicht zugänglich sein.

b) Weitergabe von VS zwischen getrennt liegenden Gebäuden

§ 40

(1) Bei Weitergabe von VS zwischen getrennt liegenden Gebäuden, die nicht zu einer geschlossenen Gebäudegruppe gehören, sind die Vorschriften unter Abschnitt c) anzuwenden.

(2) Innerhalb desselben Ortes können zwischen Gebäuden einer Dienststelle GEHEIM oder VS-VERTRAULICH eingestufte VS von Hand zu Hand weitergegeben oder durch Boten (§§ 36 und 37) befördert werden; § 43 gilt sinngemäß. VS-NUR FÜR DEN DIENSTGEBRAUCH eingestufte VS können wie nicht eingestuftes Schriftgut weitergegeben werden.

c) Weitergabe von VS innerhalb des Bundesgebietes

§ 41

(1) STRENG GEHEIM, GEHEIM oder VS-VERTRAULICH eingestufte VS sind in doppeltem Umschlag zu versenden. Der Umschlag darf außer bei VS-VERTRAULICH nicht mehr als einen Vorgang enthalten.

(2) Die inneren Umschläge müssen so beschaffen sein, daß sie nach Feststellung des Bundesamtes für Sicherheit in der Informationstechnik einen Zugriff auf den Inhalt erkennen lassen.

(3) Der innere Umschlag ist mit folgenden Angaben zu versehen:

1. Empfänger und Absender,

2. Bezeichnung des Empfangsberechtigten mit dem Zusatz "oder Vertreter im Amt (o. V. i. A.)",

3. Geheimhaltungsgrad und

4. Geschäftszeichen.

(4) Sendungen, deren Inhalt aus besonderem Grunde nur für den auf dem Umschlag bezeichneten Empfänger bestimmt ist, sind auf dem inneren Umschlag mit dem Zusatz "persönlich" zu versehen; wegen der Behandlung solcher Sendungen vgl. § 26 Abs. 2.

(5) Der äußere Umschlag darf nur die für die Zustellung erforderlichen Angaben enthalten. Er darf keine Zusätze, die Rückschluß auf den Inhalt zulassen oder auf eine Sonderbehandlung der Sendung hindeuten, aufweisen.

(6) Kuriersendungen sind abweichend von Absatz 5 mit dem Geschäftszeichen (ohne Zusatz des Geheimhaltungsgrades) oder einer Ausgangsnummer zu versehen. Sie sind vom Kurier und vom Empfänger zu quittieren **(Muster 6)**.

(7) Für die Versendung von Paketen gelten die vorstehenden Bestimmungen sinngemäß.

§ 42

(1) STRENG GEHEIM eingestufte VS sind durch Kurier zu versenden.

(2) GEHEIM oder VS-VERTRAULICH eingestufte VS sind durch Kurier oder durch private Zustelldienste zu befördern. Bei Nutzung eines privaten Zustelldienstes müssen folgende Voraussetzungen erfüllt sein:

1. Beim Absender:

a) Eindeutige Adressierung und zuverlässige Verpackung gemäß § 41,

b) Absendung zum letztmöglichen Zeitpunkt für eine Zustellung bis zum Mittag des folgenden Arbeitstages.

2. Beim privaten Zustelldienst:

a) Transport der Sendung mit Zustellungsgarantie bis zum Mittag des folgenden Arbeitstages,

b) Nachweis der Annahme und Auslieferung der Sendung ("Frachtbeleg"),

c) lückenlose DV-gestützte Verfolgung der Sendungen von der Annahme bis zur Auslieferung. Bei Bedarf erteilt das Landesamt für Verfassungsschutz Auskunft, welche privaten Zustelldienste die Voraussetzungen nach Satz 1 erfüllen.

(3) VS-NUR FÜR DEN DIENSTGEBRAUCH eingestufte VS können als gewöhnliche Sendung befördert werden.

siehe **Anlage 2 a**

§ 43

(1) Kuriere, die STRENG GEHEIM oder GEHEIM eingestufte VS befördern, haben einen Dienstwagen mit Fahrer zu benutzen. Ist dies nicht möglich, so ist bei STRENG GEHEIM eingestuften VS ein zweiter Kurier einzusetzen. Die Benutzung öffentlicher Nah-Verkehrsmittel (außer Taxi) ist möglichst, bei STRENG GEHEIM eingestuften VS ausnahmslos, zu vermeiden.

(2) Für die Versendung durch Kurier ist ein neutraler, verschlossener VS-Transportbehälter mit Zählwerkschloß, an dem ein verdecktes Schild mit Anschrift der Dienststelle angebracht ist, zu benutzen.

(3) Der Kurier hat die VS ständig in persönlichem Gewahrsam zu halten. VS dürfen nicht in Fahrzeugen zurückgelassen werden.

(4) Können mitgeführte VS nicht ständig in persönlichem Gewahrsam gehalten werden, sind sie nach § 21 aufzubewahren. Ist dies nicht möglich, sind sie verschlossen einer Polizeidienststelle zur sicheren Aufbewahrung zu übergeben. Die Aufbewahrung in Hotelsafes oder Gepäckschließfächern ist unzulässig.

§ 44

Bei Versendung von STRENG GEHEIM, GEHEIM oder VS-VERTRAULICH eingestuften VS ist im inneren Umschlag ein ausgefüllter VS-Empfangsschein (**Muster 7**) beizufügen, der vom Empfänger zurückzusenden ist (§ 26 Abs. 3). Geht der VS-Empfangsschein innerhalb einer angemessenen Frist (in der Regel nach einer Woche) nicht ein, so hat der Absender den Schein anzumahnen.

d) Weitergabe von VS an Empfänger im Ausland

§ 45

(1) STRENG GEHEIM, GEHEIM oder VS-VERTRAULICH eingestufte VS an Empfänger im Ausland sind durch den Kurierdienst des Auswärtigen Amtes zur ständigen Auslandsvertretung der Bundesrepublik Deutschland zu versenden; ist diese nicht selbst Empfänger, so ist sie um sichere Weiterleitung an den Empfänger zu ersuchen. Das nähere Verfahren regelt **Anlage 6**.

(2) VS-NUR FÜR DEN DIENSTGEBRAUCH eingestufte VS von und zu deutschen Auslandsvertretungen sind ebenfalls durch den Kurierdienst des Auswärtigen Amtes zu versenden. Sendungen an andere Empfänger im Ausland können mit der Deutschen Post AG oder einem anderen privaten Zustelldienst versandt werden; § 42 Abs. 4 gilt entsprechend.

e) Erörterung von VS in Konferenzen, Sitzungen, Besprechungen usw.

§ 46

(1) Sollen STRENG GEHEIM, GEHEIM oder VS-VERTRAULICH eingestufte VS in Konferenzen, Sitzungen, Besprechungen usw. erörtert werden, so ist darauf bei der Einladung unter Angabe des Geheimhaltungsgrades hinzuweisen.

(2) Die entsendenden Dienststellen gewährleisten, daß nur ausreichend ermächtigte Teilnehmer entsandt werden und stellen bei STRENG GEHEIM oder GEHEIM eingestuften VS, soweit die einladende Stelle dies aus besonderen Gründen für erforderlich hält, eine Konferenzbescheinigung (**Muster 8**) aus.

(3) Vor Beginn der Konferenz, Sitzung, Besprechung usw. hat der Leiter/Besprechungspartner auf die Geheimhaltungsbedürftigkeit der Erörterungen hinzuweisen und sich durch Befragen zu vergewissern, daß alle Teilnehmer ausreichend ermächtigt sind. Aufzeichnungen bedürfen seiner Genehmigung und sind gegebenenfalls als VS zu behandeln.

(4) Bei Erörterung von STRENG GEHEIM oder GEHEIM eingestuften VS sollen, soweit vorhanden, abhörsichere oder abhörgeschützte Räume benutzt werden. Vor Konferenzen auf hoher Ebene oder von besonderer Bedeutung ist bezüglich der notwendigen Abhörschutzmaßnahmen gegebenenfalls das Landesamt für Verfassungsschutz rechtzeitig beratend hinzuzuziehen.

f) Übertragung von VS über Telekommunikations-
oder andere technische Kommunikationsverbindungen

§ 47

(1) VS sind bei der Übertragung über Telekommunikations- oder andere technische Kommunikationsverbindungen mit einem vom Bundesamt für Sicherheit in der Informationstechnik für den betreffenden Geheimhaltungsgrad zugelassenen Kryptosystem zu kryptieren oder durch andere zugelassene Maßnahmen zu sichern. Näheres bestimmen ergänzende Richtlinien (§ 64).

(2) Abweichend von Absatz 1 Satz 1 ist in folgenden Fällen eine unkryptierte Übertragung zulässig:

1. Bei Telefongesprächen mit

a) VS-NUR FÜR DEN DIENSTGEBRAUCH eingestuftem Inhalt oder

b) VS-VERTRAULICH eingestuftem Inhalt, wenn die Erledigung der Angelegenheit dringlich ist und die schriftliche oder sonstige sichere Übermittlung einen unvertretbaren Zeitverlust bedeuten würde.

Die Gespräche sind möglichst so zu führen, daß der Sachverhalt Dritten nicht verständlich wird. Ist der Gesprächspartner nicht mit Sicherheit zu identifizieren, ist ein Kontrollanruf erforderlich. Besondere Vorsicht ist bei Funk-Fernsprechanschlüssen geboten.

2. Bei Dateien, Fernkopien, Fernschreiben usw. des Geheimhaltungsgrades VS-NUR FÜR DEN DIENSTGEBRAUCH, wenn zwischen Absender und Empfänger für die erforderliche Übertragungsart keine Kryptiermöglichkeit besteht. Die absendende Stelle hat sich zu vergewissern, daß sie mit dem gewünschten Empfänger verbunden ist.

3. In außergewöhnlichen Fällen mit Einwilligung des Dienststellenleiters, bei Behörden nach § 3 Abs. 1 Satz 1 des Geheimschutzbeauftragten, auch über die vorstehenden Ausnahmen hinaus bei der Übertragung von VS-VERTRAULICH oder GEHEIM eingestuften VS (sofern sie keine besonderen VS-Behandlungskennzeichen wie z. B. Krypto aufweisen), wenn

a) zwischen Absender und Empfänger keine Kryptiermöglichkeit besteht und

b) eine rechtzeitige Beförderung der VS auf anderem Wege nicht möglich ist und eine Verzögerung zu einem Schaden führen würde, der den mit der Preisgabe der VS verbundenen Schaden deutlich überwiegen würde.

Die Nachrichten sind möglichst so abzufassen, daß sie keinen unmittelbaren Rückschluß auf ihren VS-Charakter zulassen. Sie dürfen keine Kennzeichnungen oder Hinweise aufweisen, die sie von einer offenen Nachricht unterscheiden. Die Nachrichtenempfänger sind auf anderem Wege (z. B. über andere Telekommunikationsverbindungen, durch Post oder Kurier) unverzüglich über die VS-Einstufung der Nachricht zu unterrichten, außer dies ist im Einzelfall nicht möglich oder nicht zweckmäßig.

(3) Bei der Übertragung von VS über Telekommunikations- oder andere technische Kommunikationsverbindungen bedarf es eines VS-Empfangsscheines (§ 44) nicht.

g) Weitergabe von VS an Parlamente

§ 48

VS, die dem Landtag von Sachsen-Anhalt, dem Parlament eines anderen Bundeslandes oder dem Deutschen Bundestag zugänglich gemacht werden sollen, sind von den obersten Landesbehörden grundsätzlich der VS-Registratur der Verwaltung des Landtages von Sachsen-Anhalt, des jeweiligen Landesparlamentes oder des Deutschen Bundestages zur Registrierung zu übergeben.

h) Weitergabe von VS an Privatpersonen oder Unternehmen

§ 49

(1) Bevor VS an Privatpersonen oder Unternehmen weitergegeben werden, ist erneut zu prüfen, ob die VS-Einstufung in allen Teilen erforderlich ist. Soweit möglich und zweckmäßig, ist eine differenzierte VS-Einstufung vorzunehmen.

(2) Privatpersonen dürfen Kenntnis von VS nur erhalten, wenn dies im staatlichen Interesse (z. B. zur Durchführung eines staatlichen Auftrags) erforderlich ist. Sie sind, wenn es sich um STRENG GEHEIM, GEHEIM oder VS-VERTRAULICH eingestufte VS handelt, zuvor nach den Regelungen für die Sicherheitsüberprüfung zu überprüfen, über die in Betracht kommenden Vorschriften der VS-Anweisung und der sie ergänzenden Richtlinien zu unterrichten sowie unter Hinweis auf die Strafbarkeit der Geheimnisverletzung förmlich zur Geheimhaltung zu verpflichten (**Muster 9**) und zu ermächtigen (§§ 15, 16). Bei Bedarf können an die Stelle vorstehender Bestimmungen besondere Sicherheitsvorschriften treten. VS dürfen Privatpersonen erst dann übergeben werden, wenn Maßnahmen für den Schutz der VS unter sinngemäßer Beachtung der VS-Anweisung getroffen worden sind (Beispiel: Vorübergehende Überlassung eines VS-Verwahrgelasses).

(3) Für die Weitergabe von VS an Unternehmen gilt folgendes:

1. Den Geheimschutz im Bereich der Wirtschaft regelt die zuständige oberste Landesbehörde3.

2. Bei ihr sind vor Weitergabe STRENG GEHEIM, GEHEIM oder VS-VERTRAULICH eingestufter VS Sicherheitsbescheide über die beteiligten Unternehmen anzufordern.

3. In begründeten Ausnahmefällen kann bei ihr vor Auftragsvergabe zusätzlich eine abschließende Beurteilung angefordert werden, in der ausdrücklich bestätigt wird, daß die beteiligten Unternehmen die für den bestimmten Auftrag erforderlichen Voraussetzungen erfüllen.

(4) Bei VS-NUR FÜR DEN DIENSTGEBRAUCH eingestuften VS genügt es, das VS-NfD-Merkblatt (**Anlage 7**) zum Vertragsbestandteil zu machen oder die Privatperson auf diese Bestimmungen hinzuweisen. Vor Weitergabe von VS-NUR FÜR DEN DIENSTGEBRAUCH eingestuften VS an ein Unternehmen ist zu prüfen, ob die VS-Einstufung zwingend beibehalten werden muß.

XI. Mitnahme von VS außerhalb des Dienstgebäudes

§ 50

STRENG GEHEIM, GEHEIM oder VS-VERTRAULICH eingestufte VS dürfen außerhalb des Dienstgebäudes bzw. einer geschlossenen Gebäudegruppe nur auf Dienstreisen und zu Konferenzen, Sitzungen, Besprechungen usw. mitgenommen werden (§ 51). Ihre Mitnahme aus anderem Anlaß (z. B. zur Bearbeitung in der Privatwohnung) ist unzulässig. In besonderen Fällen kann der Geheimschutzbeauftragte Ausnahmen zulassen.

§ 51

(1) Die Mitnahme von VS auf Dienstreisen und zu Konferenzen, Sitzungen, Besprechungen usw. außerhalb des Dienstgebäudes bzw. einer geschlossenen Gebäudegruppe ist auf das Notwendige zu beschränken. Sie bedarf bei STRENG GEHEIM oder GEHEIM, bei Auslandsdienstreisen auch bei VS-VERTRAULICH eingestuften VS der Genehmigung des Dienststellenleiters, bei den in § 3 Abs. 1 Satz 1 genannten Behörden des Geheimschutzbeauftragten.

(2) Innerhalb des Bundesgebietes sind STRENG GEHEIM, GEHEIM oder VS-VERTRAULICH eingestufte VS unter Beachtung der Vorschriften der §§ 41 bis 44 nach Möglichkeit an eine

Dienststelle am Zielort, die selbst VS verwaltet oder aufbewahrt, vorauszusenden. Bei persönlicher Mitnahme gilt § 43 sinngemäß.

(3) Nach außerhalb des Bundesgebietes sind STRENG GEHEIM, GEHEIM oder VS-VERTRAULICH eingestufte VS gemäß § 45 an die zuständige Auslandsvertretung vorauszusenden und nach Erledigung des Dienstgeschäftes durch diese zurückzusenden. Ist dies nicht möglich, so versiegelt das Auswärtige Amt bzw. die zuständige Auslandsvertretung die verpackten VS und stellt eine Bescheinigung aus, nach der ihr Inhaber zur Mitnahme des versiegelten Stückes als "Kuriergepäck" berechtigt ist. Die VS sind ständig in persönlichem Gewahrsam zu halten oder bei der Auslandsvertretung zu hinterlegen. Die persönliche Mitnahme von STRENG GEHEIM eingestuften VS im grenzüberschreitenden Verkehr ist unzulässig. VS-NUR FÜR DEN DIENST-GEBRAUCH eingestufte VS können unversiegelt und ohne Kurierausweis mitgeführt werden.

XII. Weitere Sicherheitsmaßnahmen

§ 52

(1) Mit der Verwaltung, Bearbeitung oder sonstigen geschäftsmäßigen Behandlung von VS befaßte Organisationseinheiten und Personen sind nach Möglichkeit räumlich zusammenzufassen.

(2) Sofern Umfang und Bedeutung der VS es erfordern (vgl. auch § 60), sind mit Zustimmung der zuständigen obersten Landesbehörde oder obersten Aufsichtsbehörde im Einvernehmen mit dem Ministerium des Innern Sicherheitsbereiche zu bilden. Diese sind durch personelle, organisatorische und technische Maßnahmen gegen den Zutritt durch Unbefugte zu schützen. Zutritt zu diesen Bereichen darf nur an Stellen möglich sein, an denen eine zuverlässige Prüfung der Zutrittsberechtigung stattfindet. Als Sicherheitsbereiche kommen sowohl einzelne oder mehrere Räume als auch Gebäude oder Gebäudegruppen in Betracht.

(3) Die in einem Sicherheitsbereich tätigen Personen (vgl. auch § 15 Abs. 2 Nr. 3) sind beim Betreten des Sicherheitsbereiches an Hand des Dienstausweises oder auf andere geeignete Weise zu identifizieren. Besucher sind nach Identitätsfeststellung während des Aufenthalts im Sicherheitsbereich zu beaufsichtigen. Bei Besuchern, die nachweislich (z. B. durch eine Konferenzbescheinigung nach Muster 8) nach den Regelungen für die Sicherheitsüberprüfung überprüft sind, kann die Beaufsichtigung entfallen. Fremdpersonal (Handwerker, Reinigungskräfte usw.) ist nach den Regelungen für die Sicherheitsüberprüfung zu überprüfen und, soweit erforderlich, zu beaufsichtigen. In Ausnahmefällen genügt eine Beaufsichtigung.

(4) Das Kontrollpersonal ist über alle Arten von Ausweisen, die zum Betreten des Sicherheitsbereiches berechtigen, zu unterrichten. Die Aufgaben sind in einer Dienstanweisung festzulegen. Besucherausweise und ähnliche Aufzeichnungen sind zwei Jahre aufzubewahren.

§ 53

In Dienststellen, in denen häufig STRENG GEHEIM, GEHEIM oder VS-VERTRAULICH eingestufte VS hergestellt oder vervielfältigt werden (§ 10 Abs. 3 und § 13), sollen hierfür bestimmte Stellen mit ermächtigtem Bedienungspersonal festgelegt werden. Soweit dies nicht geschieht, sind Kopien/Abdrucke dieser VS durch den VS-Verwalter zu fertigen; § 10 Abs. 3 Satz 2 und 3 bleibt unberührt.

§ 54

Bei der Planung und Durchführung von Baumaßnahmen sind rechtzeitig die notwendigen Geheimschutzvorkehrungen zu treffen. Näheres regeln Vollzugshinweise.

XIII. Kontrollen

§ 55

(1) In jeder Dienststelle, die VS verwaltet, sind stichprobenartig Kontrollen durchzuführen, ob

1. in der Dienststelle hergestellte VS offensichtlich ungerechtfertigt oder unrichtig eingestuft sind; im Zweifelsfalle kann eine schriftliche Begründung der herausgebenden Stelle eingeholt werden,

2. die vorhandenen VS nach der VS-Anweisung und den sie ergänzenden Richtlinien (§ 64) behandelt werden.

Die Kontrollen sind durch den Geheimschutzbeauftragten oder durch besonders bestellte Beamte (Geheimschutzbeamte) durchzuführen. Bestimmte Kontrollaufgaben können auch anderen Personen übertragen werden. Art und Umfang der Kontrollen zum Schutz von STRENG GEHEIM, GEHEIM oder VS-VERTRAULICH eingestuften VS bestimmen ergänzende Richtlinien (§ 64).

(2) Alle Bediensteten haben die Durchführung von Kontrollen zu unterstützen und hierfür auf Verlangen Zugang zu allen VS zu gewähren.

XIV. Benachrichtigung des Geheimschutzbeauftragten

§ 56

Wird bekannt oder besteht der Verdacht, daß

1. Unbefugte von einer VS Kenntnis erhalten haben,

2. eine VS, ein Schlüssel zu einem VS-Verwahrgelaß, zu Schließfächern eines VS-Schlüsselbehälters oder zum Ein- und Ausschalten einer Alarmanlage verlorengegangen ist,

3. Geheimschutzvorschriften verletzt sind oder

4. sonst ein unter dem Gesichtspunkt des Geheimschutzes beachtlicher Sachverhalt (z. B. defekte Sicherungseinrichtungen oder außergewöhnliches Interesse bestimmter Personen an VS) vorliegt,

so ist der Geheimschutzbeauftragte unverzüglich zu benachrichtigen.

XV. Maßnahmen bei Verletzung von Geheimschutzvorschriften

§ 57

(1) Der Geheimschutzbeauftragte stellt in Fällen des § 56 den Sachverhalt fest. Er trifft die erforderlichen Maßnahmen, um Schaden zu verhüten oder zu verringern und um Wiederholungen zu vermeiden. Ist nach den ersten Ermittlungen ein nachrichtendienstlicher Hintergrund oder eine Verratstätigkeit anderer Art nicht auszuschließen, so ist das Landesamt für Verfassungsschutz zu beteiligen.

(2) Ist eine STRENG GEHEIM, GEHEIM oder VS-VERTRAULICH eingestufte VS einem Unbefugten bekanntgeworden oder muß mit dieser Möglichkeit gerechnet werden, so ist die herausgebende Stelle unter Hinweis auf diese Bestimmung zu unterrichten. Die herausgebende Stelle trifft die ihrerseits notwendigen Maßnahmen, um Schaden zu verhindern oder zu verringern (z. B. durch Änderung von Plänen oder Vorhaben und Benachrichtigung sonstiger Beteiligter). Soweit nationale VS von wesentlicher Bedeutung oder nichtdeutsche VS betroffen sind, ist unverzüglich das Ministerium des Innern zu unterrichten. Dieses unterrichtet unverzüglich das Bundesministerium des Innern als Nationale Sicherheitsbehörde.

(3) Geht ein Schlüssel zu einem VS-Verwahrgelaß, zu einem Schließfach eines VS-Schlüsselbehälters oder zum Ein- und Ausschalten einer Alarmanlage verloren oder ist auf Grund bestimmter Anhaltspunkte nicht auszuschließen, daß ein Nachschlüssel gefertigt worden sein könnte, so ist das Schloß durch ein neues zu ersetzen.

§ 58

War das Landesamt für Verfassungsschutz nach § 57 Abs. 1 beteiligt, so hat es den Leiter der betreffenden Dienststelle unverzüglich über seine Feststellungen zu unterrichten. Der Dienststellenleiter trifft die gegebenenfalls noch erforderlichen Maßnahmen.

§ 59

Verstöße gegen die VS-Anweisung oder die sie ergänzenden Richtlinien können, auch wenn sie nicht nach den Bestimmungen des Strafgesetzbuches zu verfolgen sind, disziplinarrechtlich geahndet werden oder arbeitsrechtliche Maßnahmen (einschließlich Kündigung) nach sich ziehen.

XVI. Mitwirkung des Landesamtes für Verfassungsschutz und des Bundesamtes für Sicherheit in der Informationstechnik

§ 60

(1) Bei der Durchführung der VS-Anweisung und der sie ergänzenden Richtlinien (§ 64) wirkt das Landesamt für Verfassungsschutz mit. Es berät die VS-verwaltenden Dienststellen und kann sich im Einvernehmen mit der zuständigen obersten Landesbehörde über die Handhabung der VS-Anweisung und der sie ergänzenden Richtlinien unterrichten.

(2) Das Landesamt für Verfassungsschutz teilt (nicht personenbezogene) nachrichtendienstliche Erkenntnisse, die für den materiellen Schutz von Verschlußsachen von Bedeutung sein können, dem Bundesamt für Sicherheit in der Informationstechnik mit.

(3) Bei Beratungen, die sich auf die Notwendigkeit oder Höhe von Sicherheitsüberprüfungen auswirken können, stimmt sich das Landesamt für Verfassungsschutz mit dem Bundesamt für Sicherheit in der Informationstechnik ab.

XVII. Schlußbestimmungen

§ 61

(1) Jede Dienststelle kann über die Vorschriften der VS-Anweisung und der sie ergänzenden Richtlinien (§ 64) hinaus verschärfte Sicherheitsvorkehrungen treffen, soweit sie die notwendige einheitliche Behandlung der VS im gesamten VS-Verkehr nicht stören.

(2) Das Ministerium des Innern kann in besonderen Ausnahmefällen auch anderen Abweichungen unter der Voraussetzung zustimmen, daß der mit der VS-Anweisung und den sie ergänzenden Richtlinien beabsichtigte Schutz durch andere Sicherheitsvorkehrungen erreicht wird.

§ 62

Dienststellen, die nach Feststellung des Ministeriums des Innern in besonderem Maße Ziel fremder Nachrichtendienste sind, treffen in Zusammenarbeit mit dem Landesamt für Verfassungsschutz weitere Sicherheitsvorkehrungen. Hierzu gehören insbesondere

1. intensive Unterrichtungen (§ 16),
2. die Bestellung mindestens eines Geheimschutzbeamten und dessen Schulung durch das Bundesamt für Sicherheit in der Informationstechnik (in Zusammenarbeit mit dem Landesamt für Verfassungsschutz) zur Verstärkung von Kontrollen (§ 55),
3. häufigere schwerpunktmäßige Kontrollen (§ 55); bei Bedarf wirkt das Landesamt für Verfassungsschutzberatend und fachlich unterstützend mit,
4. die Bildung von Sicherheitsbereichen (§ 52),
5. die Einrichtung von abhörsicheren oder zumindest abhörgeschützten Räumen (§ 46 Abs. 4),
6. ein gesonderter Nachweis über VS-Kopien/Abdrucke bei den VS-Kopierstellen/Druckereien (§ 53) und
7. Vorkehrungen gegen ein unbefugtes Vervielfältigen von STRENG GEHEIM, GEHEIM oder VS-VERTRAULICH eingestuften VS.

§ 63

Sofern im Falle von Katastrophen sowie im Alarm- und Verteidigungsfall die Gefahr besteht, daß Unbefugte sich Zugang zu STRENG GEHEIM, GEHEIM oder VS-VERTRAULICH eingestuften VS verschaffen können, sind die VS sicherzustellen oder zu vernichten.

§ 64

Das Ministerium des Innern kann zur Angleichung an die für die Bundesbehörden jeweils geltenden Regelungen die VS-Anweisung ändern und sie ergänzen durch Richtlinien für die Verarbeitung, Übertragung und Sicherung von VS sowie für Beratung und Kontrollen zum Schutze von VS.

§ 65

Die Verschlußsachenanweisung für das Land Sachsen-Anhalt tritt mit den Änderungen nach dem Tage ihrer Veröffentlichung in Kraft.

Anlagen (nichtamtliches Verzeichnis)

Anlage 1: Hinweise zur VS-Einstufung

Anlage 2: Beispiele zur VS-Kennzeichnung

Anlage 2a: Hinweisblatt zu §§ 41 und 42 VSA Übersicht über Verpackungsmaterialien

Anlage 3: Muster für Nachweise

Anlage 4: Hinweise zur Kennzeichnung nichtdeutscher VS

Anlage 5: Hinweise zum Führen von VS-Bestandsverzeichnissen

Anlage 6: Hinweise zur Versendung von VS an Empfänger im Ausland

Anlage 6a: Begleitschein

Anlage 6b: Versandschein

Anlage 7: VS-NfD-Merkblatt

Anlage 8: Stichwortverzeichnis (A bis Z)

Anlage 1 (zu § 7 und 8 VSA)

Hinweise zur VS-Einstufung

Tragen Sie durch eine **sachgerechte VS-Einstufung** dazu bei, daß

- die tatsächlich geheimhaltungsbedürftigen Informationen effektiv geschützt und
- unnötige Sicherheitskosten vermieden werden.

Beachten Sie deshalb folgendes:

1. Prüfen Sie kritisch, ob eine VS-Einstufung tatsächlich notwendig ist (§ 1 Abs. 1.

Im Falle einer VS-Einstufung muß schlüssig darzulegen sein, welche Gefährdungen, Schäden oder Nachteile für die Bundesrepublik Deutschland oder eines ihrer Länder konkret entstehen können, wenn Unbefugte von den Informationen Kenntnis erhalten.

Dabei kommt eine VS-Einstufung grundsätzlich nur bei Informationen in Betracht, die die

– äußere Sicherheit,

– auswärtigen Beziehungen oder

– innere Sicherheit

betreffen.

Für **andere** schutzbedürftige Informationen sind die hierfür bestehenden Regelungen (z. B. Pflicht zur Wahrung von Dienst- oder Steuergeheimnissen, Schutz personenbezogener Daten nach dem Bundesdatenschutzgesetz, Bundesarchivgesetz oder internen Geschäftsordnungen) anzuwenden.

2. Im Falle einer VS-Einstufung müssen der gewählte Geheimhaltungsgrad und die damit verbundenen Schutzmaßnahmen dem konkreten Schutzbedürfnis entsprechen.

Eine Einstufung in VS-VERTRAULICH oder höher hat zur Folge, daß alle mit der eingestuften Information befaßten Personen einer aufwendigen, in Persönlichkeitsrechte eingreifenden Sicherheitsüberprüfung unterzogen und für die VS kostenintensive materielle Schutzmaßnahmen getroffen werden müssen.

Beispiele für VS-Einstufungen:

2.1 Eine Einstufung in STRENG GEHEIM kommt z. B. in Betracht für

– den (Gesamt-)Alarmplan der Bundeswehr,

– das (Gesamt-)Informationsaufkommen des Bundesnachrichtendienstes,

– Zusammenstellungen, deren Einzelheiten GEHEIM eingestuft sind, die jedoch in ihrer Gesamtheit STRENG GEHEIM einzustufen sind.1)

2.2 Eine Einstufung in GEHEIM kommt z. B. in Betracht für

– Informationen zur "Elektronischen Kampfführung" der Bundeswehr,

– Teile des Alarmplanes der Bundeswehr,

– Kryptodaten, die für die Verschlüsselung von VS-VERTRAULICH und höher eingestuften VS eingesetzt werden,

– Zusammenstellungen, deren Einzelheiten VS-VERTRAULICH eingestuft sind, die jedoch in ihrer Gesamtheit GEHEIM einzustufen sind.1)

2.3 Eine Einstufung in VS-VERTRAULICH kommt z. B. in Betracht für

– Ermittlungsberichte in Spionageverdachtsfällen,

– Erkenntnisse über die Arbeitsweise extremistischer/terroristischer Organisationen, deren Preisgabe die weitere Beobachtung/Aufklärung gefährden würde,

– außenpolitische Verhandlungspositionen, deren frühzeitige Bekanntgabe deutschen Interessen schaden würde,

– Zusammenstellungen, deren Einzelheiten VS-NUR FÜR DEN DIENSTGEBRAUCH eingestuft sind, die jedoch in Ihrer Gesamtheit VS-VERTRAULICH einzustufen sind.1)

2.4 Eine Einstufung in VS-NUR FÜR DEN DIENSTGEBRAUCH kommt z. B. in Betracht für

– Abschlußberichte über Sicherheitsüberprüfungen von Personen,

– Fahndungsunterlagen aus den Bereichen Terrorismus/Extremismus,

– Zusammenstellungen über Geheimschutzmaßnahmen (Geheimschutzplan).

Anlagen 2-7

(vom Abdruck wurde abgesehen)

Anlage 8
Stichwortverzeichnis (A-Z)

Die Zahlen bezeichnen die Paragraphen, die geklammerten Zahlen die Absätze.

A

Abdrucke
    siehe Kopien
Abfälle
    siehe VS-Zwischenmaterial
Abgabe
    von VS an das VS-Archiv 29
Abhörschutzmaßnahmen 46 (4), 47, 62
Abkürzung
    der Geheimhaltungsgrade 11 (1)
Ablichtungen
    siehe Kopien
Abliefern
    von VS bei Erlöschen der Ermächtigung usw. 19
Abschriften
    siehe Kopien
Abweichungen
    von der VS-Anweisung 61 (2)
Aktenzeichen
    siehe Geschäftszeichen
Alarm- und Verteidigungsfall 63
Änderung
    des Geheimhaltungsgrades 9, 11 (3)
    der VS-Anweisung 64
    der Zahlenkombinationen 32 (2)
Anlagen
    einer VS 8 (2), 11 (2)
Anschriften
    bei der Versendung von VS 41
Aufbewahrung
    von VS
        allgemein 20, 21, 22, 23
        auf Dienstreisen 43 (4), 51 (2, 3)

von VS-Tagebüchern, VS-Quittungsbüchern usw. 25
Aufhebung
    der VS-Einstufung 9, 11 (3)
    der Ermächtigung 19 (1)
Aufzeichnung
    in Konferenzen, Sitzungen, Besprechungen usw. 46 (3)
Archivierung
    von VS 29
Auftrag
    mit VS-Inhalt 49
Auftragsformulare 10 (2), 13 (2)
Ausfall
    des Bearbeiters oder Verwalters 23
Ausfertigungen
    von STRENG GEHEIM oder GEHEIM-VS 10 (1)
Ausgangsnummer 41 (3)
Auslandsreisen 51 (3)
Auslandssendungen 45 (1, 2)
Ausnahmen
    bei Mitnahme von privaten Film- und Fotogeräten oder von privater Informationstechnik 18 (2)
    bei Aufbewahrung von VS 21 (3)
    von der VS-Quittungspflicht 35 (2)
    für Vorzimmerberechtigte 39 (2)
    von der VS-Anweisung 61 (2)
Aussondern
    von VS 29
Ausscheiden
    aus dem Dienst 19 (2)
Ausweiskontrolle
    beim Betreten von Sicherheitsbereichen 52 (2, 3)
Auszüge 13

B

Bankschließfach
    Aufbewahrung von VS 21 (3)

Teil 2

Glossar

Hinweis: im Hinblick auf Verschlusssachen s. Verzeichnis Anlage 8 zur VSA LSA (S. 131-136).

A

A-Akte: Abk. für Allgemeine Akten, d.h. solche von allgemeiner Bedeutung, etwa zu Grundsatzfragen, in Abgrenzung zu besonderen Akten zu Einzelfällen, Personalsachen (B-Akten)

Abgabenachricht: Für das LVwA gilt: Wird ein Eingang an eine andere Behörde abgegeben, so erhält die Einsenderin oder der Einsender eine Abgabenachricht (§ 37 II GO LVwA).

Abkürzungen: Bei der Aktenführung ist die Verwendung bestimmter Abkürzungen vorgeschrieben oder üblich. Dies gilt insbesondere für die Geschäftsgangverfügungen (>), Zeichnungen (>) und Aktenvermerke (>).
Für das LVwA gilt, dass Kurzbezeichnungen und Abkürzungen nur in der festgelegten oder allgemein üblichen Form verwendet werden dürfen (§ 49 II 1 GO LVwA). Bei nicht geläufigen Abkürzungen wird bei der ersten Erwähnung die vollständige Bezeichnung angegeben und die Abkürzung in Klammern hinzugefügt (§ 49 II 2 GO LVwA). Beim Schriftverkehr unter Behörden oder mit Privatpersonen sind nur die jeweils üblichen Abkürzungen zu verwenden. Für das LVwA gilt, dass im Schriftverkehr mit Privatpersonen nur solche Kurzbezeichnungen und Abkürzungen verwendet werden dürfen, die in der Bevölkerung allgemein bekannt sind (§ 49 III 1 GO LVwA). Im Zweifel sind beide nicht zu verwenden.

Ablage: Unter der Papieraktenablage versteht man das (planmäßige) Aufbewahren von Papierakten während der Phase ihrer Nichtbearbeitung. Die Ablage erfolgt meist bei der Registratur (>) und endet mit der Wiedervorlage (>), welche die erneute Bearbeitung zur Folge hat. Sofern keine für die Behörde geltenden Vorgaben entgegenstehen, ist auch eine Sachbearbeiterablage (>), d. h. die Einzelablage im Amtszimmer des Sachbearbeiters, den schnellen Zugriff auf „aktuelle" Akten ermöglichen. Im Anwendungsbereich der PAktO regeln (gem. § 7 I Nr. 1 PAktO) die obersten Landesbehörden (für die unmittelbare Landesverwaltung) u.a. die Art der Papieraktenablage (Einzel-, Gruppen- oder Zentralablage). Unter Ablage in einem weiteren Sinn kann man auch das Aufbewahren der Akte in der Phase on ihrer Schließung (>) bis zur Aussonderung (>) verstehen. Die Ablage der Akte ist streng vom Weglegen (>) zu unterscheiden. S.a. Ablage, hybride (>)

Ablage, hybride: Unter hybrider Ablage versteht man die Ablage von Bestandteilen einer Akte im materiellen Sinn (>) sowohl in Papierform (Aufbewahrung) als auch in elektronischer Form (Speicherung). Die sog. hybride Ablage gem. § 13 EAktVO LSA umfasst „1.Papierdokumente, bei denen nach § 4 Abs. 1 Satz 3 des E-Government-Gesetzes Sachsen-Anhalt von einer Übertragung abgesehen worden ist oder die nach der Übertragung nicht vernichtet werden, weil sie kulturhistorisch wertvoll archivwürdig sind. Diese Papierdokumente gehören zum elektronischen Vorgang, in dem ein entsprechender Verweis aufzunehmen ist. 2. Papierdokumente, die nach der Übertragung zum Zweck der Beweiserhaltung bis zum rechtskräftigen Abschluss eines Verwaltungsverfahrens aufbewahrt und anschließend vernichtet oder zurückgegeben werden. Diese Papierdokumente gehören bis zu ihrer Vernichtung oder Rückgabe zum elektronischen Vorgang, in dem ein entsprechender Verweis aufzunehmen ist. 3. Alle anderen Papierdokumente, die nach der Übertragung in elektronische Dokumente und erfolgter Qualitätskontrolle vorübergehend aufbewahrt und anschließend vernichtet oder zurückgegeben werden. Diese Papierdokumente gehören nicht zum elektronischen Vorgang."

Ablegen: Geschäftsgangverfügung mit dem Inhalt die Akte vorübergehend – für die Dauer ihrer Nichtbearbeitung – an einer bestimmten Stelle, in der Regel bei der Registratur, zu belassen.

Abl.: Abk. für die Geschäftsgangverfügung „Ablegen" (>).

Ableitungen: Durch sogenannte „Ableitungen" werden Aktenplannummern um teils systematisch verwendete Unterteilungen ergänzt (etwa nach Bundesländern). Zur Entlastung der Hauptakte gebildete „Sondersachakten" werden mit römischen Ziffern bezeichnet, die der Ordnungszahl nachgestellt werden (z.B.: V 2200-BY/14 III). Bandnummern werden oft mit der Kurzbezeichnung „Bd." oder „-" (Divis) angehängt. S.a. Nr. 10 Anlage 2 zur RegR

Ableitungskennzeichen: Das Aktenplankennzeichen (>) kann um ein sog. Ableitungskennzeichen erweitert werden, mit dem Untereinheiten gebildet werden können (z.B. für Teile des jeweiligen Verwaltungsbezirks). Beispiele wären etwa Kürzel für Gemeindenamen wie „ –FE" (für Feldheim) oder „-KI" (für Kirchhausen) etc.

Abschrift: Die Abschrift ist eine (identische) Vervielfältigung eines Schriftstücks bzw. dessen Inhalts. Anstelle der früher erforderlichen handschriftlichen Vervielfältigung erfolgt diese heute durch Fotokopieren. Man unterscheidet die einfache, die beglaubige Abschrift und die elektronisch beglaubigte Abschrift. Die einfache Abschrift ist eine unbeglaubigte Abschrift. Die beglaubigte Abschrift ist eine Abschrift, deren Übereinstimmung mit dem Original von einer Behörde oder einem Notar beglaubigt wurde. In die Haupt- oder Verfahrensakte sind eingehende Schriftstücke grundsätzlich im Original aufzunehmen. Von ausgehenden Scheiben sind Abschriften zu fertigen und zu verakten (mit Ausgangsvermerk).

Abzeichnung: Der Verfassende zeichnet ab (mit Datum) und gibt das Dokument in den Geschäftsgang. Die A. besteht bei der papierbasierten Verfügung im Namenskürzel (mit Datum). Sie setzt Bearbeitungsrechte.

Akte: Die Verwaltungsakte ist die geordnete schriftliche Zusammenfassung der Entscheidungsgrundlagen und des Entscheidungsprozesses eines Verwaltungsverfahrens durch die Verwaltung. Akten sind u.a. abzugrenzen von Informationsmaterial (z.B. Broschüre, Faltblatt), Registern (z.B. Gewerbe-, Handels-, Personenstandsregister, Liegenschafts- oder Altlastenkataster), amtliche Sammlungen (z.B. Stadtarchiv, Museumsdokumente).
Akte (elektronisch) i.S.d. EAktVO LSA ist die „Die geordnete Zusammenstellung von elektronischen Dokumenten in Vorgängen, die bei der Bearbeitung eines Sachverhaltes entstehen, mit eigenem Aktenzeichen und eigener Inhaltsbezeichnung" (§ 2 Nr. 1 E-AktVO LSA). S.a. A-Akte (>); Akte im formellen Sinn (>); B-Akte (>); Beiakte (>); Duplexakte (>); Fallakte (>); Handakte (>); Hauptakte (>); Sachakte (>); Verfahrensakte (>)

Akte, digitale: s. Akte, elektronische (>)

Akte, elektronische: Die elektronische Akte i.S.d. EAktVO LSA ist die „Die geordnete Zusammenstellung von elektronischen Dokumenten in Vorgängen, die bei der Bearbeitung eines Sachverhaltes entstehen, mit eigenem Aktenzeichen und eigener Inhaltsbezeichnung" (§ 2 Nr. 1 EAktVO LSA). S. E-Akte (>)

Akte, „gläserne": Eine Akte, die für Personen außerhalb der aktenführenden Behörde vollumfänglich und jederzeit einsehbar ist. Ob und inwieweit eine Akte „gläsern" ist, richtet sich nach den für die jeweiligen Akten geltenden Bestimmungen in Abhängigkeit und den jeweils gegebenen technischen Möglichkeiten eine Einsichtnahmemöglichkeit zu gewährleisten. Akten können nur hausintern, für alle Verwaltungsbehörden, für Verfahrensbeteiligte oder gar für die gesamte Öffentlichkeit „gläsern" sein. Meist werden unter „gläsernen Akten" nur Behördenakten verstanden, die für verfahrensbeteiligte Private jederzeit einsehbar sind. Die elektronischen Verfahrensakte in Antragsverfahren ist heute der Regel eine solche gläserne Akte, sofern dem Antragsteller elektronisch jederzeit Einblick in den Inhalt der Akte möglich ist.

Akte im formellen Sinn (formeller Aktenbegriff): körperliche Zusammenfassung von Schriftstücken und anderen Dokumenten durch die Behörde (bzw. elektr. Zusammenfassung in einer Datei)

Akte im materiellen Sinn (materieller Aktenbegriff): alle für ein Verwaltungsverfahren wesentlichen Schriftstücke und Dokumente (in einer oder mehreren Akten im formellen Sinn). Sie ist Gegenstand des Akteneinsichtsrechts (>) und der gerichtlichen Anforderung (>) der Akte i.R.v. §§ 87, 99 VwGO

Aktenablage: Bei Papieraktenführung ist die Aktenablage ein Behältnis, das der gegenständlichen Aufnahme mehrerer Akten im formellen Sinn und von Vorgängen dient. Es kann sich etwa um eine offene Box, Schachtel, ein offenes oder Schließfach oder einen Aktenbock (>) handeln. So kann etwa ein doppelter Aktenbock im Amtszimmer dazu dienen, alle Eingänge und Ausgänge aufzunehmen, die von anderem Personal in das Büro geliefert bzw. aus diesem heraus befördert werden.

Aktenanlage: Papierakten (und Papiervorgänge) werden bei Bedarf angelegt (§ 8 Satz 1 PAktO). Ein Bedarf ergibt sich jedenfalls immer dann, wenn ein Verwaltungsverfahren i.S.v. §§ 9 ff. VwVfG geführt wird und mehrere Schriftstücke hierzu vorliegen oder mit diesen zu rechnen ist. In diesem Fall gilt ein Gebot der Aktenführung (>). Ob und inwieweit in anderen Fällen (etwa zur Sammlung von Rundschreiben, Informationsmaterial) Akten angelegt werden, ist vom Einzelfall abhängig. Akten werden grundsätzlich nur zur untersten Ebene des Aktenplans („Betreffseinheit") gebildet (so explizit etwa Anl. 2 Nr. 8 RegR). Papierakten sind bei ihrer Erstellung mit einem Aktenzeichen für Papierakten und mindestens den anderen in Anlage 1 zur PAktO aufgeführten Mindestmetainformationen für Papierakten zur Phase I zu versehen und in ein Aktenverzeichnis für Papierakten nach Anlage 2 aufzunehmen (§ 9 I 1 PAktO). Für die Beschriftung der Papierakten sollen die in der Anlage 3 und Anlage 4 enthaltenen Beschriftungsmuster verwendet werden (§ 9 I 2 PAktO). S.a. Inhaltsverzeichnis der Akte (>)

Aktenband: Ein Aktenband ist eine Akte im formellen Sinn (>), die mit einer oder mehreren anderen Akten im formellen Sinn zu einer Akte im materiellen Sinn verbunden ist. Die Bildung von Aktenbänden kann geboten oder zweckmäßig sein, wenn die Informationen nicht in einen Band passen würden oder zur besseren Übersichtlichkeit bestimmte Gegenstände separat in Aktenbänden verwahrt wird. Aktenbände sind mit fortlaufenden Bandnummern und Hinweisen auf dem Fortsetzungsband zu versehen (§ 9 III 1 PAktO). Im Aktenverzeichnis für Papierakten ist die Anlegung von Fortsetzungsbänden zu vermerken (§ 9 III 2 PAktO).

Aktenbereich: Bezeichnung für die zweite Gliederungsebene des Aktenplans nach KGSt (>) unterhalb der sechs Hauptgruppen. Sie besteht aus zwei Ziffern., d.h. der Ziffer der Hauptgruppe (0-5) sowie einer weiteren Ziffer (0-9). Z.B. Aktenbereich 00 „Fachneutrale und fachübergreifende Angelegenheiten", 10 „Leitung und Führung der Verwaltung" oder 11 „Innere Verwaltung".

Aktenbetreff (syn.: Betreffseinheit): Traditionell die unterste Gliederungsebene von Aktenplänen. Sie besteht bei KGSt-Aktenplan aus sechs Ziffern. Nur auf dieser untersten Stufe werden Akten gebildet. Sie ist daher die „Aktenebene" des Aktenplans.

Aktenbock: Ortsfest verwendetes Büromöbel, das der i.d.R. kurzfristigen Aufbewahrung eingehender Papierakten (Akten zur Bearbeitung) oder/und ausgehender Akten (Akten zur Abholung/Weiterleitung) dient. Der typische Aktenbock verfügt über zwei räumlich getrennte Bereiche „Eingang" und „Ausgang", in denen jeweils mehrere Akten durchschnittlichen Umfangs aufbewahrt werden können. Vom Aktenwagen unterscheidet sich der Aktenbock durch seine fehlende Rollbarkeit.

Aktendatei: Aktenverzeichnis (>)

Aktendoppel (syn.: Duplex-Akte): s. Duplex-Akte

Aktendulli (syn.: Aktenheftstreifen, Heftstreifen): Ein länglicher Streifen aus Pappe oder Kunststoff (Maß für die Heftung von DIN A 4-Blättern meist 15 cm x 3,5-4,0 cm) mit einer von Hand biegbaren Metallklammer (und einem kleineren Deckstreifen aus Metall oder Kunststoff) zur Heftung von gelochten Schriftstücken.

Akteneinsicht (durch Beteiligte): Der Vorgang der Akteneinsichtnahme aufgrund der Geltendmachung des Akteneinsichtsrechts (>). Dabei handelt es sich um einen Akteneinsichtsanspruch (>). Die Akteneinsicht wird (als gebundene Entscheidung) auf Antrag gewährt. Neben dem Recht auf Akteneinsicht können Auskunftsansprüche des Informationsfreiheitsrechts (IFG und IZG LSA) bestehen. Weitere Informationsansprüche, die sich auf eine Akteneinsicht oder zumindest auf Auskunft aus den Akten beziehen können, finden sich etwa im UIG, UIG LSA, StasiUnterlagenG oder im Gentechnikgesetz. Zudem bestehen gesetzliche Einsichtsrechte in Register, Kataster etc. und Einsichtsrechte im Rahmen der Jedermann-Beteiligungen bei Bauleitplanungen nach BauGB, Anlagenzulassungen nach § 4 BImSchG oder Planfeststellungsverfahren.

Akteneinsicht bzgl. Handakten Vorgesetzter: Mitunter legen Vorgesetzte zur Verfahrensakte der Sachbearbeitung parallele Handakten an. Dort finden sich neben Kopien aus der Hauptakte vor allem persönliche Aktenvermerke bzw. Notizen zu Vorgängen bzw. dem Verhalten des Personals. Solche Handakten mögen der Kontrolle nachgeordneter Amtswalter oder ihrer dienstlichen Beurteilung dienen. Sofern ihre Inhalte entscheidungsrelevant bzw. aktenrelevant (>) sind, bezieht sich auch das Akteneinsichtsrecht hierauf.

Akteneinsichtsanspruch: Der Anspruch Beteiligter auf Akteneinsicht gem. § 29 I VwVfG gegenüber der Akten führenden Behörde.

Akteneinsichtsrecht: Das Recht auf Akteneinsicht. Die Rechtsgrundlage von Akteneinsichtsrechten gegenüber der Verwaltung finden sich etwa in § 29 I VwVfG (bzw. § 29 VwVfG i.V.m. § 1 I VwVfG LSA bzw. LVwVfG) bzw. gegenüber der Sozialverwaltung in § 25 SGB X. Im Verwaltungsprozess ergeben sich mittelbar Akteneinsichtsrechte gegenüber der Verwaltung nach Maßgabe von § 100 VwGO (bzw. im sozialgerichtlichen Verfahren gem. § 120 SGG). Akteneinsichtsrechte in einem weiteren Sinne können sich insbesondere auch ergeben aus Art. 15 DSGO sowie dem Informationszugangs- bzw. Informationsfreiheitsrecht. Meist versteht man unter „dem" Akteneinsichtsrecht gegenüber der Verwaltung das Recht i.S.d. § 29 VwVfG. Es steht Beteiligten i.S.d. § 13 VwVfG, die ein rechtliches Interesse an der Akteneinsicht geltend machen können, hinsichtlich Verfahrensakten zu. Ein rechtliches Interesse besteht, wenn die Kenntnis des Akteninhalts zur Rechtsverfolgung bzw. -verteidigung notwendig erscheint. Das Akteneinsichtsrecht folgt dem Grundsatz der beschränkten Aktenöffentlichkeit (>). Besteht das Akteneinsichtsrecht gegenüber einer Stelle der Landesverwaltung i.S.d. EGovG LSA, die ihre Akten elektronisch führen, kann Akteneinsicht dadurch gewährt werden, dass sie 1. einen Aktenausdruck zur Verfügung stellen, 2. die elektronischen Dokumente auf einem Bildschirm wiedergeben, 3. elektronische Dokumente übermitteln oder 4. den elektronischen Zugriff auf den Inhalt der Akten gestatten (§ 6 EGovG LSA).

Aktenfaszikel: altertümliche Bezeichnung für ein Aktenbündel (von lat. fasciculus: kleines Bündel)

Aktenfresser: Scherzhafte Bezeichnung für eine Person, die in akribischer Arbeit – weitaus schneller als ein gedachter durchschnittlicher Aktenbearbeiter – sehr große Mengen an Akteninhalten auswertet.

Aktenführende Stelle: Aktenführende Stelle i.S.d. PAktO ist „Eine Landesbehörde oder Einrichtung des Landes nach § 1 Abs. 1 Satz 1, die Akten führt" (§ 2 Nr. 1 PAktO). Aktenführende Stelle i.S.d. EAktVO LSA ist „Eine Landesbehörde oder Einrichtung des Landes nach § 1 Abs. 1 Satz 1, die Akten führt" (§ 2 Nr. 2 EAktVO LSA).

Aktenführung: Die Führung von Akten (>). Sie unterliegt den „Grundsätzen einer ordnungsgemäßen Aktenführung" bzw. „Grundsätzen einer ordnungsgemäßen E-Aktenführung". Was ordnungsgemäß ist, muss nach den für die jeweilige Verwaltungeinheit geltenden Vorgaben zur Aktenführung beurteilt werden. S.a. Bedeutung der Aktenführung (>); Gebot der Aktenführung (>); Grundsätze der Aktenführung (>); Phasen der Aktenführung (>)

Aktenführung, elektronische: Die Führung elektronischer Akten. Diese erfolgt regelmäßig auf Grundlage elektronischer Datenmanagementsysteme, die eine zweckmäßige Ordnung und Nutzbarkeit, vor allem Lesbarkeit und Auffindbarkeit der Akten, gewährleisten. Elektronische Aktenführung i.S.d. EAktVO LSA ist die „Die Erstellung, Registrierung, Bereitstellung, Aufbewahrung und Aussonderung elektronischer Akten unter Einsatz von Informationstechnologie (§ 2 Nr. 3 EAktVO LSA). S. a. Pflicht zur elektronischen Aktenführung (>)

Aktenführung durch Bundesministerien: Vorgaben zur Aktenführung der Bundesbehörden enthalten (neben dem GG und dem VwVfG) die Gemeinsame Geschäftsordnung der Bundesministerien vom 30.08.2000 (GMBl. S. 526/Nr. 28) sowie die Richtlinie für das Bearbeiten und Verwalten von Schriftgut (Akten und Dokumenten) in Bundesministerien (RegR), Beschluss Bundeskabinett v. 11.07.2001. S. RegR (>)

Aktenführung durch Gemeinden: Die Aktenführung durch die Gemeinden und ihre Formen kommunaler Gemeinschaftsarbeit liegt bei der Wahrnehmung eigener (örtlicher) Angelegenheiten im Schutzbereich der Selbstverwaltungsautonomie (gem. Art. 28 II 1 GG, Art. 88 Verf. LSA). Gemeindeinterne Vorgaben zur Aktenführung können insoweit als Ausdruck einer „Verfahrenshoheit" bzw. Organisationshoheit über Verwaltungsprozesse gewertet werden. Der Staat kann zwar in dieses Recht eingreifen (und er tut dies insbesondere mit den §§ 1 ff. VwVfG i.V.m. § 1 I VwVfG LSA), jedoch muss er dabei die verfassungsrechtlichen Schranken dieser Eingriffe beachten (Gemeinwohlerfordernis, Verhältnismäßigkeit etc.). Bei staatlichen

Angelegenheiten, die der Bund (unter Beachtung des Art. 84 GG) oder das Land (unter Beachtung der Verf. LSA) den Gemeinden überträgt, können Bund und Land Vorgaben für die Aktenführung machen. So gilt die Papieraktenordnung (>) des Landes Sachsen-Anhalt für Kommunen bei der Wahrnehmung staatlicher Angelegenheiten.

Aktenführung durch Landkreise: Die Aktenführung durch die Landkreise und ihre Formen kommunaler Gemeinschaftsarbeit liegt bei der Wahrnehmung eigener Angelegenheiten im Schutzbereich ihres (auf den gesetzlichen Aufgabenbereich beschränktes) Selbstverwaltungsrechts (gem. Art. 28 II 2 GG, Art. 88 Verf. LSA). Kreisinterne Vorgaben zur Aktenführung können insoweit als Ausdruck einer „Verfahrenshoheit" bzw. Organisationshoheit über Verwaltungsprozesse gewertet werden. Der Staat kann zwar in dieses Recht eingreifen (und er tut dies insbesondere mit den §§ 1 ff. VwVfG i.V.m. § 1 I VwVfG LSA), jedoch muss er dabei die verfassungsrechtlichen Schranken dieser Eingriffe beachten (Gemeinwohlerfordernis, Verhältnismäßigkeit etc.). Bei staatlichen Angelegenheiten, die der Bund (unter Beachtung des Art. 84 GG) oder das Land (unter Beachtung der Verf. LSA) den Gemeinden überträgt, können Bund und Land Vorgaben für die Aktenführung machen. Demgemäß gilt die Papieraktenordnung (>) des Landes Sachsen-Anhalt für Kommunen bei der Wahrnehmung staatlicher Angelegenheiten.

Aktenführung durch Landesministerien: Rechtliche Vorgaben zur Aktenführung durch Landesministerien enthalten (neben GG und VwVfG i.V.m. § 1 I VwVfG LSA) die Papieraktenordnung für die unmittelbare Landesverwaltung Sachsen-Anhalt (PAktO) v. 14.09.2021 (MBL. LSA 2021, 614), die Verordnung über die elektronische Aktenführung und Vorgangsbearbeitung, das Übertragen und Vernichten von Papierdokumenten und die Festlegung und Ausgestaltung von Metainformationen in der unmittelbaren Landesverwaltung (Elektronische Aktenverordnung Sachsen-Anhalt – EAktVO LSA) vom 7.12.2020 (GVBl. LSA 2020, S. 683) sowie die §§ 19-35 Gemeinsame Geschäftsordnung der Ministerien - Allgemeiner Teil - (GGO LSA) v. 4.04.2017 (MBl. LSA S. 238), zul. geändert durch Beschluss v. 6.10.2020 (MBl. LSA S. 384).

Aktenführung durch LVwA: Rechtliche Vorgaben zur Aktenführung durch das Landesverwaltungsamt enthalten (neben GG und VwVfG i.V.m. § 1 I VwVfG LSA) die Papieraktenordnung für die unmittelbare Landesverwaltung Sachsen-Anhalt (PAktO) v. 14.09.2021 (MBL. LSA 2021, 614), die Verordnung über die elektronische Aktenführung und Vorgangsbearbeitung, das Übertragen und Vernichten von Papierdokumenten und die Festlegung und Ausgestaltung von Metainformationen in der unmittelbaren Landesverwaltung (Elektronische Aktenverordnung Sachsen-Anhalt – EAktVO LSA) vom 7.12.2020 (GVBl. LSA 2020, S. 683) sowie §§ 30-58 Geschäftsordnung des Landesverwaltungsamtes (GO LVwA) (MBl. LSA 2021, 519).

Aktenführung durch Verbandsgemeinden: s. die entsprechend geltenden Ausführungen zur Aktenführung durch Gemeinden (>)

Aktenführungspflicht (z.T. syn.: Aktenbildungspflicht, Aktenmäßigkeit, Gebot der Aktenführung): Eine Aktenführungspflicht ist zwar nicht explizit gesetzlich geregelt, jedoch folgt eine grundsätzliche Pflicht der öffentlichen Verwaltung zur Aktenführung aus dem Rechtsstaatsprinzip. Dieses ungeschriebenes „Gebot der Aktenführung" (>) ist mit der rechtsstaatlichen „Bedeutung der Aktenführung" (>) zu begründen. Die Reichweite einer solchen rechtsstaatlichen Aktenführungspflicht ist indes aufgrund ihrer fehlenden Positivierung nicht eindeutig zu bestimmen. In die Akte aufzunehmen ist jedenfalls das, was für eine spätere rechtsstaatliche Kontrolle von Verwaltungsentscheidungen gegenüber Privaten unerlässlich ist. Dies gilt vor allem auch im Hinblick auf die Gewährung effektiven Rechtsschutzes gegenüber Verwaltungsentscheidungen (vgl. Art. 19 IV GG). Klar ist aber auch, dass die Aktenführungspflicht nicht für jedwedes Verwaltungshandeln gelten kann (z.B.: Handzeichen, die ein Polizist zur Verkehrsregelung anstelle einer ausgefallenen Lichtzeichenanlage während drei Stunden Berufsverkehr gegeben hat).

Aktenführungssystem: Ein elektronisches Aktenführungssystem i.S.d. EAktVO LSA ist ein Softwaresystem für die Behandlung elektronischer Dokumente, das durch Gewährleistung eines strukturierten Zugriffs sowie der Fähigkeit zur Zusammenführung der Dokumente zu Vorgängen und Akten diese elektronisch führt und dabei Leistungsfähigkeit, Sicherheit und Zuverlässigkeit unabhängig vom Dokumentenformat - Datenformat - sicherstellt. Ein elektronisches Aktenführungssystem enthält folgende Bestandteile a) Ein Dokumentenmanagementsystem (DMS): Ein System, das der datenbankgestützten Verwaltung elektronischer Dokumente bis zum Zeitpunkt der Aussonderung dient, b) und gegebenenfalls ein Vorgangsbearbeitungssystem (VBS): Ein System, das den Bearbeitungsweg eines elektronischen Vorgangs und damit einer elektronischen Akte von Arbeitsplatz zu Arbeitsplatz steuert. In einem solchen System werden Dokumente erzeugt, bearbeitet und gezeichnet (Mit- oder Schlusszeichnung)" (§ 2 Nr. 4 EAktVO LSA). S.a. Dokumentenmanagementsystem (>)

Aktenhauptgruppe: Oberste Gliederungsebene innerhalb eines Aktenplans (>). In der Regel wird die Aktenhauptgruppe mit einer einzelnen Ziffer beschrieben.

Aktenkennzeichnung: Sofern es sich nicht um eine (fehlerhafte) Bezeichnung für das Aktenzeichen (>) handelt, werden hierunter Kürzel wie „Geheim", „Streng geheim" oder „NfD" auf dem Schriftgutbehälter verstanden (etwa bei Verschlusssachen).

Aktenklarheit (mitunter syn.: Verständlichkeit des Akteninhalts): Der Grundsatz der Aktenklarheit besagt, dass Akten aus sich heraus verständlich sein müssen. Er überlagert sich mit den Grundsätzen der Aktentransparenz (>), der Lesbarkeit (>) der Akte und der Authentizität (>).

Aktenlage: Die Aktenlage sind die Tatsachen, die in einer Akte dokumentiert sind. Damit sind in der Regel nur die durch die Akte zu einem bestimmten Verfahren dokumentierten entscheidungsrelevanten Tatsachen gemeint. Nicht als Aktenlage gelten u.a. die Rechtslage (auch wenn sie in der Akte falsch wiedergegeben wird) und Meinungen. Nur der Umstand der Äußerung (oder Nichtäußerung) bestimmter Meinungen kann als Tatsache Bestandteil der Aktenlage sein. Die Meinung selbst ist keine Aktenlage. Bei einer „Entscheidung nach Aktenlage" wird die Entscheidung allein aufgrund des in der Akte dokumentierten Sachverhalts (und ggfs. entscheidungsrelevanter allgemeinbekannter Tatsachen) getroffen. Hingegen bleiben nicht in der Akte dokumentierte Umstände (auch wenn sie der Behörde bzw. Bediensteten bekannt sein sollten bzw. gegenüber der Behörde vorgebracht wurden), bei der Entscheidung unberücksichtigt.

Aktenmanipulation: Aktenmanipulation ist ein schwerwiegendes Dienstvergehen und führt i.d.R. zur Entlassung des Beamten aus dem Dienst. Es kann in strafrechtlicher Hinsicht sein: Urkundenfälschung (§ 267 StGB), mittelbare Falschbeurkundung (§ 271 StGB), Urkundenunterdrückung, § 274 StGB, Verwahrungsbruch im Amt (§ 133 StGB) oder Betrug/Prozessbetrug (§ 263 StGB).

Aktenmappe: Die Aktenmappe ist der Schriftgutbehälter für die zur Akte gehörenden Dokumente. Ihre Beschaffenheit richtet sich nach den hausinternen Vorgaben. Verbreitet sind bei Papierakten Hängehefter. Aktenumschläge ohne Hefter können zulässig sein, wenn sie so beschaffen sind, dass sie ein Herausfallen von Blättern sicher verhindern. Sind Akten ungeheftet und besteht keine Pflicht zum Heften, kann es geboten sein, jedes unwiederbringliche ungeheftete Schriftstück mit dem Aktenzeichen zu versehen. Grundsätzlich sollten Papierakten jedoch geheftet werden. Ein Aktenband sollte i.d.R. nicht mehr als ca. 200 Blätter umfassen, da er sonst unhandlich wird. Ansonsten sind zusätzliche Aktenbände anzulegen. Die Aktenmappe ist außen mit den erforderlichen Metainformationen (>) zur Akte zu versehen.

Aktenmäßigkeit (mitunter syn.: Aktengebundenheit, Aktenführungspflicht): Unter der Aktenmäßigkeit der Verwaltung versteht man meist, dass das Handeln der Verwaltung, d.h. ihre Verfahren, Entscheidungen und sonstigen Maßnahmen, dem Grundsatz nach in Verwaltungsakten dokumentiert wird. Die Entwicklung der Vorgangsbearbeitung muss aus der Akte nachvollziehbar sein und der Stand der Bearbeitung muss sich jederzeit aus der Akte ergeben. Der Grundsatz der Aktenmäßigkeit ist nur teilweise explizit normiert (s. § 12 II GGO Bund; gem. § 3 I PAktO sollen Papierakten alle wesentlichen Verfahrenshandlungen vollständig, nachvollziehbar und wahrheitsgemäß wiedergeben). Er ist aber aus dem Rechtsstaatsprinzip abzuleiten. Insoweit spricht man vom „Gebot" der Aktenmäßigkeit bzw. der Aktenführungspflicht (>). Die „Schriftlichkeit" des Verwaltungshandelns ist nach Max Weber im Übrigen ein unverzichtbares Merkmal der Bürokratie. Sie ist eine Voraussetzung der Professionalität der Verwaltung im Sinne Webers. Wieviel Schaden eine lückenhafte, schlechte Aktenführung anrichten kann, wird etwa deutlich, wenn die Sachbearbeitung auf eine andere Person übergeht oder in die Alte gehörende Verfahrensinformationen zur mithilfe einer Akteneinsicht ein Prozess vorbereitet werden soll. Die Pflicht zur Aktenführung endet in der Regel mit einer rechtmäßigen Schlussverfügung.

Aktenmetainformationen: s. Metainformationen (>)

Aktennotiz: s. Aktenvermerk (>)

Aktenöffentlichkeit, beschränkte: Das Akteneinsichtsrecht nach § 29 VwVfG schafft eine Aktenöffentlichkeit, die auf Beteiligte i.S.d. § 13 VwVfG beschränkt ist. Zudem besteht der Anspruch nur, wenn kein Ausschlusstatbestand nach § 29 II VwVfG gegeben ist.

Aktenordnung: Die Aktenordnung ist eine Verwaltungsvorschrift einer Verwaltungseinheit zum Entstehen und zum Umgang mit Akten. Für das LVwA gilt, dass Schriftgut nach der Aktenordnung für die unmittelbare Landesverwaltung Sachsen-Anhalt (AktO) zu verwalten ist (§ 61 I 1 GO LVwA). Die Bezugnahme auf die „AktO" ist indes veraltet, weil die AktO durch die PAktO und die EAktVO abgelöst wurde. Elektronische Akten müssen nach der Elektronischen Aktenverordnung Sachsen-Anhalt (EAktVO LSA) geführt werden (§ 61 I 2 GO LVwA). Für das LVwA gilt, dass der oder die zuständige Vorgesetzte auf die Einhaltung hinzuwirken und diese zu kontrollieren hat (§ 61 I 3 GO LVwA).

Aktenordnung für die unmittelbare Landesverwaltung: Kurzbezeichnung für die (ehemalige) Gem. RdErl. des MI, der Staatskanzlei und der übrigen Ministerien (ausgenommen MJ) „Aktenordnung für die unmittelbare Landesverwaltung Sachsen-Anhalt (AktO)" vom 14.08.1991 (MBl. 1991, S. 495). Die Vorschrift wurde aufgehoben. S. Papieraktenordnung (>) und Elektronische Aktenverordnung (>).

Aktenordnung Verwaltungsgerichtsbarkeit: Kurzbezeichnung der „Aktenordnung für die Gerichte der Verwaltungsgerichtsbarkeit (Aktenordnung Verwaltungsgerichtsbarkeit – AktO-VG) vom 18.12.2017 (JMBl. 2018, 17)".

Aktenplan (syn.: Registraturplan): Ein Aktenplan ist ein Plan zur systematischen Ordnung des gesamten Schriftgutes einer Verwaltung (oder einer sonstigen Organisation). Er bildet regelmäßig sämtliche Aufgaben der jeweiligen Verwaltungseinheit ab. Er dient dazu, das Schriftgut übersichtlich, nachvollziehbar und wirtschaftlich zu ordnen. Er ist i.d.R. Teil der Registraturordnung (>). Nach der PAktO ist der Aktenplan der „als Grundlage für die gesamte Aktenbildung vorgeschriebene, systematisch nach Aufgabengebieten gegliederte Ordnungsplan" (§ 2 PAktO). M.a.W. wird er systematisch nach der Aufgabengliederung aufgestellt (§ 5 I 1 PAktO). Er dient als Grundlage für die gesamte Papieraktenbildung und soll sicherstellen, dass die Papierdokumente bei allen Stellen der unmittelbaren Landesverwaltung einheitlich geordnet werden (vgl. § 5 I PAktO). Er wird nummerisch nach Aktenplannummern gegliedert (§ 5 II 1 PAktO). Damit später neu hinzutretende Aufgabengebiete untergebracht werden können, werden nicht alle verfügbaren Nummern besetzt (§ 5 II 2 PAktO). Sofern es nötig wird, den Aktenplan zu ändern oder zu ergänzen, so entscheidet hierüber die Stelle, die ihn aufgestellt hat (§ 5 III PAktO). Aufbewahrungsfristen, die von der Regelvorgabe (§ 14 I 2 PAktO) abweichen, sind im Aktenplan zu vermerken (§ 5 IV PAktO). Auch nach der EAktVO LSA ist der Aktenplan „Der als Grundlage für die gesamte Aktenbildung vorgeschriebene, systematisch nach

Aufgabengebieten gegliederte Ordnungsplan" (§ 2 Nr. 5 EAktVO LSA). S. auch Aktenplan der Landesverwaltung (>); Aktenplan nach KGSt (>)

Aktenplan der Landesverwaltung: Der A. ist im Internet veröffentlicht. S. https://mi.sachsen-anhalt.de/fileadmin/Bibliothek/Politik_und_Verwaltung/MI/MI/3._Themen/Landesorganisa-tion/Aktenplan_Stand_01.09.2022.pdf

Aktenplan nach KGSt: Der aktuelle Muster-Aktenplan der KGSt hat folgende Struktur: Erste Stelle (eine Ziffer): (6) Aktenhauptgruppen/Hauptsachgebiete (0-5); Zweite Stelle (zweite Ziffer 0-9, bildet zusammen mit erster Ziffer): (17) Aktenbereiche (ehem. Aktengruppe); Dritte Stelle (zwei weitere Ziffern 00-99): (ca. 120) Aktengruppen (ehem.: Aktenuntergruppe); Vierte Stelle (neben den vier ersten Ziffern zwei weitere nach interner Festlegung): (ca. 500) Aktenbetreff (Betreffseinheit; ehem. Aktensachgruppe)

Aktenplankennzeichen: Das Aktenplankennzeichen findet sich auf der untersten Ebene des Aktenplans, d.h. der Betreffseinheit. Das Aktenplankennzeichen allein genügt nicht zur Kennzeichnung einer Akte. S.a. Aktenzelchen (>)

Aktenplannummer: Im Anwendungsbereich der PAktO ist die Aktenplannummer die „Nummer laut Aktenplan" (§ 2 Nr. 3 PAktO). Dies gilt sinngemäß auch für den Anwendungsbereich der EAktVO LSA (vgl. § 2 Nr. 6 EAktVO LSA).

Aktenrecht: Das Aktenrecht ist die Gesamtheit der Rechtsnormen, die in spezifischer Weise den Umgang der Verwaltung mit Akten, insbesondere das Anlegen, Führen und Vernichten von Akten, regeln. Es kann als eigenständiges Rechtsgebiet betrachtet werden, das neben formell-gesetzlichen Normen auch in weitem Umfang untergesetzliches Recht in Gestalt von Verwaltungsvorschriften umfasst.

Aktenreiter (mitunter syn.: Registerreiter): Auf dem Schriftgutbehälter der Papierakte außen angebrachter (aufgesetzter, aufgesteckter oder sonst befestigter) kleiner Beschriftungsträger, meist aus Kunststoff, in bzw. auf dem das Aktenzeichen oder eine sonstige Kurzbezeichnung der Akte dargestellt wird. Der Beschriftungsträger „reitet" bildlich gesprochen auf der Akte. Er dient i.d.R. dem leichteren Auffinden von Akten etwa in Hängeregistraturen. Mitunter werden auf einer Akte im formellen Sinn auch mehrere Reiter angebracht, um weitere Informationen über die Akte von außen leichter auffindbar zu machen (Bsp.: „Wvl. 35. KW").

aktenrelevante Papierdokumente: s. Papierdokumente, aktenrelevante (>) und Aktenrelevanz (>)

Aktenrelevanz: In der Akte sind alle für das Verwaltungsverfahren relevanten Schriftstücke zu sammeln. Dabei kann es sich etwa um Anträge, Vermerke über behördliche Beobachtungen oder mündliche Erklärungen Beteiligter, Stellungnahmen anderer Behörden, Auszüge aus Registern, Entscheidungsentwürfe, Kopien des Verwaltungsaktes u.V.m. handeln. Für die unmittelbare Landesverwaltung gilt, dass „aktenrelevante Papierdokumente" solche Papierdokumente (sowie die dazugehörigen entscheidungserheblichen Bearbeitungsschritte) sind, die zum späteren Nachweis der Vollständigkeit, zur Nachvollziehbarkeit und für die Transparenz des Verwaltungshandelns innerhalb der Verwaltung als auch gegenüber Dritten beweisfest vorzuhalten sind (§ 2 Nr. 4 PAktO). Im Anwendungsbereich der EAktVO LSA sind aktenrelevante Dokumente „Dokumente sowie die dazugehörigen entscheidungserheblichen Bearbeitungsschritte, die zum späteren Nachweis der Vollständigkeit, zur Nachvollziehbarkeit und für die Transparenz des Verwaltungshandelns innerhalb der Verwaltung als auch gegenüber Dritten beweisfest vorzuhalten sind" (§ 2 Nr. 7 EAktVO LSA).

Die Behörde entscheidet grundsätzlich nach ihrem Ermessen, welche Informationen sie für aktenrelevant hält und demzufolge in die Akte aufnimmt. Dieses Ermessen ist aber durch verschiedene Vorgaben eingeschränkt. So ist sie dem Untersuchungsgrundsatz gem. § 24 I VwVfG (evtl. i.V.m. § 1 I VwVfG LSA) verpflichtet. Sie muss daher dem Grundsatz nach alle entscheidungsrelevanten Tatsachen zu ermitteln. Sofern diese Tatsachen nicht bereits allgemein bekannt oder amtsbekannt sind, müssen sie auch notfalls in der Akte dokumentiert sein. Auch darf die Behörde etwa die Entgegennahme von Erklärungen oder Anträgen, die in ihren Zuständigkeitsbereich fallen, nicht deshalb verweigern, weil sie die Erklärung oder den Antrag in der Sache für unzulässig oder unbegründet hält (§ 24 III VwVfG). Demzufolge muss sie derartige Anträge und Erklärungen auch in eine Akte aufnehmen.

Aktensachgruppe: veraltete Bezeichnung für die Betreffseinheit (>)

Aktenschimmel (mitunter syn.: Amtsschimmel): Der Begriff ist mehrdeutig. Gemeint sein kann Schimmelpilz auf Papierakten (bzw. auf dem Schriftgutbehälter) oder aber der Begriff wird verwendet als eine (spaßhaft, kritische) Metapher für eine besonders langsame bürokratische Bearbeitung von (aktengebundenen) Verfahren. Mitunter wurde der Begriff auch allgemein für ein im negativen Sinne bürokratisches Verhalten von Verwaltung verwendet.

Aktensprache: Die Amtssprache ist deutsch (§ 23 I VwVfG). Daher sind auch die Akten grundsätzlich auf Deutsch zu führen. Aktenrelevante Dokumente in ausländischer Sprache sind zwar in die Akte aufzunehmen, jedoch muss u.U. nach Maßgabe des § 23 II VwVfG eine Übersetzung angefordert bzw. angefertigt werden.

Aktentitel: Der Titel einer einzelnen Akte. Er wird meist auf dem Schriftgutbehälter notiert. Er entspricht meist den Betreffangaben maßgeblicher Schriftstücke der Akte (z.B. „Wilder Müll Pabstdorf Liebigstraße"; BV Wohnturm Meyer).

Aktenuntergruppe: Gliederungsebene eines Aktenplans unterhalb der beiden ersten Gruppen.

Aktenverfügung: Aktenverfügungen sind Maßnahmen der Aktenführung des Aktenbearbeiters, die nicht nur (wie der Vermerk) der Sicherung relevanter Information dienen, sondern den Auftrag an ein anderes Mitglied des Personals (derselben oder einer anderen Behörde) enthalten, mit der Akte bzw. dem Fall in einer bestimmten Weise zu verfahren. Beispiele sind etwa der Auftrag zur Durchnummerierung der Akte, zum Anfertigen von Kopien, zum Anfertigen einer Duplex-Akte, zur Versendung von Kopien, zum Anfertigen von Entwürfen von Schreiben oder Verwaltungsakten, zur die Benachrichtigung von Personen bzw. Ämtern oder die Bitte um Kenntnisnahme oder weitere Veranlassung. Es muss klar sein, an wen sich die Verfügung richtet, wobei der Adressat der Aktenverfügung in der Hierarchie gegenüber dem Verfügenden über-, unter- und gleich geordnetes Verwaltungspersonal sein kann. Daher muss die Verfügung zunächst beinhalten, dass die Akte dem Adressaten der Verfügung zugeleitet wird. Der Adressat muss sodann klar erkennen können, was er konkret mit der Akte tun soll und wann er dies tun soll. Die Verfügung muss auf den Fortgang der Bearbeitung gerichtet sein, sofern es nicht gerade um ein Ruhen oder Beenden des Verfahrens geht.

Aktenvermerk (syn.: Aktennotiz): Der Aktenvermerk ist eine Aktennotiz über Geschehenes im Sinne einer schriftlichen Dokumentation eines nicht schriftlichen Vorgangs mit Bedeutung für das Verwaltungsverfahren. Ein Aktenvermerk ist bei papiernen Akten die Notiz des die Akten führenden Amtsträgers in einer Verwaltungsakte, durch die eine weder allgemein bekannte noch bereits in der Akte durch Schriftstücke dokumentierte Information, meist eine Begebenheit von erkennbarer oder zumindest möglicher Relevanz für das Verwaltungsverfahren dokumentiert wird. Gegenstand der Eintragung können insbesondere Verlauf, Inhalt und Ergebnis eines Gesprächs, eine Beobachtung oder Zeit, Art und Weise der Entgegennahme, der Weitergabe oder des Auffindens eines Dokuments oder sonstigen Gegenstands sein. Der Aktenvermerk kann handgeschrieben oder maschinengeschrieben sein. Bei Papierakten ist er vom Ersteller handschriftlich zu unterzeichnen und mit dem Entstehungsdatum zu versehen, um volle Beweiskraft über in ihm dokumentierte Tatsachen entfalten zu können.
Für das LVwA gilt, dass Aktenvermerke über alle aus den Akten nicht ersichtlichen Ereignisse gefertigt werden müssen, die für das Verständnis des Vorgangs und die weitere Bearbeitung bedeutsam sind (§ 45 I 1 GO LVwA). Sie sind so knapp wie möglich zu fassen und sollen keine Ausführungen enthalten, die in ein anschließendes Schreiben aufgenommen werden (§ 45 I 2 GO LVwA). Zusammenfassende Aktenvermerke für abschließend zeichnende Bedienstete dürfen nur gefertigt werden, wenn der Akteninhalt besonders umfangreich oder unübersichtlich ist (§ 45 II GO LVwA). S.a. Zweck des Aktenvermerks (>)

Aktenvernichtung: s. Vernichtung von Akten (>)

Aktenversendung: Im Hinblick auf Papierakten die körperliche Übermittlung von Akten an andere Bedienstete der jeweiligen Verwaltungseinheit, an andere Verwaltungseinheiten oder an sonstige Stellen und Personen (Verwaltungsgericht, Parlamentarischer Untersuchungsausschuss, Rechtsanwälte etc.). Im Falle von elektronischen Akten werden diese an einen Empfänger auf elektronischen Wege übermittelt. S.a. § 6 III RegR Bund; § 54 II GO LVwA; §§ 41, 42, 45 Verschlusssachenanweisung.

Aktenverzeichnis (syn: Aktendatei): Ein Aktenverzeichnis ist eine Auflistung aller vorhandenen Akten einer Verwaltungseinheit. In ihm wird der Aktenbestand nach einem einheitlichen Schema mit bestimmten Metadaten erfasst (mindestens jedoch mit den Aktenzeichen). Die Auflistung kann analog („Findbuch") oder digital als Datenbank sein.

Ein Aktenverzeichnis für Papierakten i.S.d. PAktO ist ein „Verzeichnis über angelegte Papierakten, das in der Ordnung des Aktenplans geführt wird" (§ 2 Nr. 18 b) PAktO). Papierakten sind bei ihrer Erstellung nach Maßgabe des § 9 I PAktO in ein Aktenverzeichnis für Papierakten nach Anlage 2 der PAktO aufzunehmen (§ 9 I 1 PAktO). Anl. 2 enthält Gestaltungsvorgaben für das Verzeichnis. Im Aktenverzeichnis für Papierakten ist die Anlegung von Fortsetzungsbänden zu vermerken (§ 9 II 2 PAktO). Für Bundesministerien gilt § 14 RegR, wonach die Sachakten in einem Aktenverzeichnis gemäß Anlage 4 zu registrieren sind.

Aktenvollständigkeit: s. Gebot der Aktenvollständigkeit (>); Vermutung der Aktenvollständigkeit (>)

Aktenwagen: Rollwagen zur Beförderung von Akten innerhalb eines Behördenhauses. Er ist vom nicht mobilen Aktenbock (>) abzugrenzen.

Aktenwahrheit: s. Gebot der Aktenwahrheit (>)

Aktenwolf (syn.: Reißwolf): (Papier-)Aktenvernichter, der Akten mechanisch durch Auseinanderreißen zerkleinert.

Aktenwurm: Scherzbegriff/abwertende Metapher für einen Behördenbediensteten (im eher unteren Bereich die Behördenhierarchie), der sich mit besonderer Hingabe der intensiven Bearbeitung von Akten widmet.

Aktenzeichen: Das Aktenzeichen (Abk.: Az.) ist die Signatur eines Aktenbandes. Seltener wird es auch Aktenheft oder Aktenbüschel genannt. Es wird anhand des jeweils geltenden Aktenplans (>) systematisch vergeben und zusammen mit dem Aktentitel auf dem jeweiligen Schriftgutbehälter vermerkt sowie im Aktenverzeichnis (>) geführt. Seine Entsprechung im Archiv ist die Archivsignatur. Es kann aus Zahlen oder/und Buchstaben sowie zusätzlich aus Sonderzeichen bestehen. Es darf nicht mit besonderen Aktenkennzeichnungen (>) oder mit dem Geschäftszeichen (>) verwechselt werden, das oft im Aktenzeichen zitiert wird. Ein Aktenzeichen wird jeweils nur einmal vergeben. Der Aufbau des Aktenzeichens bestimmt sich nach den für den jeweiligen Verwaltungsträger geltenden Vorgaben. Aktenzeichen im Anwendungsbereich der PAktO (>) sind das grundlegende Unterscheidungsmerkmal für alle angelegten Papierakten nach § 6 PAktO (§ 2 Nr. 5 PAktO). Für die Bildung von Papierakten durch die (unmittelbare) Landesverwaltung gilt § 6 PAktO. Hiernach setzt sich bei Papierakten das Aktenzeichen zusammen aus dem Zeichen der nach dem Geschäftsverteilungsplan der aktenführenden Stelle zuständigen Organisationseinheit, der fünfstelligen Aktenplannummer und einer laufenden Nummer. Im Geltungsbereich der EAktVO LSA gilt ist das Aktenzeichen „Das grundlegende Unterscheidungsmerkmal für alle elektronisch angelegten Akten nach § 6 Abs. 1" (§ 2 Nr. 8 EAktVO LSA). Vgl. auch ein Beispiel aus der Bundesverwaltung, wonach das Aktenzeichen „I A 1 – H 1118 D – 78/03 – A 14" wie folgt aufgebaut sein kann: „I A 1" Registratur (Stelle, die AZ vergeben hat); „H 11" Haushaltsplanaufstellung; „H 1118" Mittel aus Krediten und Subventionen; „D" Darlehen; „78/22" Akte Nummer 78 aus dem Jahr 2022; „A 12" Bezeichnung der Stelle des Bearbeiters. S.a. Vergabe von Aktenzeichen (>)

Aktenziehen: Das Ziehen von Akten. S. Ziehen (>)

Altregistratur: Die Altregistratur ist die Registratur (>) von geschlossenen Altakten. Im Anwendungsbereich der PAktO (>) gilt, dass geschlossene Papierakten spätestens zwei Jahre nach Beginn der Aufbewahrungsfrist einer Altregistratur zuzuführen sind (§ 15 I 1 PAktO). Zuvor ist in ihren Papiermetainformationen das Ende der Aufbewahrungsfrist zu vermerken (§ 15 I 2 PAktO). Die Zweijahresfrist gilt sinngemäß für Urkunden und Wertsachen im Sinne von § 11 III PAktO sowie sonstige Papierdokumente, die wegen ihrer äußeren Beschaffenheit getrennt von den Papiervorgängen und damit getrennt von den Papierakten aufbewahrt werden (§ 15 I 3 PAktO). Die der Altregistratur zugeführten Papierakten werden in ein Altregistraturverzeichnis (>) für Papierakten aufgenommen (§ 15 II PAktO).

Altregistraturverzeichnis: Die der Altregistratur zugeführten Papierakten werden in ein Altregistraturverzeichnis für Papierakten aufgenommen (§ 15 II PAktO). Die Abgabe ausgesonderter Akten an das Landesarchiv Sachsen-Anhalt ist im Altregistraturverzeichnis für Papierakten zu vermerken (§ 17 IV PAktO). Ein Altregistraturverzeichnis i.S.d. EAktVO LSA ist „Ein separates elektronisches Verzeichnis über geschlossene elektronische Akten oder Vorgänge, die der Altregistratur zugeführt worden sind" (§ 2 Nr. 23 c EAktVO LSA). S.a. Verzeichnisse, elektronische (>); Verzeichnisse für Papierakten (>)

Anbietungsverzeichnis: Ein Anbietungsverzeichnis für Papierakten i.S.d. PAktO ist „Ein Verzeichnis, in dem die anbietungspflichtigen Papierakten aufgeführt werden, die dem Landesarchiv Sachsen-Anhalt angeboten werden sollen (§ 2 Nr. 18 d PAktO). Es ist nach Anlage 6 zur PAktO zu führen: Die für die Altregistratur der aktenführenden Stelle verantwortliche Organisationseinheit listet die zur Anbietung vorgesehenen Papierakten in einem Anbietungsverzeichnis für Papierakten entsprechend Anlage 6 auf, das sie anschließend an das Landesarchiv Sachsen-Anhalt übermittelt (§ 17 I 1 PAktO). Dies gilt nicht für Papierakten, auf deren Anbietung das Landesarchiv Sachsen-Anhalt von vornherein verzichtet hat (§ 17 I 2 PAktO). Elektronisch geführte Anbietungsverzeichnisse für Papierakten entsprechend Anlage 6 sollen elektronisch übermittelt werden (§ 17 I 3 PAktO).

Ein Anbietungsverzeichnis i.S.d. EAktVO LSA ist „Ein nach dem XDOMEA-Standard erzeugtes elektronisches Verzeichnis, in dem die anbietungspflichtigen elektronischen Akten oder Vorgänge aufgeführt werden, die dem Landesarchiv Sachsen-Anhalt angeboten werden sollen." (vgl. § 2 Nr. 23 EAktVO LSA).

Änderung des Akteninhalts: Dem Grundsatz nach darf der Akteninhalt nicht verändert werden. Zulässig sind aber Aktenvermerke und Aktenverfügungen auf Papierdokumenten. Die sog. Integrität (>) der Akte erfordert, dass zulässige Anmerkungen, Zusätze und Streichungen in Papierakten, Papiervorgängen oder Papierdokumenten nur so angebracht werden, dass sie erkennbar und nachvollziehbar sind (§ 3 III 2 PAktO).

Anforderung der Akte, gerichtliche: Behörden sind gegenüber den Verwaltungsgerichten zur Vorlage von Urkunden und Akten, zur Übermittlung elektronischer Dokumente und zu Auskünften verpflichtet (§ 99 I 1 VwGO). Die Verwaltungsgerichte fordern in der Regel von der aktenführenden Behörde bzw. deren Rechtsträger die Akte (im materiellen Sinn) an.

angelegt am: Die Angabe des Datums der Aktenanlage ist eine obligatorische Metainformation (>) bei Papierakten i.S.d. PAktO. Das Datum gehört zu den sog. Mindestmetainformationen (>) i.S.v. Anl. 1 zur PAktO. Zudem ist es im Aktenverzeichnis i.S.d. Anl. 2 zur PAktO anzuführen, in der Beschriftung für Hefter und Ordner anzugeben (Anl. 3 und 4), sowie im Inhaltsverzeichnis (Anl. 5), im Anbietungsverzeichnis (Anl. 6) sowie im Abgabeverzeichnis für Papierakten (Anl. 7) zu vermerken.

Anl.: In der internen Verwaltungssprache übliche Abkürzung für „Anlage" bzw. Anlagen".

Anlage von Akten: s. Aktenanlage (>)
Anwendungsbereich der EAktVO LSA: s. Elektronische Aktenverordnung (>)
Anwendungsbereich der PAktO: s. Papieraktenordnung (>)
Anwendungsbereich des E-GovG (Bund): s. E-GovG (>)

Arbeitsvermerk: Unter Arbeitsvermerken versteht man meist – nicht etwa wie das Wort impliziert Aktenvermerke (>) – sondern Aktenverfügungen (>) Vorgesetzter, mit denen sie Vorgaben zur Aktenbearbeitung an Weisungsempfänger richten. Beim LVwA sind Arbeitsvermerke insbesondere: + (Schlusszeichnung), K (vor Abgang zur Kenntnis), Kn (nach Abgang zur Kenntnisnahme vorlegen), s.K. (schriftliche Kurzdarstellung – des Sachverhaltes mit Bearbeitungs- oder Entscheidungsvorschlag), b.R. (bitte Rücksprache i.S.v. kurze Erörterung), z.U. (Reinschrift zur Unterschrift vorlegen), „Eilt" (bevorzugt bearbeiten), „Sofort" (vor allen anderen Vorgängen bearbeiten) (§ 34 III 1 GO LVwA). „Bei Rücksprachen ist der Anlass kurz kenntlich zu machen." (§ 34 III 2 GO LVwA) Für Bundesministerien regelt § 22 GGO Bund die Verwendung von Arbeitsvermerken.

Archiv, öffentliches: Öffentliche Archive i.S.d. Archivgesetzes Sachsen-Anhalt (>) sind gem. § 2 VI des Gesetzes „das Landesarchiv Sachsen-Anhalt, die Archive, die vom Landtag oder von Hochschulen errichtet sind, sowie die Kommunalarchive und die Archive von Stellen im Sinne des Absatzes 1 Satz 1 Nr. 3" Archivgesetz.

Archivgesetz: Archivgesetz Sachsen-Anhalt (ArchG LSA) vom 28.06.1995 (GVBl. LSA S. 190), zuletzt geändert durch Gesetz vom 18.02.2020 (GVBl. LSA S. 25, 40). In Ausführung und Ergänzung des Archivgesetzes können die dem Gesetz unterliegenden Verwaltungsträger Archivordnungen erlassen (z.B. die Archivordnung der Hochschule Harz v. 25.4.2018, Amtl. MBl. 2/2018, S 14 ff.). Ist keine andere Rechtsform gewählt (etwa die der Satzung), handelt es sich dabei um Verwaltungsvorschriften.

Archivgut: Öffentliches Archivgut sind gem. § 2 I Archivgesetz „alle archivwürdigen Unterlagen, die bei 1. den Verfassungsorganen, Behörden, Gerichten und sonstigen öffentlichen Stellen des Landes Sachsen-Anhalt, 2. den Gemeinden, Verbandsgemeinden und Landkreisen sowie bei sonstigen kommunalen Zusammenschlüssen oder 3. den sonstigen der Aufsicht des Landes unterstehenden juristischen Personen des öffentlichen Rechts und deren Zusammenschlüssen sowie bei deren Rechts- und Funktionsvorgängern entstanden sind und zur dauernden Aufbewahrung von einem öffentlichen Archiv übernommen werden. Den in Satz 1 genannten Stellen stehen die von ihnen errichteten juristischen Personen des Privatrechtes, die öffentliche Aufgaben erfüllen und nicht am Wettbewerb teilnehmen, gleich." Gem. § 2 II Archivgesetz gelten als öffentliches Archivgut auch „Unterlagen oder dokumentarische Materialien, die von öffentlichen Archiven zur Ergänzung ihres Archivgutes angelegt, erworben oder diesen zur dauernden Verwahrung und Nutzung überlassen worden sind." Öffentliches Archivgut ist nach Maßgabe des Archivgesetzes zu archivieren. S. Archiv, öffentliches (>); Archivwürdigkeit (>); Unterlagen, archivwürdige (>)

Archivierung: Archivieren i.S.v. § 2 V Archivgesetz ist „das Ermitteln, Bewerten, Übernehmen, Verwahren auf Dauer, Sichern, Erhalten, Instandsetzen, Erschließen sowie Nutzbarmachen und Auswerten von Archivgut." S. Archivgut (>)

Archivwürdigkeit: Gem. § 2 IV Archivgesetz sind solche Unterlagen (>) archivwürdig, „denen für die Gesetzgebung, Rechtsprechung, Regierung und Verwaltung, für die Wissenschaft und Forschung, für das Verständnis von Geschichte und Gegenwart, zur Rechtswahrung oder zur Sicherung berechtigter privater Interessen bleibender Wert zukommt."

Aufbewahrung: Das planmäßige Aufbewahren von Akten in der Behörde von ihrer Entstehung bis zu ihrer Vernichtung. Eine besondere dauerhafte Form der Aufbewahrung ist die Archivierung (>).

Aufbewahrungsfrist für Papierakten: Die Aufbewahrungsfrist für Papierakten i.S.d. PAktO ist die „Frist, innerhalb derer Papierakten nach verfügter Schließung bis zu ihrer Aussonderung aufbewahrt werden" müssen (§ 2 Nr. 6 PAktO). Die Aufbewahrungsfrist beginnt mit Ablauf des Kalenderjahres, in dem die Papierakte geschlossen worden ist (§ 14 I 1 PAktO). Sie beträgt zehn Jahre, soweit besondere Rechtsvorschriften keinen anderen Zeitraum vorsehen (Zehnjahresregelfrist des § 14 I 2 PAktO). Die Aufbewahrungsdauer für die einzelne Papierakte richtet sich nach den zu ihr gehörenden Papiervorgängen sowie den zu den Papiervorgängen gehörenden Papierdokumenten mit der längsten Aufbewahrungsfrist (§ 14 II PAktO). Die Aufbewahrungsdauer von Papierdokumenten und Papiervorgängen, die wegen ihrer Beschaffenheit getrennt von den Papiervorgängen oder Papierakten aufbewahrt werden, sowie von Urkunden und Wertsachen im Sinne von § 11 III PAktO richtet sich nach den Aufbewahrungsfristen der Papiervorgänge oder Papierakten, zu denen sie gehören (§ 14 III PAktO). Werden innerhalb der Aufbewahrungsfrist Papierdokumente oder Papiervorgänge aus einer geschlossenen Papierakte wieder in Bearbeitung genommen, ist die Aufbewahrungsfrist bis zum Abschluss der Bearbeitung unterbrochen (§ 14 IV 1 PAktO). Nach erneuter Schließung der Papierakte beginnt sie neu (§ 14 IV 2 PAktO). S.a. Aufbewahrungsfristen für Personalakten (>)

Aufbewahrungsfristen für Personalakten: Für die Personalakten sowie die in den Akten verorteten Dokumente gelten besondere Aufbewahrungsfristen, die sich aus verschiedenen Vorschriften ergeben. Wichtig ist hier nach steuerrechtlichen und sozialversicherungsrechtlichen Aufbewahrungsfristen zu unterscheiden. Diese sind in Tabelle 1 dargestellt.

Dokument	Frist	Rechtliche Grundlage
Nachweise über Arbeitsentgelte	5 Jahre	§ 165 IV 2 SGB VII
Nachweis geleistete Arbeitszeit	5 Jahre	§ 165 IV 2 SGB VII
Entgeltunterlagen	bis zu 5 Jahre (Ablauf des auf die letzte Sozialversicherungsprüfung folgendem Kalenderjahr - § 28p I SGB IV)	§ 28f I 1 SGB IV
Dokumentation der täglichen Arbeitszeit von mehr als 8 Stunden	Mindestens 2 Jahre	§ 16 II ArbZG
Dokumente zu Ansprüchen auf Leistungen aus der betrieblichen Altersvorsorge	30 Jahre	§ 18a BetrAVG
Lohnkonten	6 Jahre	§ 41 I 9 EStG
Arbeitszeitlisten	6 Jahre, wenn der Zusammenhang mit dem Lohnsteuerabzug gegeben ist	§ 41 I 9 EStG
Reisekostenabrechnungen	6 Jahre, wenn der Zusammenhang mit dem Lohnsteuerabzug gegeben ist	§ 41 I 9 EStG
Bewerbungsunterlagen	zwei bis maximal sechs Monate (mögliche Konkurrentenklagen!)	§ 26 BDSG, § 15 IV AGG

Arbeitsverträge	keine gesetzliche Frist. Solange bis Ansprüche aus dem Arbeitsverhältnis verjährt sind.	§ 195 BGB

Tabelle 1: Aufbewahrungsfristen von personalaktenrelevanten Dokumenten.

Aufbewahrungsfristen für elektronische Dokumente: Aufbewahrungsfrist für die elektronische Aktenführung ist im Geltungsbereich der EAktVO LSA die „Frist, innerhalb derer elektronische Akten oder Vorgänge nach verfügter Schließung bis zu ihrer Aussonderung aufbewahrt werden", die „Transferfrist" als „Frist, innerhalb derer elektronische Dokumente noch im Originalformat vorhanden sind und wieder in Bearbeitung genommen werden können. Die Transferfrist ist eine Teilmenge der Aufbewahrungsfrist" (§ 2 Nr. 15 a und b EAktVO LSA). Gem. § 15 I EAktVO LSA beginnt die Aufbewahrungsfrist mit Ablauf des Kalenderjahres, in dem die elektronische Akte oder der Vorgang geschlossen worden ist und beträgt zehn Jahre, soweit besondere Rechtsvorschriften keinen anderen Zeitraum vorsehen. Die Aufbewahrungsdauer für die einzelne elektronische Akte richtet sich nach den zu ihr gehörenden Dokumenten und Vorgängen mit der längsten Aufbewahrungsfrist (§ 15 II EAktVO LSA). Die Aufbewahrungsdauer von Dokumenten und Vorgängen, die wegen ihrer Beschaffenheit getrennt von den elektronischen Akten aufbewahrt werden, richtet sich nach den Aufbewahrungsfristen der elektronischen Akten oder Vorgänge, zu denen sie gehören (§ 15 III EAktVO LSA). In Teilbereichen der öffentlichen Verwaltung gelten besondere Aufbewahrungsfristen (so z.B. die Aufbewahrungsfristen gem. § 3 der Archivordnung der Hochschule Harz, Amtl. Mitteilungsblatt 2/2018 v. 25.4.2018, S. 14 ff). S.a. Aufbewahrung (>); Aussonderung von Akten (>)

Auskunftsanspruch nach § 1 I IZG LSA: Der Auskunftsanspruch nach § 1 I IZG LSA besteht neben dem Akteneinsichtsrecht (>). Dies folgt aus § 1 III IZG LSA. Der Auskunftsanspruch kann sich auf Akteninhalte beziehen. Vgl. hierzu BVerwG (Urt. v. 28.10.2021 – 10 C 3.20 – juris): „1. Eine als Twitter-Direktnachricht bei der Twitter Inc. gespeicherte Information kann eine amtliche Information gemäß § 2 Nr. 1 Satz 1 IFG sein. 2. Eine Information ist nur dann amtlich im Sinne des § 2 Nr. 1 Satz 1 IFG, wenn ihre Aufzeichnung und nicht nur ihr Inhalt amtlichen Zwecken dient. 3. Eine Aufzeichnung dient objektiv nur dann amtlichen Zwecken, wenn ihr Inhalt nach den Grundsätzen ordnungsgemäßer Aktenführung aktenrelevant ist."

Auslagerung von Papierakten: Im Anwendungsbereich der PAktO versteht man unter „Auslagerung" die dritte Phase des Umgangs mit Akten (nach der PAktO). Sie besteht darin, dass geschlossene Akten der Altregistratur (>) zugeführt und in ein Altregistraturverzeichnis aufgenommen werden.

Aussonderung von elektronischen Akten: Unter Aussonderung von elektronischen Akten i.S.d. EAktVO LSA ist die Anbietung und gegebenenfalls Abgabe elektronischer Akten oder Vorgänge aus dem Bestand der aktenführenden Stelle an das Landesarchiv Sachsen-Anhalt und deren Löschung oder Vernichtung" zu verstehen (§ 2 Nr. 9 EAktVO LSA). S.a. Aussonderungsverfahren (>)

Aussonderung von Papierakten: Im Anwendungsbereich der PAktO (>) versteht man unter der Aussonderung von Papierakten als vierte Phase des Umgangs mit Papierakten die „Anbietung und gegebenenfalls Abgabe von Papierakten aus dem Bestand der aktenführenden Stelle an das Landesarchiv Sachsen-Anhalt und deren Vernichtung" (§ 2 Nr. 7 PAktO). Nach Ablauf der Aufbewahrungsfrist sind Papierakten dem Landesarchiv Sachsen-Anhalt mit dem Anbietungs- und Abgabeverzeichnis für Papierakten (Anlagen 6 und 7) zur Übernahme anzubieten (§ 16 Satz 1 PAktO). Archivwürdige Papierakten werden an das Landesarchiv Sachsen-Anhalt abgegeben (§ 16 Satz 2 PAktO). Nicht archivwürdige Akten sind von der aktenführenden Stelle zu vernichten (§ 16 Satz 3 PAktO). S.a. Aussonderungsverfahren (>)

Aussonderungsverfahren: Das Verfahren zur Aussonderung von Papierakten oder elektronischen Akten (oder Vorgängen). Aussonderungsverfahren für Papierakten i.S.d. PAktO ist das „Verfahren zur Aussonderung von Papierakten" (§ 2 Nr. 8 PAktO). In diesem Verfahren werden. Die für die Altregistratur der aktenführenden Stelle verantwortliche Organisationseinheit listet die zur Anbietung vorgesehenen Papierakten in einem Anbietungsverzeichnis für Papierakten entsprechend Anlage 6 auf, das sie anschließend an das Landesarchiv Sachsen-Anhalt übermittelt (§ 17 I 1 PAktO). Dies gilt nicht für Papierakten, auf deren Anbietung das Landesarchiv Sachsen-Anhalt von vornherein verzichtet hat (§ 17 I 2 PAktO). Elektronisch geführte Anbietungsverzeichnisse für Papierakten entsprechend Anlage 6 sollen elektronisch übermittelt werden (§ 17 I 3 PAktO). Die als archivwürdig bestimmten Papierakten sind dem Landesarchiv Sachsen-Anhalt an dem von ihm bestimmten Dienstort zu übergeben. Elektronisch geführte Abgabeverzeichnisse für Papierakten entsprechend Anlage 7 sollen elektronisch übermittelt werden (§ 17 II PAktO). Weitere Vorgaben enthalten die Abs. 3-5 des § 17 PAktO. Aussonderungsverfahren i.S.d. EAktVO LSA ist das „Verfahren zur Aussonderung elektronischer Akten oder einzelner Vorgänge in zwei oder vier Stufen nach § 19 oder § 20" (§ 2 Nr. 10 EAktVO LSA). Die Aussonderung elektronischer Akten oder Vorgänge nach der EAktVO LSA ist in deren §§ 18 ff. als Phase IV der Aktenführung geregelt.

Authentizität: Unter Authentizität des Akteninhalts versteht man, dass aus jedem Dokument nachweisbar hervorgeht, wer es erstellt, geändert oder Vermerke oder Verfügungen auf ihm angebracht hat. Im Anwendungsbereich der EAktVO LSA gilt als Authentizität das Erfordernis, dass aus dem Dokument nachweisbar hervorgeht, wer es erstellt, geändert, mitgezeichnet und schlussgezeichnet hat (§ 3 IV EAktVO LSA). Gem. § 3 I PAktO sollen Papierakten alle wesentlichen Verfahrenshandlungen vollständig, nachvollziehbar und wahrheitsgemäß abbilden. Dazu ist die Authentizität der Papierdokumente (sowie die Integrität, Authentizität, Lesbarkeit und Vertraulichkeit der Papierdokumente und die Vollständigkeit der Papierakten und Papiervorgänge) bis zur Übergabe an das Landesarchiv Sachsen-Anhalt oder bis zu ihrer Vernichtung zu gewährleisten.

B

B-Akte: Abk. für „besondere Akten" zu Einzelfällen/Personalakten in Abgrenzung zu den Allgemeinen Akten („A-Akten"), d.h. solche von allgemeiner Bedeutung.

b.R.: Abk. des Arbeitsvermerks „bitte Rücksprache (kurze Erörterung)" (§ 34 III GO LVwA)

b.R. (!): wie zuvor, jedoch drückt das Ausrufezeichen die Dringlichkeit aus.

b.V.: Aktenverfügung als Abkürzung für „bitte Vortrag"

Band: s. Aktenband (>)

Bearbeitung der Vorgänge: s. Vorgangsbearbeitung (>)

Bearbeitungsstand: Der Stand und die Entwicklung der Bearbeitung eines Geschäftsvorfalls müssen jederzeit aus der Papierakte oder aus dem Papiervorgang nachvollziehbar sein (§ 3 II 1 PAktO). S. a. Transparenz (>)

Bedeutung der Aktenführung: Die Aktenführung hat insbesondere Bedeutung für die Richtigkeit, Kontrollierbarkeit und Gleichmäßigkeit von Verwaltungshandeln. Im Hinblick auf die Richtigkeit (bzw. „Qualität" oder „Güte") von Entscheidungen ist die Akte notwendig zur Informationssammlung, -ordnung, -verwaltung für Entscheidungen. Sie ist dabei Voraussetzung professionellen Arbeitens (d.h. eines systematischen Arbeitens mit Reflexion und Evaluation des Tuns). Insoweit besteht ein untrennbarer Zusammenhang zwischen der Richtigkeit und dem Weberschen Bürokratiemerkmal der Professionalität. Weiterhin dient die Aktenführung der Kontrollierbarkeit, Nachvollziehbarkeit und Transparenz des Verwaltungshandelns. Die Akte ist insoweit Grundlage hierarchischer Steuerung und Überwachung durch nächsthöhere Verwaltungsebenen, Grundlage gerichtlicher und parlamentarischer Kontrolle und der Kontrolle durch Beteiligte im Rahmen des Akteneinsichtsrechts und weiterer Informationsrechte. Neben der Kontrollierbarkeit begründet auch der Aktenzweck der Gleichmäßigkeit des Verwaltungshandelns die rechtsstaatliche Bedeutung. Die Aktenführung ist unerlässliche Voraussetzung für eine (personenunabhängige) Gleichmäßigkeit und Kontinuität des Verwaltungshandelns. Sie verhindert Willkür und erratisches Verwaltungshandeln.

Behandlung von Eingängen: Die Behandlung von Eingängen ist für die Bundesverwaltung, unmittelbare Landesverwaltung und für die kommunalen Verwaltungsträger jeweils unterschiedlich – meist durch Geschäftsordnungen oder Aktenordnungen – geregelt. Für die Behandlung von Eingängen (>) im Landesverwaltungsamt gelten die §§ 31 ff. GO LVwA: „Die auf direktem oder postalischem Weg zugeleiteten Dokumente und Informationen werden in der Poststelle mit dem Eingangsstempel versehen und in Eingangsmappen weitergeleitet. Auf den

Eingängen bezeichnete Anlagen werden auf Vollständigkeit geprüft." (§ 31 I GO LVwA). „Eingehende elektronische Post mit Dokumentencharakter ist unverzüglich unter Beachtung der einschlägigen Dienstanweisungen weiterzuleiten. Ist eine Weiterleitung auf elektronischem Wege nicht möglich, ist ein Ausdruck zu fertigen und in den Posteingang zu geben." (§ 31 II GO LVwA) „Eingängen mit Zustellungsurkunden, Einschreibe-, Wert- und Eilsendungen, Eingaben, die den Namen und die Anschrift des Absenders nicht oder nicht deutlich enthalten sowie Fristsachen wird der Briefumschlag beigefügt." (§ 31 III GO LVwA) „Eingänge mit persönlicher Anschrift erhält der Empfänger ungeöffnet. Eingänge an das Landesverwaltungsamt, bei denen aus der Anschrift zu entnehmen ist, dass sie dem Empfänger „vertraulich", „persönlich" oder „eigenhändig" zugehen sollten, bleiben ebenfalls ungeöffnet." (§ 31 IV GO LVwA) „Offensichtlich falsch zugestellte Postsendungen werden ungeöffnet zurückgegeben. Geöffnete Sendungen, die offensichtlich für eine andere Behörde oder Dienststelle bestimmt sind, werden mit dem Eingangsstempel sowie dem Vermerk „Irrläufer" versehen und der zuständigen Stelle übersandt." (§ 31 V GO LVwA). Vorgesetzten sind die Eingänge zuzuleiten, die sie zur Wahrnehmung ihrer Leitungsaufgaben kennen müssen (§ 32 I GO LVwA). Dem Präsidenten sind insbesondere vorzulegen: „1. Eingänge von grundsätzlicher und politischer Bedeutung, 2. Einladungen zu Veranstaltungen von besonderer sachlicher und politischer Bedeutung, 3. Eingänge von obersten Landesbehörden, 4. Eingänge vom Landes- oder Bundesrechnungshof sowie anderer Prüfbehörden, 5. Dokumente von Abgeordneten des Europäischen Parlaments, des Bundestages und des Landtages, 6. alle Dokumente, die an sie oder ihn persönlich gerichtet sind sowie 7. Dienst- und Fachaufsichtsbeschwerden (§ 32 II GO LVwA). Für die weitere Behandlung der Eingänge gilt, dass diese den Bediensteten grundsätzlich auf dem Dienstweg zugeleitet werden und elektronische Dokumente in der Regel elektronisch weiterzuleiten sind (§ 33 I GO LVwA). Die Eingänge müssen unverzüglich durchgesehen werden (§ 33 II 1 GO LVwA). „Abwesenheit oder Verhinderung eines Bediensteten dürfen die Weitergabe nicht verzögern. In diesen Fällen obliegt die Durchsicht, Weitergabe oder Bearbeitung der zuständigen Vertreterin oder dem zuständigen Vertreter." (§ 33 II 2 und 3 GO LVwA)
„Bei papiergebundener Vorgangsbearbeitung sind elektronisch zugeleitete Eingänge in einem Abdruck zum Vorgang zu nehmen. Im Abdruck sind – soweit vorhanden – auch, Formmerkmale des elektronischen Dokuments (insbesondere das Zertifikat zu einer Signatur) zu berücksichtigen." (§ 33 III GO LVwA) Fehlgeleitete Eingänge müssen unverzüglich und unmittelbar den zuständigen Bediensteten zugeleitet werden (§ 33 IV GO LVwA). Sofern Bedienstete Eingänge dienstlichen Inhalts direkt erhalten, haben sie diese unter Berücksichtigung der in Absatz 3 oder 4 festgelegten Arbeitsschritte mit Namenszeichen und Tagesdatum zu versehen und ihren Vorgesetzten zuzuleiten (§ 33 V GO LVwA). Soweit Vorgesetzte durch einen Arbeitsvermerk die Beteiligung weiterer Organisationseinheiten anordnen, sind diese unverzüglich zu unterrichten (§ 33 VI GO LVwA).

Behördenheftung: Der Begriff der Behördenheftung ist in § 16 III RegR (>) enthalten. Hierunter ist zu verstehen, dass die Behörde innerhalb der Sachakte die Dokumente mit Anlagen grundsätzlich nach ihrem Ausstellungsdatum, bei Eingängen grundsätzlich nach Datum des Eingangs abheftet (bzw. abzuheften hat). S.a. Heftung (>)

Beiakte: Beiakten sind Nebenakten zur Hauptakte (>). Sie dürfen nicht mit den im Gerichtsprozess „beigezogenen Akten" verwechselt werden, deren Inhalt durch die Beiziehung zum Gegenstand der mündlichen Verhandlung gemacht werden soll. Ein Anlass zur Bildung von Beiakten kann etwa ein von der Hauptakte abweichendes kleineres oder größeres Format bestimmter Schriftstücke sein. Häufiger indes macht der große Umfang der Schriftstücke ein Ausgliedern eines abgrenzbaren Vorgangs des Verfahrens aus der Hauptakte zweckmäßig erscheinen.

Berichte: „Schriftstücke an übergeordnete Behörden werden als ‚Berichte' ... bezeichnet." (§ 48 Satz 2 GO LVwA)

Beschädigung von Akten/-inhalten: Papierdokumente dürfen weder beschädigt noch inhaltlich ohne Befugnis verändert oder vernichtet werden (§ 3 III 1 PAktO).

Beschriftungsmuster: Die Beschriftung von Akten sind im Anwendungsbereich der PAktO Vorgaben zu Beschriftungsmustern zu beachten. Für die Beschriftung der Papierakten sollen die in der Anlage 3 und Anlage 4 zur PAktO enthaltenen Beschriftungsmuster verwendet werden (§ 9 I 2 PAktO). Anlage 3 enthält ein Beschriftungsmuster für Hefter für Papierakten, Anlage 4 ein Beschriftungsmuster für Ordner für Papierakten.

Beweisfestigkeit der Akte: Beweisfestigkeit i.S.d. PAktO ist die „langfristige, unveränderliche Les- und Nutzbarkeit der aktenrelevanten Papierdokumente" (§ 2 Nr. 9 PAktO).
Beweisfestigkeit i.S.d. EAktVO LSA ist die „Langfristige, unveränderliche Les- und Nutzbarkeit der aktenrelevanten Dokumente" (§ 2 Nr. 11 EAktVO LSA).

Büro, papierloses: Das papierlose Büro ist ein Büro, in dem kein Papier verwendet wird, sondern alle zuvor papiergebundenen Eingänge bzw. Vorgänge digital erfolgen. S.a. Digitalisierung (>). Das papierlose Büro ist eine Ziel- bzw. Leitvorstellung des E-Government (>). Die Verwendung von Papier soll durch die Digitalisierung entbehrlich werden. Dies soll der Arbeitseinsparung/Effizienzsteigerung und dem Umweltschutz dienen. Vor allem für die jetzige Transformationsphase vom herkömmlichen zum papierlosen Büro ist allerdings fraglich, ob dies per Saldo tatsächlich der Arbeitseinsparung/Effizienzsteigerung und dem Umweltschutz dient. So muss u.a. immer wieder teure IT-Hard- und Software beschafft werden, müssen Hard- und Softwareprobleme (auch infolge von Cyberangriffen) mitunter aufwändig behoben werden, in großem Umfang Mails ausgedruckt und zahlreiche Dokumente eingescannt werden. Diese Prozesse sind oft ressourcenintensiv, vor allem energieintensiv, sodass die Umweltbilanz gegenwärtig negativ ausfallen dürfte.

C
Computerake: s. E-Akte

D

Dataport: Durch Staatsvertrag geründete Mehrländeranstalt von sechs Bundesländern (darunter Sachsen-Anhalt) und einem IT-Verbund. Sie ist als IT-Dienstleister für die Länder tätig. So hat Dataport u.a. die Posteingangslösung „dDocuScan" für die elektronische Vorgangsbearbeitung bereitgestellt, mit deren Hilfe u.a. Dokumente rechtssicher eingescannt und verarbeitet werden können.

Datenschutz: Bei der Aktenführung sind die Vorgaben des Datenschutzrechts zu beachten. Rechtsquellen sind die Verordnung (EU) 2016/679 des Europäischen Parlaments und des Rates vom 27.04.2016 zum Schutz natürlicher Personen bei der Verarbeitung personenbezogener Daten, zum freien Datenverkehr und zur Aufhebung der Richtlinie 95/46/EG) vom 27.04.2016 (ABl. L 119 vom 4.05.2016, S. 1, ber. Amtsblatt L 314 vom 22.11.2016, S. 72, ABl. L 127 vom 23.05.2018, S. 2 [sog. Datenschutz-Grundverordnung], das Gesetz zur Ausfüllung der Verordnung (EU) 2016/679 und zur Anpassung des allgemeinen Datenschutzrechts in Sachsen-Anhalt (Datenschutzgrundverordnungs-Ausfüllungsgesetz Sachsen-Anhalt – DSAG LSA) vom 18.02.2020 (GVBl. LSA S. 25) sowie das Bundesdatenschutzgesetz vom 30.06.2017 (BGBl. I S. 2097), zuletzt geändert durch Gesetz vom 23.06.2021 (BGBl. I S. 1858; 2022 I 1045). Vorschriften des Rechts der Aktenführung mit Bezug zum Datenschutz finden sich in den §§ 9b, 9c, 11 EGovG Bund.

Depositalgut: D. ist Archivgut, das natürlichen oder juristischen Personen des öffentlichen oder privaten Rechts gehörendes Archivgut, das von diesen einem öffentlichen Archiv als Depositum unter Wahrung des Eigentums angeboten wird und von dem öffentlichen Archiv auf der Grundlage eines Depositalvertrags dort verwahrt wird (§ 5 I Archivgesetz). Archivgut können auch Akten sein.

Dienstsiegel: Wer ein Dienstsiegel führen darf und in welchen Fällen es verwendet werden darf bzw. zu verwenden ist, richtet sich nach den für die jeweilige Verwaltungseinheit geltenden Vorgaben. Soweit hierzu nichts geregelt ist, kann der Behördenleiter hierzu Vorgaben machen. Für das LVwA gilt, dass das Recht zum Besitz und die Ermächtigung zum Führen von Dienstsiegeln jeweils schriftlich erteilt werden und dies auch für die Vornahme von Beglaubigungen gilt (§ 57 I GO LVwA). Die Zahl der Dienstsiegel ist auf das notwendige Maß zu beschränken; dies gilt entsprechend für den Personenkreis, der zur Führung des Dienstsiegels berechtigt ist (§ 57 II GO LVwA). Dienstsiegel müssen fortlaufend nummeriert und gegen Empfangsbekenntnis ausgehändigt werden (§ 57 III 1 GO LVwA). Sie müssen verschlossen aufbewahrt werden (§ 57 III 2 GO LVwA). Die Ausgabestelle ist unverzüglich bei einem Wechsel des Aufgabenbereiches oder Referates bzw. beim Ausscheiden aus dem Landesverwaltungsamt sowie über den Verlust eines ausgehändigten Dienstsiegels zu informieren (§ 57 III 3 GO LVwA).

DIN-Norm 5008: Die Regeln für Maschinenschreiben sind in der DIN-Norm 5008 des Deutschen Instituts für Normung festgelegt. Sie regelt auch formale Anforderungen an Emails (wie die Betreffangabe). Für das LVwA gilt, dass sie nach Maßgabe des Corporate Design der Landesregierung entsprechend anzuwenden sind (§ 43 IV GO LVwA).

DIN ISO 15489-1 Aktenführung (2009): Diese Norm regelt Aktenführung, Schriftgutverwaltung und „Records-Management". Sie soll transparente Geschäftsführung die jederzeitige Feststellung des Sachstandes der Bearbeitung gewährleisten. Sie baut auf amerikanischen Begriffen der Aktenführung auf, so dass sie nur bedingt für die deutsche Aktenführung geeignet erscheint.

DMS: Abkürzung für Dokumentmanagementsystem. DMS i.S.d. EAktVO LSA ist „Ein System, das der datenbankgestützten Verwaltung elektronischer Dokumente bis zum Zeitpunkt der Aussonderung dient" (vgl. § 2 Nr. 4 a EAktVO LSA).

Dokument: Dokument i.S.v. § 3 RegR ist ein „einzelnes Schriftstück, papiergebunden oder elektronisch erstellt und verwaltet, Fax, E-Mail, Datenbank und andere Dateien. Hierzu gehören auch alle ergänzenden Angaben (z. B. Metainformationen), die zum Verständnis der Informationen notwendig sind." Papierdokument i.S.d. PAktO ist „Ein einzelnes Informationsobjekt auf papiergebundenem Informationsträger. Zum Papierdokument gehören auch alle ergänzenden Angaben, insbesondere die Metainformationen für Papierakten, die zum Verständnis der Informationen beitragen" (§ 2 Nr. 14 PAktO). Dokument i.S.d. EAktVO LSA ist „Ein einzelnes Informationsobjekt auf elektronischem, papiergebundenem oder anderem Informationsträger. Zum Dokument gehören auch alle ergänzenden Angaben, insbesondere Metainformationen, die zum Verständnis der Informationen beitrage" (§ 2 Nr. 12 EAktVO LSA).

Dokumentenbehandlung: D. i.S.d. EAktVO LSA ist „Die Erfassung (Aufzeichnen von Merkmalen) und Ablage oder Speicherung von Dokumenten des laufenden Geschäftsbetriebs" (§ 2 Nr. 13 EAktVO LSA).

Dokumentennummer: In ihrer häufigsten Verwendung eine Bezeichnung für die individuelle Kennzeichnung deutscher Pässe und Personalausweise seit dem 1. November 2007 mit einer Kombination von Buchstaben des lateinischen Alphabets und den Ziffern 1 bis 9. Der Begriff sollte nicht für Aktenkennzeichen verwendet werden. Dokumentennummer i.S.d. EAktVO LSA ist das „Identifikationsmerkmal eines elektronischen Dokuments nach § 6 Abs. 3" (§ 2 Nr. 14 EAktVO LSA).

Duplexakte (syn.: Duplo-Akte; Aktendoppel): Vollständige Kopie einer Akte. Ihre Erstellung kann insbesondere zweckmäßig sein, um einer anderen Behörde oder einem Anwalt die Akte oder das Aktendoppel zur Verfügung stellen zu können, ohne hierdurch die Bearbeitung der Sache in Ermangelung der Akte unterbrechen zu müssen.

E

E: Mitunter Abk. für „Entwurf". Im LVwA wird der Entwurf mit „Entwurf" kenntlich gemacht und mit „E" abgekürzt (§ 46 I 2 GO LVwA). Zur Zeichnung des Entwurfs s. § 54 GO LVwA, zur Mitzeichnung § 55 GO LVwA.

E-Akte: Abk. für elektronische Akte. Die elektronische Aktenführung ist für Bundesverwaltung und unmittelbare Landesverwaltung dem Grundsatz nach vorgeschrieben, jedoch gelten Ausnahmen (vgl. § 3 EGovG LSA. Soweit auch nach dem VwVfG ein elektronisches Verwaltungsverfahren geführt wird, ist auch die elektronische Aktenführung unerlässlich (vgl. § 3a, § 35a, § 37 II, III, § 41 II VwVfG etc.). Dies gilt entsprechend für Regelungen über den elektronischen Zugang zur Verwaltung (vgl. Onlinezugangsgesetz (OZG), De-Mail-Gesetz, Personalausweisgesetz, Vertrauensdienstegesetz, eIDAS-Verordnung).

E-Government und Aktenführung: Zum E-Government gehört eine elektronische Aktenführung (>). Die drei Bereiche des E-Government (elektronische Kommunikation, elektronische Service-Leistungen und elektronische Transaktionen) besitzen jeweils Bezüge zur elektronischen Aktenführung. S. Aktenführung, elektronische (>)

E-Government Gesetz (Bund): Das E-Government-Gesetz vom 25. Juli 2013 (BGBl. I S. 2749), zuletzt geändert durch Artikel 1 des Gesetzes vom 16. Juli 2021 (BGBl. I S. 2941), enthält Vorgaben zur elektronischen Verwaltung (nicht amtl. Abk.: E-GovG). Es gilt für die öffentlichrechtliche Verwaltungstätigkeit der Behörden des Bundes einschließlich der bundesunmittelbaren Körperschaften, Anstalten und Stiftungen des öffentlichen Rechts (§ 1 I E-GovG) sowie – mit Ausnahme der §§ 9a bis 9c E-GovG – auch für die öffentlich-rechtliche Verwaltungstätigkeit der Behörden der Länder, der Gemeinden und Gemeindeverbände und der sonstigen der Aufsicht des Landes unterstehenden juristischen Personen des öffentlichen Rechts, wenn sie Bundesrecht ausführen (§ 1 II E-GovG). Die Absätze 3 bis 5 des § 1 E-GovG regeln Anwendungsausschlüsse bzw. -beschränkungen. Das E-GovG gilt teilweise auch für die Anwendung von Landesrecht durch Landes- und Kommunalbehörden Sachsen-Anhalts. Gem. § 2 E-GovG LSA finden die § 2 I, die §§ 4, 5, 12 I, III-V und die §§ 13-15 E-GovG entsprechende Anwendung für die öffentlich-rechtliche Verwaltungstätigkeit der Stellen der Landesverwaltung, soweit sie Landesrecht anwenden. Dabei gelten folgende Maßgaben: 1. § 12 I E-GovG gilt für Daten, die vor dem Inkrafttreten nach § 27 I erstellt wurden, nur, wenn sie in maschinenlesbaren Formaten vorliegen (§ 2 Satz 2 EGovG LSA). 2. Register im Sinne des § 14 I E-GovG sind solche, für die Daten aufgrund von Rechtsvorschriften des Landes erhoben oder gespeichert werden; dies können öffentliche und nicht öffentliche Register sein. 3. Eine durch Rechtsvorschrift des Landes bestimmte Pflicht zur Publikation in einem amtlichen Mitteilungs- oder Verkündungsblatt kann unbeschadet des Artikels 82 Abs. 1 und 2 der Verfassung des Landes Sachsen-Anhalt nach § 15 E-GovG zusätzlich oder ausschließlich durch eine elektronische Ausgabe erfüllt werden, wenn diese über öffentlich zugängliche Netze angeboten wird.

E-Government-Gesetz Sachsen-Anhalt: Kurzbezeichnung für das Gesetz zur Förderung der elektronischen Verwaltung im Land Sachsen-Anhalt (E-Government-Gesetz Sachsen-Anhalt - EGovG LSA) vom 24. Juli 2019 (GVBl. LSA S. 200). Das Gesetz gilt für die öffentlich-rechtliche Verwaltungstätigkeit der Stellen der Landesverwaltung (§ 1 I). Stellen der Landesverwaltung im Sinne des EGovG LSA sind: 1. die Landesbehörden und Einrichtungen des Landes (Stellen der unmittelbaren Landesverwaltung) sowie 2. die Gemeinden, Verbandsgemeinden und Landkreise, die Körperschaften des öffentlichen Rechts ohne Gebietshoheit, die Anstalten des öffentlichen Rechts mit eigener Rechtspersönlichkeit, die der Aufsicht des Landes unterliegen, die staatlichen Stiftungen des öffentlichen Rechts und die Beliehenen des Landes (Stellen der mittelbaren Landesverwaltung) (§ 1 II). Das Gesetz gilt nicht für 1. die Verwaltung des Landtages, 2. die Landesbeauftragte oder den Landesbeauftragten für den Datenschutz, 3. den Landesrechnungshof, 4. die staatlichen Hochschulen und die Universitätsklinika, 5. die Landesbeauftragte oder den Landesbeauftragten für die Informationsfreiheit, 6. die Beauftragte oder den Beauftragten des Landes Sachsen-Anhalt zur Aufarbeitung der SED-Diktatur, 7. die Kirchen und als öffentlich-rechtliche Körperschaften anerkannte Religionsgemeinschaften und Weltanschauungsgemeinschaften auf dem Gebiet des Landes Sachsen-Anhalt sowie ihre Verbände, ihre Einrichtungen und ihre Anstalten und Stiftungen des öffentlichen Rechts, die ihren Sitz in Sachsen-Anhalt haben, und 8. den Mitteldeutschen Rundfunk (§ 1 III EGovG LSA). Das EGovG LSA gilt ferner nicht für 1. Verwaltungsverfahren, soweit in ihnen Rechtsvorschriften der Abgabenordnung anzuwenden sind, 2. die Strafverfolgung, die Verfolgung und Ahndung von Ordnungswidrigkeiten, die Rechtshilfe für das Ausland in Straf- und Zivilsachen und für Maßnahmen des Richterdienstrechts, 3. Verfahren nach dem Sozialgesetzbuch und 4. das Recht der Wiedergutmachung (§ 1 IV EGovG LSA).

Das EGovG enthält auch Vorgaben für die Aktenführung. Es regelt die entsprechende Anwendbarkeit von (zahlreichen) Vorschriften des EGovG (>) des Bundes. S.a. Übertragung papierner Dokumente in elektronische (>); Vernichtung papierner Dokumente nach Übertragung in elektronische (>)

ECM: Abkürzung für Enterprise Content Management (System). Hierbei handelt es sich um ein System, das der zweckmäßigen Digitalisierung und Automatisierung des Informationsflusses in Unternehmen dient. Als Hauptkomponenten gelten Erfassung (Capture), Verwaltung (Manage), Speicherung (Store), Bewahrung (Preserve) und Ausgabe (Deliver) von Daten, insbesondere von Dokumenten (dem „Content"). Als wichtige Unterkomponente der Hauptkomponente „Verwaltung" gilt ein Datenmanagementsystem. S. DMS (>). Ein ECM kann auch für Verwaltungen geeignet sein, sofern es die von Wirtschaftsunternehmen unterschiedlichen Bedingungen der Verwaltung berücksichtigt.

EILT: Kurzbezeichnung des Arbeitsvermerks „bevorzugt bearbeiten" (§ 34 II GO LVwA)

Eingang: Einzahl von „Eingänge" (>)

Eingänge: Für das LVwA gilt, dass gem. § 30 GO LVwA Eingänge „alle dem Landesverwaltungsamt auf direktem oder postalischem Weg oder über die eröffneten elektronischen Zugänge zugeleiteten Dokumente und Informationen" sind. Die Behandlung der Eingänge (>) ist in den §§ 31 ff. GO LVwA geregelt. Im Anwendungsbereich der PAktO gilt, dass (bei Papieraktenführung) alle eingehenden elektronischen Dokumente mit den sie begleitenden Informationen, insbesondere zu vorhandenen Signaturen und Zertifikaten, auszudrucken und zum Papiervorgang zu nehmen sind (§ 12 PAktO).

Einzelsachakte: Der Begriff der Einzelsachakte wird in § 13 I RegR verwendet. Dort meint er eine (papierne oder elektronische) Akte für ein bestimmtes Verwaltungsverfahren. Er ist nach dem der RegR zugrundeliegenden Verständnis die Regelakte. Hinzu treten Sammelsachakte und Sondersachakte nach § 13 I RegR.

elektronische Aktenführung: s. Aktenführung, elektronische (>)
elektronische Signatur: s. Signatur, elektronische (>)

Elektronische Aktenverordnung: Kurzbezeichnung für die Verordnung über die elektronische Aktenführung und Vorgangsbearbeitung, das Übertragen und Vernichten von Papierdokumenten und die Festlegung und Ausgestaltung von Metainformationen in der unmittelbaren Landesverwaltung Sachsen-Anhalt (Elektronische Aktenverordnung Sachsen-Anhalt - EAktVO LSA) vom 7. Dezember 2020 (GVBl. LSA S. 683).

elektronischer Vorgang: s. Vorgang, elektronischer (>)

Emails: Bei der elektronischen Aktenführung werden aktenrelevante Emails mithilfe von elektronischen Datenmanagementsystemen (>) erfasst und in die E-Akte (>) mit Metadaten aufgenommen. Bei der papiernen Aktenführung sind aktenrelevante Emails auszudrucken und in die Papierakte aufzunehmen.

Entwurf: Entwürfe von Behördenschreiben, Verwaltungsakten, Verwaltungsverträgen und sonstigen Schriftstücken müssen lesbar gefertigt werden und den Urheber erkennen lassen. Für das LVwA gilt, dass Entwurf und Reinschrift bei papiergebundener Vorgangsbearbeitung möglichst in einem Arbeitsgang gefertigt werden müssen (§ 46 I 1 GO LVwA). Der Entwurf ist durch das Wort „Entwurf" (abgekürzt „E") kenntlich zu machen (§ 46 I 2 GO LVwA). S.a. Entwurfszeichnung (>)

Entwurfszeichnung: Für das LVwA gilt, dass Dokumente, die von Vorgesetzten zu zeichnen sind, im Entwurf nach der Schlussverfügung unten rechts vom Bearbeitenden mit Namenszeichen und Datum versehen und auf dem Dienstweg vorgelegt werden müssen (§ 54 I 1 GO LVwA). Vorgesetzte, die nicht selbst zeichnen, verfahren ebenso (§ 54 I 2 GO LVwA). Für elektronisch erstellte und zu versendende Dokumente kann durch geeignete organisatorische und technische Maßnahmen auf eine eigenhändige Abzeichnung verzichtet werden (§ 54 II 1 GO

LVwA). Jedoch müssen auf dem für die Akten auszudruckenden Entwurf alle Zeichnungen erkennbar sein; die Absendung muss gegebenenfalls handschriftlich vermerkt werden oder durch geeignete Protokolle nachgewiesen werden (§ 54 II 2 GO LVwA). Bei elektronischer Vorgangsbearbeitung ist sicherzustellen, dass mindestens das Namenszeichen oder der Name sowie jeweils das Datum angegeben werden (§ 54 II 3 GO LVwA). Wer abschließend zeichnet, unterzeichnet den Entwurf mit seinem Namenszeichen und setzt das Datum ein (§ 54 III GO LVwA). Vor Absendung prüft das federführende Referat, ob alle Mitzeichnungen vorliegen (§ 54 IV GO LVwA).

erl.: Abkürzung für (Anweisung ist) „erledigt" (Aktenvermerk)

Erledigungskontrolle: Erledigungskontrolle im engeren Sinn meint die Überprüfung, ob eine Verfügung ausgeführt wurde („ob die Sache erledigt wurde"). Beispiele sind etwa die Kontrolle, ob, wie verfügt, ein Aktendoppel angefertigt oder ein Bescheidentwurf verfasst wurde. Erledigungskontrolle in einem weiteren Sinne umfasst auch die Überprüfung, ob sich eine Sache (insbesondere ein Verwaltungsakt) erledigt hat („ob sich die Sache erledigt hat"). Beispiele sind etwa die Kontrolle des Zahlungseingangs im Hinblick auf eine Kostenanforderung, die Kontrolle der Übersendung angeforderter Nachweise bzw. Unterlagen oder die Kontrolle, ob der angeregte Antrag gestellt wurde. Zur Durchführung einer geplanten Kontrolle ist die Akte i.d.R. auf Wiedervorlage zu legen.

F

f.R.: Abkürzung der Aktenverfügung „fernmündliche Rücksprache

Fallakte: Die Fallakte ist eine Akte zu einem einzelnen Fall (z.B. Bauakte zum Baugenehmigungsverfahren des Herrn M.M. betr. Errichtung eines Schweinestalls, Sozialhilfeakte zum Wohngeldverfahren der Fr. N.M. oder Akte zum Verfahren der Entziehung einer waffenrechtlichen Erlaubnis der Frau F.W.). Sie ist eine (spezielle) Sachakte.

Farbenlehre Bundesministerien (Zeichnung): „Papiergebundene Vorgänge Auf Eingängen und Entwürfen können Vermerke zum Geschäftsgang angebracht werden. Hierfür ist jeweils vorbehalten: der Bundesministerin oder dem Bundesminister der Grünstift, der Parlamentarischen Staatssekretärin oder dem Parlamentarischen Staatssekretär der Violettstift, der Staatssekretärin oder dem Staatssekretär der Rotstift, der Abteilungsleitung der Blaustift, der Unterabteilungsleitung und der ständigen Vertretung der Abteilungsleitung der Braunstift. Vertreterinnen oder Vertreter benutzen den gleichen Farbstift, jedoch mit Namenszeichen." (Anlage 2 zu § 13 Absatz 2 GGO Geschäftsgangvermerke I. S. 1 und 2). „Es bedeuten: Strich mit Farbstift oder = Kenntnis genommen Namenszeichen (Sichtvermerk), # Doppelkreuz mit = Vorbehalt der Zeichnung des die Sache abschließenden Entwurfs mit Zeichnungsbefugnis für die Vertreterin oder den Vertreter"

Farbenlehre Landesministerien (Zeichnung): „Bei papiergebundener Vorgangsbearbeitung benutzen die Ministerpräsidentin oder der Ministerpräsident und die Ministerinnen oder die

Minister den Grünstift, die Staatssekretärinnen oder die Staatssekretäre den Rotstift, die Abteilungsleitungen den Violettstift." (§ 22 I 2 GGO Landesministerien).

Farbenlehre Landesverwaltungsamt: Für das LVwA gilt, dass Vorgesetzte die Eingänge (>) mit Sichtvermerken (>) und bei Bedarf mit Arbeitsvermerken versehen (§ 34 I 1 GO LVwA). „Dabei benutzen bei papiergebundener Vorgangsbearbeitung: 1. die Präsidentin oder der Präsident den Grünstift, 2. die Vizepräsidentin oder der Vizepräsident den Rotstift, 3. die Abteilungsleiterinnen oder die Abteilungsleiter den Violettstift, 4. die Referatsleiterinnen oder die Referatsleiter den Schwarzstift sowie 5. die Referentinnen oder die Referenten den Türkisstift. Sicht- und Arbeitsvermerke erfolgen im Vertretungsfall in der Farbe des Vertretenen." (§ 34 I 2 GO LVwA)

Farbenlehre unmittelbare Landesverwaltung: „Vorgesetzte versehen die Eingänge mit Sichtvermerken und bei Bedarf mit leserlichen Arbeitsvermerken. Dabei benutzen bei papiergebundener Vorgangsbearbeitung: 1. die Präsidentin oder der Präsident den Grünstift, 2. die Vizepräsidentin oder der Vizepräsident den Rotstift, 3. die Abteilungsleiterinnen oder die Abteilungsleiter den Violettstift, 4. die Referatsleiterinnen oder die Referatsleiter den Schwarzstift sowie 5. die Referentinnen oder die Referenten den Türkisstift. Sicht- und Arbeitsvermerke erfolgen im Vertretungsfall in der Farbe des Vertretenen." (§ 34 I PAktO)

Federführung: Federführend ist eine Verwaltungseinheit innerhalb einer Behörde, wenn ihr verwaltungsintern die Zuständigkeit für die Steuerung eines Verfahrens zusteht, an dem auch andere Organisationseinheiten der Behörde beteiligt sind bzw. mitwirken. Grundsätzlich ist diejenige Einheit federführend, die aufgrund der Geschäftsverteilung überwiegend zuständig ist. Im Zweifel muss die nächsthöhere gemeinsame Stelle die federführende Organisationseinheit bestimmen.

Förderung der elektronischen Aktenführung: Die Einführung der elektronischen Aktenführung durch Kommunen wird durch das Land gefördert. Gem. § 3 IV EGovG LSA gewährt das Land den Gemeinden, Verbandsgemeinden und Landkreisen, die ihre Verwaltung bis zum 1. Januar 2022 den Absätzen 1 bis 3 entsprechend modernisieren, Zuwendungen im Rahmen der im Haushalt für diese Zwecke bereitgestellten Mittel.

Form von Behördenschreiben: Sind im Rahmen des Geschäftsgangs (einfache) Behördenschreiben an andere Behörden oder Private zu richten sind die für die jeweilige Verwaltungseinheit geltenden Formvorgaben zu beachten. Für Schriftstücke des LVwA ist § 43 GO LVwA zu beachten. So haben die für die Bearbeitung zuständigen Bediensteten in jedem Schreiben ihre Telefonnummer, ihre E-Mail-Adresse, das Aktenzeichen nach Aktenplan sowie die Bezugszeichen anzugeben (§ 43 III 1 GO LVwA). Schreiben sollen kurz, klar, erschöpfend, höflich und verständlich sein (§ 43 III 2 GO LVwA). Die Regeln für Maschinenschreiben der DIN-Norm 5008 sind nach Maßgabe des Corporate Design der Landesregierung entsprechend anzuwenden (§ 43 IV GO LVwA). S.a. Form von Verwaltungsakten (>); Stempel (>); Vordrucke (>)

Form von Verwaltungsakten: Die Aktenführung im Rahmen des Verwaltungsverfahrens bereitet in der Regel den Erlass eines Verwaltungsaktes vor. Für den Verwaltungsakt wie für den Verwaltungsaktenwurf gelten Formanforderungen. Sie finden sich im Gesetz (v.a. § 37 VwVfG) und in den nur für die jeweilige Verwaltungseinheit geltenden Vorgaben (so etwa für die unmittelbare Landesverwaltung die § 43 GO LVwA). Für das LVwA gilt, dass auf den Schriftstücken die Behördenbezeichnung stets „Landesverwaltungsamt" lauten muss (§ 43 I 1 GO LVwA). Der Behördenbezeichnung dürfen nur dann Zusätze hinzugefügt werden, wenn Rechtsvorschriften dies es bestimmen (§ 43 I 2 GO LVwA). „Außer bei der Kommunikation mit Behörden und wenn es nach Art und Inhalt des Dokuments nicht angebracht ist, werden in der Regel Höflichkeitsanrede und Grußformel gebraucht. Schriftverkehr mit Behörden ist mit Anrede und Grußformel zu versehen, wenn dieser an die jeweilige Behördenleiterin oder den jeweiligen Behördenleiter oder an persönlich benannte Personen gerichtet ist." (§ 43 II GO LVwA)

Formerfordernisse: Für die Aktenführung gelten zahlreiche Formerfordernisse. So sind etwa – je nach Verwaltungsträger bzw. Behörde – jeweils Akten in bestimmter Weise zu kennzeichnen durch Aktenzeichen (>), Metadatenblätter (>) etc., sind Vermerke (>) nach bestimmten Vorgaben zu erstellen, ist die „Farbenlehre" (>) zu beachten oder sind bestimmte Vordrucke zu verwenden (Formularzwang). Diese Vorgaben können sich aus Gesetz, untergesetzlichen Vorschriften oder aus dienstlichen Anordnungen ergeben. Von Formanforderungen an die Aktenführung zu unterscheiden sind Formerfordernisse für das Verwaltungshandeln im Übrigen, wie auf die Personalverwaltung bezogene Formerfordernisse. Die nachfolgende Tabelle gibt hierzu Beispiele:

Dokument	Formerfordernis	Rechtsgrundlage
unbefristeter Arbeitsvertrag	kein Formerfordernis	-
befristeter Arbeitsvertrag	Schriftform	§ 14 IV TzBfG
Dokumente zum Nachweis der wesentlichen Arbeitsbedingungen	Schriftform, elektronische Form ist ausgeschlossen	§ 2 NachwG
Aufhebungsverträge und Kündigungsschreiben	Schriftform, elektronische Form ist ausgeschlossen	§ 623 BGB
Dokumente zur Arbeitnehmerüberlassung zwischen Ver- und Entleiher	Schriftformerfordernis	§ 12 I 1 AÜG
Anträge auf Arbeitszeitänderung und dessen Bescheid	Textformerfordernis	§ 8 V TzBfG
Entgeltabrechnung	Textformerfordernis	§ 108 I GewO
Zeugnis nach Arbeitsbeendigung	Schriftform, elektronische Form ist ausgeschlossen	§ 109 III GewO
Vertragsänderung	in Abhängigkeit des Ursprungsvertrages	

Fristen für die Aufbewahrung: s. Aufbewahrungsfristen (>)

G

Gebot der Aktenführung: Das VwVfG regelt kein explizites Gebot der Aktenführung. Es wird aber gemeinhin aus dem Rechtsstaatsprinzip des Art. 20 III GG abgeleitet, dass die Verwaltung grundsätzlich Akten führen muss. Hieraus folgen wiederum die Gebote der Aktenmäßigkeit (>), der Aktenvollständigkeit (>) und Aktenwahrheit (>).

Gebot der Aktenmäßigkeit: s. Gebot der Aktenführung (>)

Gebot der Aktenvollständigkeit: Gem. § 3 I PAktO sollen Papierakten alle wesentlichen Verfahrenshandlungen vollständig, nachvollziehbar und wahrheitsgemäß abbilden. Gem. § 3 II 1 PAktO müssen der Stand und die Entwicklung der Bearbeitung eines Geschäftsvorfalls jederzeit aus der Papierakte oder aus dem Papiervorgang nachvollziehbar sein. In der Papierakte müssen daher gem. § 3 II 2 PAktO alle zugewiesenen Papiervorgänge und im Papiervorgang alle aktenrelevanten Papierdokumente enthalten sein (Vollständigkeit). S.a. Vermutung der Aktenvollständigkeit (>)

Gebot der Aktenwahrheit: Gem. § 3 I PAktO sollen Papierakten sollen alle wesentlichen Verfahrenshandlungen vollständig, nachvollziehbar und wahrheitsgemäß abbilden.

Gegenzeichnung: Die Zeichnung (>), Unter- bzw. Abzeichnung eines Schriftstücks durch mindestens eine zweite Person in Staat und Verwaltung. Dabei kann es sich um eine Rechtsnorm, einen Verwaltungsakt, ein einfaches Behördenschreiben, einen Aktenvermerk oder ein sonstiges Schriftstück – jeweils auch oder nur in seiner Entwurfsfassung – handeln. Ob gegenzuzeichnen ist und ggfs. wer gegenzuzeichnen hat, bestimmt sich nach den für die jeweilige Verwaltungseinheit geltenden Vorgaben.

Geheimhaltung: Die Beteiligten haben Anspruch darauf, dass ihre Geheimnisse, insbesondere die zum persönlichen Lebensbereich gehörenden Gemeinnisse sowie die Betriebs- und Geschäftsgeheimnisse, von der Behörde nicht unbefugt offenbart werden (§ 30 VwVfG). S.a. Verschwiegenheit (>) bzgl. des Akteninhalts; Verschlusssachenanweisung (>)

Geheimhaltungsgrade: Gem. § 7 VSA-LSA sind Verschlusssachen (>) „je nach dem Schutz, dessen sie bedürfen, in folgende Geheimhaltungsgrade einzustufen: 1. STRENG GEHEIM, wenn die Kenntnisnahme durch Unbefugte den Bestand oder lebenswichtige Interessen der Bundesrepublik Deutschland oder eines ihrer Länder gefährden kann. 2. GEHEIM, wenn die Kenntnisnahme durch Unbefugte die Sicherheit der Bundesrepublik Deutschland oder eines ihrer Länder gefährden oder ihren Interessen schweren Schaden zufügen kann. 3. VS-VERTRAULICH, wenn die Kenntnisnahme durch Unbefugte für die Interessen der Bundesrepublik Deutschland oder eines ihrer Länder schädlich sein kann. 4. VS-NUR FÜR DEN DIENSTGEBRAUCH, wenn die Kenntnisnahme durch Unbefugte für die Interessen der Bundesrepublik

Deutschland oder eines ihrer Länder nachteilig sein kann." S.a. Verschlusssachenanweisung (>)

Gesamtaktenplan: Der Aktenplan (>) ist in der Regel ein Gesamtaktenplan in dem Sinne, dass er die gesamten Aufgaben der jeweiligen Behörde abbildet. Im Ausnahmefall werden Teilaktenpläne bzw. Einheitsaktenpläne für einzelne Geschäftsbereiche der Behörde gebildet. S. a. Nr. 1 Anlage 2 zur RegR.

Geschäftsgang: Der Geschäftsgang sind die typischen, vorgeschriebenen Schritte der Bearbeitung einer Sache (der Weg der Bearbeitung). Der Geschäftsgang ist nicht verwaltungseinheitlich geregelt, sondern bestimmt sich nach den für die jeweilige Bundes-, Landes- oder Kommunalbehörde geltenden Vorschriften. Typische Schritte des Geschäftsgangs sind: 1. Eingang Schriftstück bei zentraler Posteingangsstelle (Antrag, Anzeige, Anfrage, Beschwerde etc.), 2. Öffnung der allgemeinen Post; verschlossene Weitergabe von Irrläufern, Verschlusssachen und persönlicher Post, 3. Eingangsstempel auf geöffneter Post; Prüfung, ob Anlagen, Wertsachen etc. beigefügt, 4. Abgabe wichtiger Sachen an Behördenleiter/Vertreter; Abgabe sonstiger grundsätzlich an Vorgesetzte der Sachbearbeiter, Verteilung nach Geschäftsverteilungsplan an Sachbearbeiter, 5. Eintrag wichtiger Sendungen in Nachweisbuch, 6. Eingangsempfänger bringt Sichtvermerk/Handzeichen an, verfügt weitere Behandlung (Geschäftsgangvermerke), ob Akte angelegt wird oder Vorgang z.d.A.

Geschäftsgangverfügungen: Dies sind Aktenverfügungen (>), die sich auf den Geschäftsgang (>) beziehen. Ein Beispiel ist etwa die Verfügung eines Sachgebietsleiters, welcher Sachbearbeiter die Akte zu bearbeiten hat. Die Schlussverfügungen werden mitunter auch als (letzte) Geschäftsgangverfügungen behandelt, können aber auch dogmatisch von den Geschäftsgangverfügungen abgegrenzt werden. Zu nennen sind etwa Abzeichnung (>), Mitzeichnung (>), Schlusszeichnung (>), zur Kenntnis (>), nachrichtlich an (>), zur Bearbeitung (>), Rücksprache (>) und zur Übernahme (>)

Geschäftsgangvermerk: Der Begriff des Geschäftsgangvermerks wird unterschiedlich verwendet. In den für die Landesverwaltung geltenden Regularien taucht er nicht auf. Er kann dort als ein Aktenvermerk (>) verstanden werden, der sich auf den Geschäftsgang (>) bezieht. Für Bundesministerien gelten hingegen die Vorgaben zu Geschäftsgangvermerken der § 8 RegR und § 13 II GGO Bund. Gem. § 8 I RegR können zur Steuerung des Geschäftsgangs Geschäftsgangvermerke verwendet werden. Für solche Vermerke gilt Anlage 2 zu § 13 Abs. 2 GGO (§ 8 II RegR), der den Vermerk beschreibt und Farbvorgaben macht. Wird bei elektronischer Vorgangsbearbeitung auf eine Farbregelung verzichtet, ist sicherzustellen, dass zu einem Geschäftsgangvermerk der Name oder das Namenszeichen sowie das Datum angegeben werden (§ 8 III RegR). Bei elektronischer Vorgangsbearbeitung ist sicherzustellen, dass die Dokumente, der Laufweg und die Aufzeichnungen aus der Bearbeitung (u.a. auch Geschäftsgangvermerke) in Protokoll- und Bearbeitungsinformationen nachgewiesen und der elektronischen Akte zugeordnet werden (§ 6 IV 1 RegR).

Geschäftslauf: s. Geschäftsgang (>)

Geschäftsverteilungsplan: Ein Geschäftsverteilungsplan ist eine organisationsinterne Festlegung, welche Organisationseinheit des Organs bzw. welcher Dienstposten oder konkrete Amtsträger für die Bearbeitung dort systematisch geordneten Angelegenheiten jeweils zuständig ist. Geschäftsverteilungspläne der Verwaltung regeln die sog. funktionelle Zuständigkeit innerhalb von (sachlich und örtlich zuständigen) Behörden. Als behördeninterne Regelungen besitzt der G. keine Außenwirkung, so dass ein Verstoß gegen die funktionelle Zuständigkeit (anders als der Verstoß gegen die sachliche oder örtliche Zuständigkeit) nicht die Rechtswidrigkeit eines Verwaltungsaktes begründet.

Geschäftsvorfall: Geschäftsvorfall i.S.v. § 3 RegR (>) ist die „Kleinste Bearbeitungseinheit im Rahmen der Aufgabenwahrnehmung. Aus der Bearbeitung des Geschäftsvorfalls entsteht der Vorgang. Verwalten von Schriftgut Ordnen, Registrieren, Bereitstellen, Aufbewahren und Aussondern von Schriftgut. Registrieren Aufzeichnen von Merkmalen (Metainformationen) von Dokumenten, Vorgängen, Akten und Aktenbeständen."

Geschäftszeichen: Das Geschäftszeichen ist vom Aktenzeichen (>) zu unterscheiden. In der Regel ist das Aktenzeichen im Geschäftszeichen integriert. Das G. besteht i.d.R. aus einem Kennzeichen für die Organisationseinheit (z.B. „HA" für Hauptamt), dem Akteneichen (z.B. 113428) sowie einem Vorgangs- bzw. Dokumentenzeichen z.B. 68/2022.
§ 11 I RegR (Bund) bestimmt, dass das Geschäftszeichen aus dem Kurzzeichen der zuständigen Organisationseinheit, dem Aktenzeichen und ggf. einem Vorgangs- und Dokumentenkennzeichen besteht.

Gestaltung von Behördenschreiben: s. Form von Behördenschreiben (>)

GovData: Bezeichnung des nationalen Metadatenportals des Bundes. Es wird u.a. in § 12a III EGovG erwähnt. Es soll Verwaltungsdaten transparent, offen und frei nutzbar zur Verfügung stellen („open data"), dient mithin dem Ziel open government.

Grundsätze ordnungsgemäßer Aktenführung: Die G. sind nicht explizit gesetzlich festgelegt. Was zur ordnungsgemäßen Aktenführung im Einzelnen zählt, bestimmt sich nach dem für den jeweiligen Verwaltungsträger geltenden Regeln (GGO Bund, GGO Land, PAktO etc.). Als Mindesterfordernis ist das allgemeine Gebot der Aktenmäßigkeit, der Aktenwahrheit und Aktenvollständigkeit zu werten. Auch die Lesbarkeit der Akte ist eine allgemeine Anforderung ordnungsgemäßer Aktenführung. Gem. § 3 PAktO gelten als Grundsätze: Vollständigkeit, Nachvollziehbarkeit, Wahrheitsgemäßheit, Integrität, Authentizität, Lesbarkeit und Vertraulichkeit. Gem. § 3 II EGovG LSA haben Stellen der Landesverwaltung, die ihre Akten elektronisch führen, durch geeignete technisch-organisatorische Maßnahmen nach dem Stand der Technik sicherzustellen, dass die „Grundsätze ordnungsgemäßer Aktenführung" eingehalten werden. S.a. Grundsätze ordnungsgemäßer E-Aktenführung (>)

Grundsätze ordnungsgemäßer E-Aktenführung: Stellen der Landesverwaltung (i.S.d. EGovG LSA), die ihre Akten elektronisch führen, haben durch geeignete technisch-organisatorische Maßnahmen nach dem Stand der Technik sicherzustellen, dass die Grundsätze ordnungsgemäßer Aktenführung eingehalten werden (§ 3 II EGovG LSA). Dies sind im EGovG LSA nicht genannt, können aber der EAktVO LSA entnommen werden. So sollen gem. § 3 I EAktVO LSA elektronische Akten alle wesentlichen Verfahrenshandlungen vollständig, nachvollziehbar und wahrheitsgemäß abbilden. Dazu sind die Vollständigkeit der elektronischen Akten und Vorgänge sowie die Integrität, Authentizität, Lesbarkeit und Vertraulichkeit der Dokumente bis zur Übergabe an das Landesarchiv Sachsen-Anhalt oder bis zu ihrer Löschung oder Vernichtung zu gewährleisten (§ 3 I 2 EAktVO LSA). Der Stand und die Entwicklung der Bearbeitung eines Geschäftsvorfalls müssen jederzeit aus der elektronischen Akte oder aus dem Vorgang nachvollziehbar sein (§ 3 II 1 EAktVO LSA). In der Akte müssen alle zugewiesenen Vorgänge und im Vorgang alle aktenrelevanten Dokumente enthalten sein (Vollständigkeit i.S.v. § 3 II 2 EAktVO LSA).

Gürteltier: Mehrere Akten bzw. Aktenbände, die mit einem Band körperlich zusammengefasst sind und wegen des Umfangs nicht in einer gewöhnlichen Aktentasche Platz fänden.

H

Handakte: Der Begriff der Handakte wird unterschiedlich verwendet. Innerhalb der Verwaltung ist damit oft eine Papierakte gemeint, die nicht Hauptakte (>) oder Beiakte (>) ist, sondern für einen besonderen Anlass wie Besprechung/en, Ortstermin/e oder Gerichtsverhandlung/en aus einzelnen Schriftstücken Dokumenten einer Akte zusammengestellt wird, um zu einem oder mehreren Terminen mitgenommen zu werden. So muss eine evtl. schwere, unhandliche Akte nicht befördert werden, wenn deren Inhalt nur in Teilen für den Termin benötigt wird. Eine solche Handakte besteht regelmäßig nur aus Kopien. Mitunter werden unter Handakten aber Sammlungen persönlicher Arbeitshilfen des Sachbearbeiters (wie Notizen, Entwürfe, Formular- oder Vorschriftensammlungen, Rechtsprechungs- und Literaturauszügen) verstanden. Eine andere Bedeutung hat das Wort „Handakten" in der Rechtsanwaltschaft.

Hauptakte: häufig Bezeichnung für die Akte, welche die für das Verwaltungsverfahren wesentlichen Vorgänge einschließlich der Entscheidungen enthält – in Abgrenzung zur Beiakte (mitunter syn.: Sondersachakte), die aus der Hauptakte von vornherein oder später ausgegliederte Dokumente enthält, die wegen ihres Umfangs oder ihrer eigenständigen Bedeutung getrennt verattet werden. Hauptakte Erschließungsvorhaben XY, Beiakte mit Unternehmerrechnungen zur Abrechnung einer Erschließungseinheit. Mitunter wird unter Hauptakte aber auch Schriftgut von allgemeiner Bedeutung (z.B. Satzung betr.) in Abgrenzung zu Nebenakten (N) mit Schriftgut von spezieller Bedeutung (z.B. Genehmigungsverfahren) und Einzelakten (E) mit Schriftgut von begrenzter spezieller Bedeutung (z.B. Personalakte) verstanden.

Heftung: Der Akteninhalt von Papierakten in Gestalt der einzelnen Schriftstücke, ist i.d.R. ge-heftet. Die Lochheftung in Ordnern ist die Regel. Der Schriftgutbehälter für Papierakten ist daher i.d.R. ein Aktenhefter (Aktenhefter oder Büroordner). Im Einzelfall kann es zulässig und geboten sein, den Akteninhalt in anderer Weise als durch Heftung körperlich fest miteinander zu verbinden. So kommen etwa auch das Einheften von Schriftgut in Klarsichttaschen oder Schriftgutbehälter in Form von Aktentaschen oder Klemmordnern in Betracht. Im Anwen-dungsbereich der RegR (>) des Bundes sind (innerhalb jeder Sachakte) die Dokumente mit Anlagen grundsätzlich nach ihrem Ausstellungsdatum, bei Eingängen grundsätzlich nach Da-tum des Eingangs abzuheften (Behördenheftung i.S.v. § 16 III RegR).

Hinweise auf Rechtsquellen: „Gesetze, Verordnungen und allgemeine Verwaltungsvorschrif-ten sind mit Datum und Fundstelle anzugeben, sofern es sich nicht um allgemein bekannte Vorschriften handelt." (§ 49 I 1 GO LVwA)

hybride Ablage: s. Ablage, hybride (>)

I

Identitätsfeststellung: Die Stellen der Landesverwaltung sind verpflichtet, in Verwaltungsver-fahren, in denen sie die Identität einer Person aufgrund einer Rechtsvorschrift festzustellen haben oder aus anderen Gründen eine Identifizierung für notwendig erachten, einen elektro-nischen Identitätsnachweis nach § 18 des Personalausweisgesetzes oder nach § 78 V Aufent-haltsgesetz anzubieten (§ 9 II EGovG LSA).

Inhaltsverzeichnis: Bei Bedarf, vor allem aus Gründen der Übersichtlichkeit kann ihnen ein Inhaltsverzeichnis für Papierakten nach Anlage 5 zur PAktO vorgeheftet werden, das fortlau-fend zu führen ist (§ 9 II 1 PAktO). Inhaltsverzeichnisse für Papierakten sollen auf Ausnahme-fälle beschränkt werden (§ 9 II 2 PAktO).

Integrität der Akte: Die Integrität der Akte darf nur durch Veränderungen des Akteninhalts nicht verletzt werden. Die sog. Integrität (>) der Akte erfordert u.a., dass zulässige Anmerkun-gen, Zusätze und Streichungen in Papierakten, Papiervorgängen oder Papierdokumenten nur so angebracht werden, dass sie erkennbar und nachvollziehbar sind (§ 3 III 2 PAktO). Der Akte einmal zugewiesene Papiervorgänge dürfen nur in Ausnahmefällen aus der Papierakte ent-fernt werden (§ 10 I 2 PAktO). Sogar an den im Rahmen des Aussonderungsverfahrens abzu-gebenden Papierakten dürfen keine Veränderungen (insbesondere Entfernen von Siegeln, Freimarken) vorgenommen werden (§ 17 III PAktO).

Irrläufer: Akten, die an eine unzuständige Stelle gelangt sind. Für das LVwA gilt: „Geöffnete Sendungen, die offensichtlich für eine andere Behörde oder Dienststelle bestimmt sind, wer-den mit dem Eingangsstempel sowie dem Vermerk ‚Irrläufer' versehen und der zuständigen Stelle übersandt." (§ 31 V GO LVwA)

K

Kassenzeichen: Das Kassenzeichen ist kein Aktenzeichen (>), weil es nicht die Akte als solche bezeichnet, sondern eine nummerische Vorgangsbezeichnung für eine bestimmte Zahlungsforderung. Man könnte es daher auch als besonderes Geschäftszeichen (>) für eine Zahlungsaufforderung, v.a. durch einen Leistungsbescheid, eine Rechnung oder Mahnung, bezeichnen. Es besteht üblicherweise ausschließlich aus zwölf (rein nummerischen) Zeichen. Die Verwendung des Kassenzeichens durch den Schuldner soll der Verwaltung die Zuordnung der jeweiligen Zahlung des Schuldners zu einer bestimmten Zahlungsforderung ermöglichen bzw. erleichtern. Das Kassenzeichen ist u.a. abzugrenzen vom Aktenzeichen (etwa des Abgaben- bzw. Kostenbescheides), der Personennummer des Zahlungspflichtigen (Schuldners) und der Kontonummer des Zahlungspflichtigen.

K: Abk. des Arbeitsvermerks „vor Abgang zur Kenntnisnahme vorlegen (vgl. § 34 IIIGO LVwA)

K. gen.: Abk. des Vermerks „Kenntnis genommen"

KGSt: Kommunale Gemeinschaftsstelle. Sie gibt auch Empfehlungen zur Aktenführung heraus wie den KGSt-Aktenplan (>).

Kn.: Abk. des Arbeitsvermerks „nach Abgang zur Kenntnisnahme vorlegen" (§ 34 III GO LVwA)

Kop. S. (Zahl): Geschäftsgangverfügung gegenüber Weisungsempfänger, mit dem diesen aufgetragen wird, bestimmte Seiten einer Akte zu kopieren.

Krankheit: s. Verzögerung der Bearbeitung (>)

Kryptieren (von Verschlusssachen): Die Verschlüsselung der Inhalte von Verschlusssachen (VS) v.a. für Zwecke der Übermittlung der VS bzw. von Inhalten der VS. Gem. § 47 I Verschlusssachenanweisung (>) sind bei der Übertragung über Telekommunikations- oder andere technische Kommunikationsverbindungen mit einem vom Bundesamt für Sicherheit in der Informationstechnik für den betreffenden Geheimhaltungsgrad zugelassenen Kryptosystem zu kryptieren oder durch andere zugelassene Maßnahmen zu sichern. Näheres bestimmen ergänzende Richtlinien i.S.v. § 64 VSA LSA. Abweichend von dem Gebot der Kryptierung ist in bestimmten Fällen (nach Maßgabe des § 47 II VSA LSA) eine unkryptierte Übertragung zulässig.

Kurzbezeichnungen: „Kurzbezeichnungen und Abkürzungen werden in der festgelegten oder allgemein üblichen Form verwendet. Bei nicht geläufigen Abkürzungen wird bei der ersten Erwähnung die vollständige Bezeichnung angegeben und die Abkürzung in Klammern hinzugefügt." (§ 49 II GO LVwA) „Im Schriftverkehr mit Privatpersonen werden nur solche Kurzbezeichnungen und Abkürzungen verwendet, die in der Bevölkerung allgemein bekannt sind. Im Zweifel sind beide nicht zu verwenden." (§ 49 III GO LVwA)

L

Laufende Nummer: s. Vorgangsnummer (>)

Laufmappe (syn.: Umlaufmappe): Die Laufmappe ist eine Mappe ohne Heftung, auf der außen vermerkt wird, zu wem die Mappe befördert werden soll. Für das LVwA gilt, dass innerhalb des Amtes die Vorgänge in Laufmappen befördert werden müssen, wobei für die Weitergabe der Laufmappen das Weiserzeichen (>) der jeweiligen Empfänger und gegebenenfalls die Liegenschaft mit der üblichen Abkürzung anzugeben ist (§ 58 I 1 und 2 GO LVwA). Sofort- und Eilvorgänge müssen besonders gekennzeichnet werden (§ 58 I 3 GO LVwA).

Lesbarkeit: Die Lesbarkeit des Akteninhalts folgt bereits aus dem Gebot der Aktenmäßigkeit (>) des Verwaltungshandelns. Im Anwendungsbereich der PAktO gilt zudem: Gem. § 3 I PAktO sollen Papierakten alle wesentlichen Verfahrenshandlungen vollständig, nachvollziehbar und wahrheitsgemäß abbilden. Dazu ist die Lesbarkeit der Papierdokumente (sowie deren Integrität, Authentizität und Vertraulichkeit und auch die Vollständigkeit der Papierakten und Papiervorgänge) bis zur Übergabe an das Landesarchiv Sachsen-Anhalt oder bis zu ihrer Vernichtung zu gewährleisten. Die in den Papierdokumenten enthaltenen Informationen müssen für Menschen ohne Verwendung technischer Hilfsmittel lesbar sein (Lesbarkeit i.S.v. § 3 V 1 PAktO). Die Lesbarkeit der Papierdokumente ist dauerhaft sicherzustellen (§ 3 V 2 PAktO).

M

Metadaten: s. Metainformationen zur E-Akte (>); Metainformationen zu Papierakten (>)

Metainformationen: s. Metainformationen zur E-Akte (>); Metainformationen zur Papierakte (>)

Metainformationen zur E-Akte: M. sind Informationen über die elektronische Akte. Sie werden in Metadatenfeldern eines elektronischen Containers erfasst. Welche Mindestmetainformationen aufzunehmen sind, richtet sich nach den für die jeweilige Behörde geltenden Vorgaben. Im Anwendungsbereich der EAktVO LSA sind Metainformationen „beschreibende inhaltliche Merkmale und formale Ordnungsmerkmale zu elektronischen Dokumenten, Vorgängen und Akten" (§ 2 Nr. 17 EAktVO LSA). Elektronische Akten sind bei ihrer Erstellung neben einem Aktenzeichen mit mindestens den in der Anlage zur EAktVO LSA aufgeführten Metainformationen zu versehen (§ 9 I EAktVO LSA). Auch elektronische Vorgänge sind bei ihrer Erstellung mit einer Vorgangsnummer und mindestens den in der Anlage aufgeführten Metainformationen zu versehen (§ 10 I 1 EAktVO LSA). Dabei ist eine eindeutige Bezeichnung jedes Vorgangs durch aktenbezogene Angaben in den Metainformationen zu gewährleisten (§ 10 I 2 EAktVO LSA). Metainformationen der Bezugsakte sind nach Maßgabe der Anlage zu übernehmen. S. Vererbung (>).

Metainformationen zu Papierakten: Metainformationen zu Papierakten sind Metadaten zur Akte, d.h. Informationen über die Akte. Sie finden sich regelmäßig auf dem Schriftgutbehälter (Hefter/Mappe) sowie im Aktenverzeichnis und evtl. in weiteren Verzeichnissen. Metainformationen für Papierakten i.S.d. PAktO sind „Inhaltliche Merkmale und formale Ordnungs-merkmale zu Papierdokumenten, Papiervorgängen und Papierakten" (§ 2 Nr. 10 PAktO). Nähere Vorgaben zu den (Mindest-) Metainformationen enthält die Anlage 1 zur PAktO. Folgende Mindestmetainformationen für Papierakten sind in jeder Phase aufzunehmen: „Erstellung (Phase I): 1 Aktenführende Stelle 2 Organisationseinheit 3 Aktenzeichen (Papier) 4 Nummer des Bandes 5 Aktenbezeichnung 6 angelegt am 7 Hinweise auf weitere Akten; Schließung (Phase II): 8 geschlossen am 9 aufzubewahren bis; Auslagerung (Phase III): 10 an Altregistratur am; Aussonderung (Phase IV): 11 archivwürdig? Ja/Nein Vorschlag aktenführende Stelle 12 archivwürdig? Ja/Nein Entscheidung Landesarchiv Sachsen-Anhalt 13 Übergabe an Landesarchiv Sachsen-Anhalt am 14 Vernichtung am".

Vorgaben zu den Metainformationen der elektronischen Akten enthält die EAktVO LSA (>). Gem. § 9 I EAktVO LSA sind elektronische Akten bei ihrer Erstellung mit einem Aktenzeichen und mindestens den in der Anlage zur EAktVO LSA aufgeführten Metainformationen zu versehen und in ein elektronisches Aktenverzeichnis aufzunehmen.

Mindestmetadaten: Diejenigen Metadaten bzw. Metainformationen zu einer Akte, die von dem Bearbeiter mindestens auf der Akte anzubringen sind. Soweit die PAktO anzuwenden ist, sind die Mindestmetainformationen für Papierakten gem. Anlage 1 PAktO anzubringen. Im Anwendungsbereich der EAktVO LSA sind die Mindestmetainformationen für Akten, Vorgänge und Dokumente nach der Anlage (zu § 9 I, § 10 I und § 11 I EAktVO LSA) auf der Akte bzw. dem Vorgang oder Dokument angebracht sein. S.a. Metainformationen zu Papierakten (>)

Mitzeichnung: Die Mitzeichnung ist eine Geschäftsgangverfügung (>): Bei einem Schriftgutobjekt soll sie durch eine oder mehrere Personen erfolgen. Sie setzt Bearbeitungsrechte. S.a. Mitzeichnung eines Entwurfs (>)

Mitzeichnung eines Entwurfs: Für das LVwA gilt, dass die Mitzeichnung eines Entwurfes mit Namenszeichen und Datum erfolgt (§ 56 I GO LVwA). Das federführende Referat hat das Mitzeichnungsverfahren durchzuführen und im Entwurf in einer Mitzeichnungsleiste die zu beteiligenden Organisationseinheiten festzulegen (§ 56 II GO LVwA). Sodan wird der Entwurf vom federführenden Referat vor der Mitzeichnung abgezeichnet (§ 56 III GO LVwA). Vorschläge für Änderungen und Ergänzungen des Entwurfes sind als schriftliche Mitzeichnungsvermerke dem federführenden Referat mitzuteilen (§ 56 IV GO LVwA). Eine Ablehnung einer Mitzeichnung ist schriftlich zu begründen (§ 56 V GO LVwA). Zur Beschleunigung des Verfahrens kann die Einholung der Mitzeichnung im Sternverfahren erfolgen, d.h., dass alle Beteiligten separat einen Entwurf zur Mitzeichnung erhalten (§ 56 VI GO LVwA). Sofern bezüglich einer Änderung, Ergänzung oder Ablehnung eine Einigung unter den Beteiligten nicht zustande kommt, entscheidet die oder der nächste gemeinsame Vorgesetzte (§ 56 VII GO LVwA). Von der Mitzeichnung im engeren Sinn wird die Beteiligung weiterer Bediensteter bei der Abfassung des Dokuments unterschieden. Werden weitere Bedienstete bei der Abfassung eines Dokumentes beteiligt, so zeichnen sie den Entwurf ebenfalls ab (§ 55 GO LVwA).

Mitzeichnungsvermerk: Vermerk über im Rahmen des Mitzeichnungsverfahrens (§ 56 GO LVwA) vorgeschlagene Änderungen und Ergänzungen (§ 56 IV GO LVwA)

N

n.Abg. z.K.: In der Verfügungstechnik (>) gebräuchliche Abkürzung für „nach Abgang (Absendung) zur Kenntnis" (zeitnahe, bloße Kenntnisnahme im Sinne von ‚Information wurde vermittelt'.

nachrichtlich an: Geschäftsgangverfügung, aufgrund der ein Dokument, ein Vorgang, Teile einer Akte bzw. eine Akte einem anderen Bediensteten bzw. einer anderen Einheit der Verwaltung zur Kenntnis gegeben wird.

Nachvollziehbarkeit des Akteninhalts: Gem. § 3 I PAktO sollen Papierakten sollen alle wesentlichen Verfahrenshandlungen vollständig, nachvollziehbar und wahrheitsgemäß abbilden.

NfD: Abkürzung für die Aktenkennzeichnung (>) „Nur für den Dienstgebrauch!".

O

Optimierung elektronischer Aktenführung: Das EGovG LSA (>) zielt auf eine Optimierung von Verwaltungsabläufen und Informationen zum Verfahrensstand. So sollen Stellen der unmittelbaren Landesverwaltung Verwaltungsabläufe, die erstmals zu wesentlichen Teilen elektronisch unterstützt werden, vor Einführung der informationstechnischen Systeme unter Nutzung gängiger Methoden dokumentieren, analysieren und optimieren (§ 7 I 1 EGovG LSA). Dabei sollen sie im Interesse der am Verwaltungsverfahren Beteiligten die Abläufe so gestalten, dass Informationen zum Verfahrensstand und zum weiteren Verfahren sowie die Kontaktinformationen der zum Zeitpunkt der Anfrage zuständigen Ansprechstelle elektronisch abgerufen werden können (§ 7 I 2 EGovG LSA). Von diesen Maßnahmen kann abgesehen werden, soweit sie unwirtschaftlich sind oder andere wichtige Gründe entgegenstehen (§ 7 II 1 EGovG LSA). Von der Umgestaltung der Abläufe nach I 2 kann außerdem abgesehen werden, wenn diese dem Zweck des Verwaltungsverfahrens entgegenstehen oder eine gesetzliche Schutznorm verletzen (§ 7 II 2 EGovG LSA). Die Gründe für ein Absehen von der Dokumentation, Analyse bzw. Optimierung müssen aktenkundig dokumentiert werden (§ 7 I 3 EGovG LSA). Die Absätze 1 und 2 des 7 EGovG LSA gelten entsprechend bei allen wesentlichen Änderungen der Verwaltungsabläufe oder der eingesetzten informationstechnischen Systeme (§ 7 III EGovG LSA). Stellen der mittelbaren Landesverwaltung können die Absätze 1 bis 3 des § 7 anwenden (§ 7 IV EGovG LSA).

Organisation der Papieraktenführung: Die obersten Landesbehörden regeln gem. § 7 I PAktO in ihrem Geschäftsbereich 1. die Art der Papieraktenablage (Einzel-, Gruppen- oder Zentralablage), 2. die interne Verantwortung für die Papieraktenführung und 3. die interne Aufsicht über die Papieraktenführung. Sie können in einem Fristenkatalog Aufbewahrungsfristen im

Sinne des § 14 Abs. 1 Satz 2 für ihren Aufgabenbereich führen. Gem. § 7 II PAktO können für einzelne Stellen der Landesverwaltung bei Bedarf ergänzende oder von § 7 I 1 PAktO abweichende Regelungen getroffen werden.

Organisationseinheit: Organisationseinheit i.S.d. EAktVO LSA ist „Die nach dem Geschäftsverteilungsplan zuständige Teileinheit einer Landesbehörde oder Einrichtung des Landes" (§ 2 Nr. 18 EAktVO LSA)

P

Paginierung: Die Durchnummerierung der Blätter der Akte. Sie dient der besseren Auffindbarkeit des Akteninhalts und dem Manipulationsschutz. Die Paginierung erfolgt, wenn nichts anderes vorgeschrieben ist, nach Zweckmäßigkeit (arg. e § 10 VwVfG). Spätestens bei einer gerichtlichen Anforderung (>) der Akte für den Verwaltungsprozess sollte paginiert sein.

PAktO: Kurzbezeichnung für die Papieraktenordnung Sachsen-Anhalt (>).

Papierakte: Akte (>), deren Inhalt aus Papier besteht (papierne Akte). Papierakte i.S.d. PAktO ist die „geordnete Zusammenstellung von Papierdokumenten in Papiervorgängen, die bei der Bearbeitung eines Sachverhaltes entstehen, mit eigenem Papieraktenzeichen und eigener Inhaltsbezeichnung. Eine Papierakte enthält ausschließlich Papiervorgänge und ein Papiervorgang ausschließlich Papierdokumente" (§ 2 Nr. 12 PAktO). Papierakte i.S.d. EAktVO LSA ist „Eine Akte, die ausschließlich Papierdokumente zusammenfasst" (§ 2 Nr. 19 EAktVO LSA). Der Schriftgutbehälter mag von anderem Material sein (Kunststoff, Metall etc.). Die Neuanlage von Papierakten ist in der Bundes- und Landesverwaltung, z.T. auch in Kommunalverwaltungen nur noch eingeschränkt zulässig. So sind Papierakten nur noch zulässig, soweit nicht gem. § 3 I 1 EGovG LSA elektronische Akten zu führen sind bzw. Behörden nach § 3 I 3 EGovG LSA von der elektronischen Aktenführung ausgenommen sind bzw. eine Weiterführung einzelner Papierakten (in der unmittelbaren Landesverwaltung) nach Einführung elektronischer Aktenführungssysteme zulässig ist (§ 4, 21 EAktVO LSA). S.a. Papieraktenführung (>)

Papieraktenführung: Papieraktenführung i.S.d PAktO ist „Die Erstellung, Registrierung, Bereitstellung, Aufbewahrung und Aussonderung von Papierakten" (§ 2 Nr. 13 PAktO). Sie beginnt mithin mit der Aktenanlage (>).

Papieraktenordnung: Ältere Aktenordnungen (>) waren reine „Papieraktenordnungen". Heutige Aktenordnungen berücksichtigen regelmäßig auch das Entstehen und Führen elektronischer Akten. Unter *der* „Papieraktenordnung" ist in Sachsen-Anhalt die Papieraktenordnung für die unmittelbare Landesverwaltung Sachsen-Anhalt (PAktO) vom 14.09.2021 (MBl. LSA S. 2021, 614) zu verstehen. Sie gilt ausschließlich für die Führung von Papierakten der Landesbehörden und Einrichtungen des Landes (Stellen der unmittelbaren Landesverwaltung) in den Fällen des § 4 PAktO (§ 1 I PAktO). Somit gilt sie u.a. nicht für die mittelbare Landesverwaltung i.S.d. §§ 17 ff. Org LSA u.a. durch Kommunalkörperschaften. Sie gilt auch nicht für die Gerichtsverwaltungen, die Behörden der Justizverwaltung einschließlich der ihrer Aufsicht unterliegenden Körperschaften des öffentlichen Rechts und die in § 1 III EGovG LSA genannten Stellen (§ 1 I 2 PAktO). Die Papieraktenordnung ist bei der öffentlich-rechtlichen Verwaltungstätigkeit anzuwenden, soweit andere Rechtsvorschriften dem nicht entgegenstehen (§ 1 II 1 PAktO). Sie ist nicht anzuwenden bei den in § 1 IV EGovG LSA genannten Verfahren und Tätigkeiten (§ 1 II 2 PAktO). Die obersten Landesbehörden können für ihren Geschäftsbereich festlegen, dass diese Papieraktenordnung auch für bestimmte in § 1 IV EGovG LSA genannte Verfahren und Tätigkeiten entsprechend gilt, soweit gesetzliche Bestimmungen nicht entgegenstehen (§ 1 III PAktO). S. a. Verschlusssachen (>)

Papierdokument: Papierdokument i.S.d. PAktO ist „Ein einzelnes Informationsobjekt auf papiergebundenem Informationsträger. Zum Papierdokument gehören auch alle ergänzenden Angaben, insbesondere die Metainformationen für Papierakten, die zum Verständnis der Informationen beitragen" (§ 2 Nr. 14 PAktO).

Papierdokumente, aktenrelevante: Aktenrelevante Papierdokumente i.S.d. PAktO sind „Papierdokumente sowie die dazugehörigen entscheidungserheblichen Bearbeitungsschritte, die zum späteren Nachweis der Vollständigkeit, zur Nachvollziehbarkeit und für die Transparenz des Verwaltungshandelns innerhalb der Verwaltung als auch gegenüber Dritten beweisfest vorzuhalten sind". Das Gebot der Aktenvollständigkeit (>) beinhaltet, dass in der Papierakte alle zugewiesenen Papiervorgänge und im Papiervorgang alle aktenrelevanten Papierdokumente enthalten sein müssen (§ 3 II 2 PAktO).

Papierfischchen: Papierakten können durch Papierfischchen (Ctenolepisma longicaudatum) geschädigt werden, so dass die Akten ihre Funktion nicht mehr oder nur noch eingeschränkt erfüllen können. Die Tiere gelten daher als Papierschädlinge. Das Papierfischchen ist ein Fischchen aus der Familie der Lepismatidae (Silberfischchen i.w.S.). Die Art ist ein Kulturfolger (synanthrop) und heute weltweit verbreitet. Sie mag trockene Umgebung bei 20-24 Grad und meidet Licht. Die Tiere spalten Zellulosefasern mit einer körpereigenen Cellulase zu Zucker auf und verdauen diese dadurch. Sie können ohne Nahrung bis zu 300 Tage überleben und haben nahezu keine natürlichen Fressfeinde. Bei einem Befall kann ihre Zahl mithilfe einer Verschlechterung ihrer Lebensbedingungen sowie Fallen reduziert werden.

papierloses Büro: s. Büro, papierloses (>)

Papiervorgang: Papiervorgang i.S.d. PAktO ist „Die Sammlung von zusammengehörenden Papierdokumenten aus der Bearbeitung eines Sachverhaltes, der durch eine Entscheidung abgeschlossen werden soll" (§ 2 Nr. 15 PAktO). S. a. Vorgang, papierner (>)

Papiervorgangsbearbeitung: Papiervorgangsbearbeitung i.S.d. PAktO ist „Die Bearbeitung von Geschäftsprozessen in Papierform. Ein Geschäftsprozess ist dabei die inhaltlich abgeschlossene, zeitliche und sachlogische Folge von Aktivitäten, die zur Bearbeitung eines Sachverhaltes notwendig sind." (§ 2 Nr. 16 PAktO)

Parallelität von Papierakte und E-Akte: Im Falle einer parallelen Führung von Papier- und E-Akte muss bestimmt werden, welche der Akten für das Verfahren führend ist. Ist es die elektronische Akte müssen aktenrelevante Inhalte der Papierakte, die nicht bereits als elektronisches Dokument in der E-Akte sind, in diese eingefügt werden. Ist umgekehrt die Papierakte führend, gilt dies entsprechend für nur elektronisch vorhandene Dokumente.

Personalakte: Für jede Beamtin und jeden Beamten ist eine Personalakte zu führen (§ 84 I 1 BeamtenG LSA). Sie ist vertraulich zu behandeln und durch technische und organisatorische Maßnahmen vor unbefugter Einsichtnahme zu schützen (§ 84 I 2 BeamtenG LSA). Die Akte kann in Teilen oder vollständig in elektronischer Form geführt werden (§ 84 I 3 BeamtenG LSA). Zur Personalakte gehören alle Unterlagen, die die Beamtin oder den Beamten betreffen, soweit sie mit ihrem oder seinem Dienstverhältnis in einem unmittelbaren inneren Zusammenhang stehen (Personalaktendaten) (§ 84 I 4 BeamtenG). Für Beschäftigte können Personalakten geführt werden. Vor allem im Hinblick auf unbefristet Beschäftigte ist die Führung von Personalakten unerlässlich. S.a. Aufbewahrungsfristen für Personalakten (>)

Pflicht zur elektronischen Aktenführung: Für Behörden der unmittelbaren Bundes- und Landesverwaltung gilt eine grundsätzliche Pflicht zur elektronischen Aktenführung. Für sonstige Behörden kann Sie im Einzelfall bestehen (etwa kraft Beschlusses eines Stadtrates oder Kreistages). Gem. § 3 I EGovG LSA sollen die Stellen der unmittelbaren Landesverwaltung spätestens ab dem 1. Januar 2022 ihre Akten elektronisch führen. Dies gilt nicht für solche Stellen der unmittelbaren Landesverwaltung, bei denen das Führen elektronischer Akten bei langfristiger Betrachtung unwirtschaftlich ist. Über Ausnahmen entscheidet die zuständige oberste Landesbehörde im Einvernehmen mit der oder dem Beauftragten der Landesregierung Sachsen-Anhalt für Informations- und Kommunikationstechnologie (§ 3 I 3 EGovG LSA). Ab dem Zeitpunkt der Einführung elektronischer Akten durch eine Stelle der Landesverwaltung sollen ihre Verwaltungsvorgänge elektronisch bearbeitet werden, soweit andere Rechtsvorschriften dem nicht entgegenstehen (§ 3 III 1 EGovG LSA). Für Bundesbehörden ergibt sich eine Pflicht zur Aktenführung aus § 6 EGovG Bund. S.a. Förderung der elektronischen Aktenführung (>)

Phase/n einer Akte: s. Phase einer E-Akte (>); Phase einer Papierakte (>)

Phase einer E-Akte: Phase einer elektronischen Akte i.S.d. EAktVO LSA ist der „Teil des Lebenszyklus einer elektronischen Akte" (§ 2 Nr. 20 EAktVO LSA).

Phase einer Papierakte: Phase einer Papierakte i.S.d. PAktO ist der „Teil des Lebenszyklus einer Papierakte" (§ 2 Nr. 17 PAktO). Phase einer elektronischen Akte i.S.d. EAktVO LSA ist „Teil des Lebenszyklus einer elektronischen Akte" (§ 2 Nr. 20 EAktVO LSA). Nach der PAktO sowie nach der EAktVO LSA sind vier „Phasen der Aktenführung" (>) zu unterscheiden.

Phasen der Aktenführung: Im Anwendungsbereich der PAktO sind folgende vier Phasen der Aktenführung zu unterscheiden: Phase I: Erstellung von Papierakten (…), Phase II: Beginn der Aufbewahrung, Phase III: Auslagerung und Phase IV: Aussonderung. Im Anwendungsbereich der EAktVO LSA sind folgende vier Phasen der Aktenführung zu unterscheiden: Phase I (Erstellung elektronischer Akten und Vorgänge sowie Dokumentenbehandlung), Phase II (Beginn der Aufbewahrung), Phase III (Auslagerung) und Phase 4 (Aussonderung elektronischer Akten oder Vorgänge). S.a. Mindestmetainformationen (für die jeweilige Phase) (>)

Poststelle: Die Poststelle ist eine Organisationseinheit innerhalb einer Behörde, welche die Aufgaben hat, die von außen eingehende Post entgegenzunehmen, (an die funktionell zuständigen Stellen bzw. Bearbeiter) zu verteilen, ausgehende Schriftstücke und Pakete zu versenden. Ihr kann auch die hausinterne Verschubung von Schriftstücken bzw. Akten zugewiesen sein. Die Poststelle führt i.d.R. selbst keine Sachakten. Sie mag aber etwa Sammelakten zu Posteingängen anlegen, die nicht sofort zugeordnet werden können oder Sammelakten zu für ihren Geschäftsbereich geltenden Gesetzen und Verwaltungsvorschriften anlegen. Für das LVwA gilt, dass im Schriftverkehr nach außen alle abzusendenden papierhaften Dokumente der Poststelle zugeleitet werden müssen, wobei das Nähere eine Ordnung für den Postdienst regelt (§ 58 II GO LVwA). Auch für andere Behörden ist meist vorgeschrieben, dass Bearbeiter zu versendende Post stets oder grundsätzlich der Poststelle zuleiten und durch diese versenden lassen müssen.

Privatdienstschreiben: Für das LVwA gilt, dass im Behördenverkehr Schreiben dienstlichen Inhalts grundsätzlich nur an die Behörde zu richten sind (§ 47 I 1 GO LVwA). Weiterhin gilt (§ 47 I 2 GO LVwA): „Ist in dienstlichen Angelegenheiten aus besonderen Gründen ein persönlicher Schriftwechsel zwischen Behördenangehörigen angezeigt, so werden Name und Amts- oder Dienstbezeichnung der oder des Unterzeichnenden unter die Behördenbezeichnung gesetzt (Privatdienstschreiben)." Privatdienstschreiben sind in den Geschäftsgang zu geben (§ 47 II GO LVwA).

Prüffristenverordnung: Kurzbezeichnung für die (aufgehobene) Verordnung über Prüffristen bei polizeilicher Datenspeicherung (PolPrüffristVO) vom 20.12.1993 (GVBl. LSA 1994, S. 2), aufgehoben durch VO vom 6.02.2019 (GVBl. LSA S. 28)

Q

Qualitätskontrolle: Qualitätskontrolle i.S.d. EAktVO LSA ist „Eine Kontrolle, die die Vollständigkeit, die Integrität, die Authentizität und die Lesbarkeit eines elektronischen Dokuments nach dessen Übertragung aus der Papierform sicherstellt" (§ 2 Nr. 21 EAktVO LSA).

quod non est in actis, non est in mundo (mitunter syn. verwendet: quod non legitur, non creditur): Prozessmaxime des römischen Rechts, wonach das, was nicht in den Gerichtsakten dokumentiert ist, „nicht in der Welt" sei. Mitunter wird die Maxime auch wie folgt übersetzt: „Was nicht gelesen wird, wird nicht geglaubt." Diese Maxime gilt weder im deutschen Verwaltungsverfahrensrecht noch im deutschen Verwaltungsprozessrecht. Maßgeblich für die Rechtmäßigkeit der Verwaltungsentscheidung und der Entscheidung des Verwaltungsgerichts ist nicht, was in den Akten steht, sondern was in tatsächlicher Hinsicht objektiv vorhanden (z.B.: Eigentum des Antragstellers, Bebauung eines Flurstücks) bzw. passiert ist (Bsp.: verbotswidriges Parken; Unterlassen der Straßenreinigung). M.a.W. ist für die Beurteilung der Rechtmäßigkeit des Verwaltungshandelns oder von möglichen Ansprüchen gegen den Staat nicht die „Aktenlage" maßgeblich, sondern der Tatbestand, der nach Maßgabe der §§ 24, 26 VwVfG bzw. § 86 VwGO ermittelt wurde. Er ist der Entscheidung zugrundezulegen. Die Aktenlage soll diesen objektiven Tatbestand zutreffend widergeben. Auch nach deutschen Recht hat der Akteninhalt aber Beweiskraft (>) und was nicht in der Akte ist kann keine Beweiskraft entfalten (wenn es nicht gesondert durch Beweis in das Verfahren eingeführt wird) und es gilt die Vermutung der Aktenvollständigkeit (>). M.a.W.: Maßgeblich für die Entscheidung der Behörde und des Gerichts hat das zu sein, was diesen im Rahmen des Untersuchungsgrundsatzes einschließlich Beweiserhebung zur Kenntnis gelangt – unabhängig davon, ob dies in den Akten enthalten ist. So ist etwa all das, was der Verwaltung mündlich (etwa bei einer Zeugenbefragung) bzw. dem Gericht im Rahmen mündlichen Verhandlung zur Kenntnis kommt grundsätzlich zu berücksichtigen. Hieran ändert sich nicht dadurch etwas, wenn es aus Versehen oder absichtlich nicht in den Akten dokumentiert wurde bzw. Akteninhalt wurde, aber abhandenkam. Entsprechend unvollständige Akten müssen vervollständigt werden. S. Gebot der Aktenvollständigkeit (>)

Quod non legitur, non creditur (mitunter syn.: *quod non est in actis, non est in mundo*): Prozessmaxime aus dem römischen Recht. Sie wird allgemein übersetzt als „Was nicht gelesen wird, wird nicht geglaubt" beziehungsweise „Was nicht in den Akten steht, ist auch nicht in der Welt." Damit ist gemeint, dass das Gericht im Prozess nur das berücksichtigt, was schriftlich, d.h. in den Akten, festgehalten ist. Diese Maxime gilt nicht im deutschen Verwaltungsrecht. S. Quod non est in actis (>)

R

Registratur: Die Registratur einer Behörde ist diejenige Verwaltungseinheit, die mit der Schriftgutverwaltung besonders beauftragt ist. Dabei kann es sich um eine Zentralregistratur handeln, die die Akten der ganzen Behörde verwaltet oder um eine Abteilungsregistratur, die nur die Akten für einen Teil der Behörde verwaltet (z.B. nur für das Sachgebiet „Bauordnung"). S.a. Registraturordnung (>)

Registraturordnung: Eine Registraturordnung ist eine allgemeine Verwaltungsanordnung über die Ordnung und Aufbewahrung von Schriftgut. Sie ist mithin auch eine Aktenordnung (>). Sie kann für alle Behörden der Bundes- oder Landesverwaltung bestehen oder aber nur als hausinterne Anordnung des Behördenleiters gelten. So kann etwa ein kommunaler Hauptverwaltungsbeamter eine Registraturordnung verfügen. Auf der Bundesebene gilt die Registraturrichtlinie (>) des Bundes. Auf Landesebene bilden alle registraturbezogenen Vorschriften der GGO Landesministerien, GO LVwA, PAktO und EAktVO LSA in der Zusammenschau zumindest eine Registraturordnung im materiellen Sinn.

Registraturrichtlinie: Abkürzung für die Richtlinie für das Bearbeiten und Verwalten von Schriftgut (Akten und Dokumenten) in Bundesministerien (RegR) gem. Beschluss des Bundeskabinetts vom 11. Juli 2011. Die Registraturrichtlinie (RegR) ergänzt die Gemeinsame Geschäftsordnung der Bundesministerien (GGO) und regelt das Bearbeiten von Geschäftsvorfällen und Verwalten von Schriftgut in den Bundesministerien (§ 1 I RegR).

RegR: Abkürzung für Registraturrichtlinie (>)

Rücksprache: Der Vermerk „Rücksprache" auf bzw. in Bezug auf die Akte bzw. einen Vorgang in der Akte ist in der Regel eine Geschäftsgangverfügung, durch die der Verfügende die adressierte Person zu einem Schriftgutobjekt um Rücksprache mit ihm oder mit weiteren Personen ersucht. Sie setzt Bearbeitungsrechte.

S

s.K.: Abkürzung des Arbeitsvermerks „schriftliche Kurzdarstellung (des Sachverhalts mit Bearbeitungs- oder Entscheidungsvorschlag" (§ 34 III GO LVwA)

Sachakte: Der Begriff der Sachakte wird in Behörden unterschiedlich verstanden bzw. definiert. Mitunter wird hierunter eine Akte zu einer bestimmten „Sache" verstanden, wobei „Sache" hier im Sinne einer bestimmten Angelegenheit auf der Betreffsebene (etwa eines Verwaltungsverfahrens etwa die Sache Abfallbeseitigungsverfügung Gustav Meyer) verstanden wird. Dieses Verständnis liegt etwa den §§ 11, 13 RegR Bund zugrunde. Gem. § 13 RegR sind Sachakten als Sammel-, Einzel- oder Sondersachakten zu führen. Das Aktenzeichen setzt sich gem. § 11 II 1 RegR zusammen aus dem Kennzeichen des Aktenplans, das um ein Ableitungskennzeichen ergänzt sein kann, der Ordnungsnummer der Einzelsachakte und ggf. dem Kennzeichen der Sondersachakte. Häufiger ist indes das Verständnis der Sachakte als Akte, die anders als die Verfahrensakte (>) nicht Schriftstücke zu einem einzelnen Verwaltungsverfahren aufnimmt und sich nicht auf die Betreffsebene in einer bestimmten Sache bezieht, sondern sich auf eine bestimmte Aufgabe oder ein Thema (bzw. Problem) der Verwaltung bezieht (z.B. Kontrolle Fliegender Bauten, Bau eines Verwaltungsgebäudes, Aufgabe Bekämpfung der Obdachlosigkeit, Problem wilder Müll im Stadtpark etc.) bzw. auf einer höheren Ebene des Aktenplans gebildet wird. Im Netz finden sich weitere (abweichende) Definitionen wie etwa „Sachakten enthalten das gesamte Schriftgut zu einem konkreten Vorgang (z. B. Gebäudesanierung)". „Sachakten werden gebildet, indem Unterlagen zu einem bestimmen Sachbetreff zusammengeführt werden. ... Ziel dabei ist, alle anfallenden Unterlagen zur Wahrnehmung einer bestimmten Aufgabe, zu einem bestimmen Vorgang oder auch zu einem bestimmten

Thema für den gezielten Zugriff systematisch in einer Akteneinheit abzulegen, deren entsprechender Entstehungszweck möglichst zutreffend im Sachbetreff benannt ist."

Sachbearbeiterablage (mintunter syn.: Sachbearbeitungsablage): Die Einzelablage von Akten durch den Sachbearbeiter in dessen Amtszimmer. Sofern für die jeweilige Behörde kein Verbot bzw. keine Begrenzung der Sachbearbeiterablage besteht, kann der Sachbearbeiter Akten, die er über einen längeren Zeitraum, sei es auch mit Unterbrechungen, bearbeitet oder in Kürze wieder bearbeiten wird, in seinem Dienstzimmer belassen. Dies ermöglicht ihm einen schnellen Zugriff auf die benötigten Akten und erspart ihm Zeitverluste durch die Anforderung der Akten bei der Registratur.

Sachbearbeitungsablage: Die gemeinsame Ablage von Akten durch die Sachbearbeitung eines Sach- bzw. Geschäftsbereichs außerhalb der Registratur. So kann (wenn keine Vorgaben entgegenstehen) in einem für alle Sachbearbeiter eines Bereichs gut erreichbaren Raum eine Zwischenablage von Akten geschaffen werden, die einen schnelleren Zugriff auf die Akte als die Ablage in der Registratur ermöglicht. S.a. Sachbearbeiterablage (>)

Sammelakte (nur tlw. syn.: Sammelsachakte): Der Begriff der Sammelakte wird uneinheitlich verwendet. Nach dem Wortsinn wäre jede Akte eine Sammelakte, da jede Akte zur Sammlung von Schriftstücken angelegt wird (was indes nicht mit dem Begriff gemeint ist). Sammelakte in einem weiten Sinn ist jede Akte zur Sammlung von Schriftstücken, die nicht Verfahrensakte zu einem bestimmten Verwaltungsverfahren (oder Rechtsetzungsverfahren der Verwaltung) ist. Gesammelt werden können insbesondere Schriftstücke zu zwar verschiedenen, jedoch thematisch verwandten Vorgängen (z.B. alles zum Thema Straßenreinigung in einem Stadtteil, Bau einer Mehrzweckhalle, Sammlung von Auszügen aus Akten, um einen Überblick zu einem bestimmten Problem zu erhalten). In einer Sammelakte können aber auch solche Schriftstücke unabhängig von einer thematischen Verwandtschaft gesammelt werden, wenn deren Gemeinsamkeit allein darin besteht, dass gegenwärtig im Hinblick auf das Schriftstück oder den Vorgang nichts zu veranlassen ist und noch nicht beurteilt werden kann, ob die Bildung einer Akte in der jeweiligen Sache erforderlich ist oder wird, mithin ein Weglegen (>) bzw. eine Vernichtung bisher noch nicht zweckmäßig erscheint. Eine solche Sammelakte ist daher eine Art Zwischenablage für Papierdokumente, deren Aktenrelevanz noch unklar ist. Sie sollte nicht als „Sammelsachakte" bezeichnet werden, da dies impliziert, dass mehrere Sachakten (>) in einer Akte zusammengefasst werden, was aber nicht der Fall ist.

Sammelsachakte: Der Begriff wird uneinheitlich verwendet. Die Sammelsachakte ist jedenfalls, anders als die missverständliche Bezeichnung impliziert, keine Sammlung von Sachakten (>). Sie ist vielmehr eine Sachakte, die der Sammlung thematisch zusammenhängender Gegenstände dient. Sie ist damit eine besondere (wenn nicht typische) Form der Sammelakte (>).

Schließung von Papierakten: Im Anwendungsbereich der PAktO gilt, dass eine Papierakte zu schließen ist, wenn dies eine besondere Rechtsvorschrift vorschreibt oder sämtliche in der Papierakte enthaltenen Papiervorgänge geschlossen worden und weitere Papiervorgänge nicht zu erwarten sind (§ 13 II 1 PAktO). Die Schließung einer Papierakte bewirkt die Schließung ihrer Papiervorgänge (§ 13 II 2 PAktO). Vor der Schließung ist zu prüfen, ob alle Verfahrensschritte und Verfügungspunkte erledigt sind; sodann ist die Schließung der Papierakte zu dokumentieren (§ 13 III PAktO). Die aktenführende Stelle prüft spätestens alle zwei Jahre, ob die Schließung der Papierakten tatsächlich erfolgt ist (vgl. § 13 IV PAktO). Offene Papierakten können rückwirkend zu dem Zeitpunkt geschlossen werden, zu dem die Schließungsvoraussetzungen erfüllt waren (vgl. § 13 V PAktO).

Schließung von Papiervorgängen: Die Schließung eines Papiervorgangs setzt voraussetzt, dass seine Bearbeitung abgeschlossen ist und die Entscheidung unanfechtbar ist (§ 13 I 1 PAktO). Die Bearbeitung wird insbesondere abgeschlossen durch 1. die Bekanntgabe eines Verwaltungsaktes, 2. die Zustellung einer das Vorverfahren abschließenden Entscheidung, 3. die Zustellung einer die Gerichtsinstanz abschließenden Entscheidung, 4. die Veröffentlichung von Rechts- oder Verwaltungsvorschriften und 5. die Beantwortung einer Anfrage (§ 13 I 2 PAktO). Vor der Schließung des Papiervorgangs ist zu prüfen, ob alle Verfahrensschritte und Verfügungspunkte erledigt sind; die Schließung von Papiervorgängen ist sodann zu dokumentieren (§ 13 III PAktO). Die aktenführende Stelle prüft spätestens alle zwei Jahre, ob die Schließung der Papiervorgänge tatsächlich erfolgt ist (§ 13 IV PAktO). Offene Papiervorgänge können rückwirkend zu dem Zeitpunkt geschlossen werden, zu dem die Schließungsvoraussetzungen erfüllt waren (§ 13 V PAktO).

Schlussverfügung: Die Schlussverfügung ist eine Aktenverfügung (>) mit der bestimmt wird, wie der Geschäftsvorfall nach Abschluss der Bearbeitung weiter zu behandeln ist. Mit ihr können Hinweise zur Ordnung und sachgerechten Verwaltung der Unterlagen verbunden werden. Vgl. auch: „Schriftgut, das nicht unmittelbar benötigt wird, ist der Schriftgutverwaltung (Registratur) mit einer Schlussverfügung zuzuleiten." (Anh. 1 GGO Bund); s.a. § 13 III 1 PAktO: Die Schließung von Papiervorgängen und Papierakten ist zu dokumentieren." Beim LVwA sind folgende Schlussverfügungen bei der Behandlung der Dokumente und der Bearbeitung der Vorgänge zu verwenden: Wgl. = Weglegen, Wv. = Wiedervorlage, z.S. = zur Sammlung (Sammlung von Eingängen auf ein Rundschreiben oder einen Erlass, bis eine Bearbeitung möglich ist), z.Vg. = zum Vorgang (Ablage des Dokuments nach Abschluss der Bearbeitung), z.d.A. = zu den Akten (Schließung des Vorgangs nach Abschluss der Bearbeitung) (§ 46 III 1 GO LVwA). Bei Abschluss der Vorgangsbearbeitung haben die für die Bearbeitung zuständigen Bediensteten zu prüfen, ob alle Anweisungen der Verfügung erledigt sind (§ 46 III 2 GO LVwA). Insbesondere haben sie darauf zu achten, dass die Verfügung abschließend gezeichnet ist und dass verfügte Reinschriften abgesandt sind (§ 46 II 3 GO LVwA).

Schlusszeichnung: Die S. ist eine Geschäftsgangverfügung (>) mit der ein Schriftgutobjekt durch eine Person abschließend mitgezeichnet wird. Sie setzt Bearbeitungsrechte.

Schriftfarbe: Das Aktenrecht schreibt in vielen Fällen, vor allem für obere und oberste Behörden, für die Papieraktenführung die Verwendung bestimmter Schriftfarben vor. S. Farbenlehre (>)

Schriftgut: Unter Schriftgut versteht man meist papierne Schriftstücke (>) und elektronische (schriftliche) Dokumente. Schriftgut i.S.v. § 3 RegR sind „Alle bei der Erfüllung von Aufgaben des Bundes erstellten oder empfangenen Dokumente, unabhängig von der Art des Informationsträgers und der Form der Aufzeichnung."

Schriftgutbehälter: Das Behältnis, das zur Aufnahme von Schriftgut dient. Dies kann bei papierner Schriftgutverwaltung insbesondere eine Aktenmappe (>) oder eine Laufmappe (>) sein. Bei elektronischer Aktenverwaltung ist dies ein elektronischer „Container", der einen Vorgang oder eine Akte innerhalb eines Dokumentenmanagementsystems als eine in sich abgeschlossene Datei bzw. Gruppe zusammengehörender Dateien enthält.

Schriftgutverwaltung: Die Verwaltung von Schriftgut (>), d.h. der planvolle, geordnete Umgang mit Schriftgut nach den Grundsätzen ordnungsgemäßer Aktenführung (>).

Schriftstück: s. Gestaltung von Behördenschreiben (>)

Sichtvermerk: Der Begriff wird in unterschiedlichen Sinnzusammenhängen gebraucht. In der Verwaltung bedeutet Sichtvermerk meist die Anbringung eines Zeichens (i.d.R. des Namenszeichens) nebst Datum auf einem Schriftstück, wodurch Kenntnisnahme und meist auch inhaltliche Billigung dokumentiert werden sollen. Für Landesministerin gilt (§ 22 I 1 und 3 GGO), dass Vorgesetzte oder durch die Leitung des Ministeriums besonders Beauftragte die Eingänge mit Sichtvermerken (und bei Bedarf mit Arbeitsvermerken) versehen, wobei als Sichtvermerke Striche oder Namenszeichen jeweils mit Datum gelten. Für das LVwA gilt: „Als Sichtvermerke gelten Striche oder Namenszeichen mit Datum. Bei elektronischer Vorgangsbearbeitung ist für die nach Satz 1 aufzunehmenden Sicht- und Arbeitsvermerke sicherzustellen, dass hierzu mindestens das Namenszeichen oder der Name jeweils mit Datum angegeben werden." (§ 34 II GO LVwA) S.a. Farbenlehre (>)

Signatur, elektronische: Elektronische Dokumente einer E-Akte können mit einer elektronischen Signatur versehen sein bzw. zu versehen sein. Sie besteht aus mit einem elektronischen Dokument (oder sonstigen elektronischen Informationen) verknüpften Daten, anhand derer der Ersteller der Signatur identifiziert und die Integrität des Dokuments geprüft werden kann. Sie ist mit einer Unterschrift bei Papierdokumenten vergleichbar. Elektronische Signaturen werden nur von natürlichen Personen verwendet, während die Verwaltung elektronische Siegel verwenden kann. Besondere rechtliche Vorgaben gelten für elektronische Signaturen, „fortgeschrittene elektronische Signaturen" und „qualifizierte elektronische Signaturen im

Sinne der VO (EU) Nr. 910/2014. Diese Rechtsbegriffe sind in Art. 3 der VO (Nr. 10-12) definiert (s. Abdruck im Vorschriftenteil).

Sofort: Abk. für Arbeitsvermerk „vor allen anderen Vorgängen bearbeiten" (§ 34 III GO LVwA)

Solidus: Solidus ist der Schrägstrich, der in manchen Aktenzeichen (>) das Aktenplankennzeichen (>) von der Ordnungsnummer (>) trennt.

Sondersachakte: Der Begriff taucht in § 13 RegR auf, wo er eine besondere Akte (>) zu einem Vorgang oder Teilaspekten einer „Sache" meint. Ihr Aktenzeichen wird daher in Ableitung vom dem Aktenzeichen der Einzelsachakte (>) gebildet. Vgl. zu diesem Begriffsverständnis das Bundesarchiv: „Verliert eine Einzelsachakte an Übersichtlichkeit, weil in kurzer Zeit viele zugehörige Schriftstücke anfallen, bietet sich zunächst die Bildung neuer, inhaltlich abgegrenzter Einzelsachakten an. Soll hingegen ein größerer inhaltlicher Bezug zur Sachakte anhand des Aktenzeichens ersichtlich sein, kann eine Sondersachakte gebildet werden. Dies geschieht nach formalen Kriterien (z.B. Presseäußerungen), inhaltlichen Querschnittsaspekten (z.B. Statistik) oder frei gebildeten inhaltlichen Merkmalen. Sind bestimmte Klassen von Sondersachakten, wie in der RegR, vorgegeben, spricht man von klassifizierten Sondersachakten." S.a. Beiakte (>)

Stecken (einer Akte): Unter dem „Stecken" einer Akte (syn.: reponieren) versteht man das Einordnen deiner Akte in die Registratur. S.a. Ziehen (>)

Stempel: Die Behörde kann Stempel insbesondere als Dienstsiegel oder als Vordruckstempel (z.B. Tabelle für Dokumentation der Zeichnungen) verwenden. Für das LVwA gilt insoweit § 44 GO LVwA.

Symbole: s. Verfügungssymbole (>)

T

Teilakten: Akten, die in inhaltlicher Hinsicht Teil einer anderen Akte sind (meist als Grundakte, mitunter als Hauptakte bezeichnet), jedoch physisch nicht innerhalb dieser anderen Akte, sondern räumlich getrennt von dieser als Akte mit eigenem Aktenzeichen geführt werden. Oft wird für Teilakten der Begriff „Nebenakte", mitunter auch der Begriff „Beiakte" synonym verwendet. Die Teilakte ist nicht nur die Kopie bzw. Dopplung eines Teils der Grundakte, sondern sie enthält Vorgänge bzw. Dokumente, die in der Regel nicht zugleich in der Grundakte enthalten sind. So kann etwa die Personalakte (>) für einen Beamten nach sachlichen Gesichtspunkten in Grundakte und Teilakten gegliedert werden (§ 84 II1 BeamtenG LSA). Teilakten können bei der für den betreffenden Aufgabenbereich zuständigen Behörde geführt werden (§ 84 II 2 BeamtenG LSA). Unterlagen, die sich auch in der Grundakte oder in den Teilakten befinden (Nebenakten) dürfen nur geführt werden, wenn die personalverwaltende Behörde nicht zugleich Beschäftigungsbehörde ist oder wenn mehrere personalverwaltende Behörden für die Beamtin oder den Beamten zuständig sind; sie dürfen nur solche Unterlagen enthalten, deren Kenntnis zur rechtmäßigen Aufgabenerledigung der betreffenden Behörde erforderlich ist (§ 84 II 3 BeamtenG LSA). In die Grundakte ist ein vollständiges Verzeichnis aller Teil- und Nebenakten aufzunehmen (§ 84 II 4 BeamtenG LSA). Gem. § 85 I 1 Beamtengesetz LSA Unterlagen über Beihilfen als Teilakte zu führen (Beihilfeakten). Diese Teilakte ist von der übrigen Personalakte getrennt aufzubewahren (§ 85 I 2 BeamtenG LSA) und sie soll in einer von der übrigen Personalverwaltung getrennten Organisationseinheit bearbeitet werden (§ 85 I 3 BeamtenG LSA).

Termine: Durch Aktenverfügung können Termine bestimmt werden (z.B. Bearbeitungstermine „bis spätestens zum ..."). Für das LVwA gilt, dass Termine sind so zu bestimmen sind, dass sie eingehalten werden können (§ 39 I GO LVwA). Kann ein Termin nicht eingehalten werden, so ist rechtzeitig eine Terminänderung zu beantragen (§ 39 II GO LVwA).

Transferfrist: Transferfrist i.S.d. EAktVO LSA ist die „Frist, innerhalb derer elektronische Dokumente noch im Originalformat vorhanden sind und wieder in Bearbeitung genommen werden können. Die Transferfrist ist eine Teilmenge der Aufbewahrungsfrist (§ 2 Nr. 15 b EAktVO LSA). Sie beginnt mit Ablauf des Kalenderjahres, in dem die elektronische Akte oder der Vorgang geschlossen worden ist (§ 16 I 1 EAktVO LSA) und beträgt zwei Jahre, soweit besondere Rechtsvorschriften keinen anderen Zeitraum vorsehen (§ 16 I 2 EAktVO LSA).

Sofern innerhalb der Transferfrist Dokumente oder Vorgänge aus einer geschlossenen elektronischen Akte wieder in Bearbeitung genommen werden, ist die Transferfrist bis zum Abschluss der Bearbeitung unterbrochen (§ 16 II 1 EAktVO LSA). Nach erneuter Schließung der elektronischen Akte beginnt sie neu (§ 16 II 2 EAktVO LSA). Nach Ablauf der Transferfrist werden die Dateien nach Maßgabe von § 5 E-GovG LSA in ein elektronisches Format übertragen, das eine verlustfreie Langzeitspeicherung ermöglicht (§ 16 III 1 EAktVO LSA). Die Dateiformate für die Übergabe sollen entsprechend den Vorgaben nach § 3 V 4 EAktVO LSA gewählt werden (§ 16 III 2 EAktVO LSA).

U

U-Boot-Akte: Im Verwaltungsjargon eine „abtauchende" Akte, die temporär unauffindbar ist und an unerwarteter Stelle wieder auftaucht.

Übertragung elektronischer Dokumente in ein anderes elektronisches Format: Im Anwendungsbereich des EGovG LSA gilt, dass soweit es zur Erhaltung der Lesbarkeit erforderlich ist, elektronische Akten oder Aktenteile in ein anderes elektronisches Format übertragen werden dürfen (§ 5 Satz 1 EGovG LSA). Dies auch nach der Übertragung eines Papierdokuments in ein elektronisches Dokument (§ 5 Satz 2 EGovG LSA).

Übertragung papierner Dokumente in elektronische: Stellen der Landesverwaltung im Sinne des E-Government-Gesetzes (>), die ihre Akten elektronisch führen, sollen in Papierform eingereichte Schriftstücke und sonstige Unterlagen in elektronische Dokumente übertragen, soweit dies den Grundsätzen ordnungsgemäßer Aktenführung und ordnungsgemäßer Aufbewahrung entspricht (§ 4 I EGovG LSA). Bei der Übertragung von Papierdokumenten in elektronische Dokumente ist ein nach dem Stand der Technik geeignetes Dateiformat zu verwenden, durch das die Vollständigkeit, die Integrität, die Authentizität und die Lesbarkeit gewährleistet werden (§ 4 I 2 EGovG LSA). Von der Übertragung der Papierdokumente in elektronische Dokumente kann abgesehen werden, wenn die Übertragung unverhältnismäßigen technischen Aufwand erfordert (§ 4 I 3 EGovG LSA). S.a. Vernichtung papierner Dokumente nach Übertragung in elektronische (>)

Umlaufmappe: s. Laufmappe (>)

Unterlagen, archivwürdige: Unterlagen im Sinne von § 2 III Archivgesetz Sachsen-Anhalt sind „unabhängig von ihrer Speicherungsform alle Aufzeichnungen und sonstigen Informationsobjekte. Hierzu zählen insbesondere Akten, Dateien, Urkunden, Amtsbücher, Einzelschriftstücke, Druckschriften, Karten, Pläne, Zeichnungen, Risse, Plakate, Siegel, Stempel, Bild-, Film- und Tonaufzeichnungen sowie verfügbare Hilfsmittel und Programme, die zur Nutzung und dauerhaften Erhaltung der Unterlagen erforderlich sind." Sind diese Unterlagen archivwürdig, gelten die Bestimmungen des Archivgesetzes (>). S. Archivwürdigkeit (>).

Urkundsbeweis: Die Bestimmungen der ZPO über die Beweiskraft von Urkunden (§§ 415-419 ZPO) gelten für den Verwaltungsprozess entsprechend (vgl. die Verweisungsnorm § 98 VwGO). Urkunden i.S.d. ZPO sind durch Schriftzeichen verkörperte Gedankenäußerungen. Daher können auch Akteninhalte (öffentliche) Urkunden sein. Dies gilt auch für Kopien aus Akten oder beglaubigte Abschriften. So ist etwa der handschriftliche Eingangsvermerk auf einem Antrag eine öffentliche Urkunde. Die in einer Akte enthaltene Postzustellungsurkunde begründet als öffentliche Urkunde Beweis über die Zustellung. Hingegen stellt der Ausdruck eines elektronischen Zeitstempels keine öffentliche Urkunde i.S.v. § 98 VwGO i.V.m. § 418 I ZPO dar, die den vollen Beweis für den Tag des Eingangs liefert (VG Frankfurt am Main, Urt. v. 21.04.2022 – 5 K 910/18.F – openJur 2022, 9685). Ein elektronischer Zeitstempel kann in seiner elektronischen Form aber grundsätzlich ein öffentliches elektronisches Dokument im Sinne von § 98 VwGO i.V.m. § 371a III 1 ZPO darstellen (VG Frankfurt am Main a.a.O.). Öffentliche Urkunden begründen gem. § 98 VwGO i.V.m. § 418 I ZPO vollen Beweis der darin bezeugten Tatsachen. Gegen sie ist (nur) der Beweis der Unrichtigkeit der bezeugten Tatsachen nach § 98 VwGO i.V.m. § 418 Abs. 2 ZPO zulässig. Im Hinblick auf die Beweiskraft eines Ausdrucks eines öffentlichen elektronischen Dokuments gilt § 98 VwGO i.V.m. § 416a ZPO (VG Frankfurt am Main a.a.O.).

V

V: Mögliche Abkürzung der Aktenverfügung „Vorgesetzter", welche die Aufforderung beinhaltet, die Akte dem Vorgesetzten/nächsthöheren Dienstposten vorzulegen.

v. Abg. z. K.: In der Verfügungstechnik verwendete Abk. für „vor Abgang zur Kenntnis". Mit dieser Verfügung wird i.d.R. auf einen entsprechenden Geschäftsgangvermerk (>) reagiert oder wegen der Bedeutung der Angelegenheit dem Vorgesetzten vor der Absendung (Abgang) Gelegenheit zur Information (und ggfs. Erörterung) gegeben. Sie dient oft der eigenen Absicherung bei komplexen Entscheidungen.

Vererbung: Im Anwendungsbereich der EAktVO LSA ist Vererbung die „Übernahme bestimmter Metainformationen einer Akte oder eines Vorgangs in die Metainformationen der zugewiesenen Vorgänge oder Dokumente" (§ 2 Nr. 22 EAktVO LSA). Für Metainformationen zu elektronischen Vorgängen gilt, dass die Metainformationen der Bezugsakte nach Maßgabe der Anlage zur EAktVO LSA zu übernehmen sind (Vererbung i.S.v. § 10 I 3 EAktVO LSA).

Verfahrensakte: Die Verfahrensakte ist eine Akte, die zu einem bestimmten Verwaltungsverfahren gebildet wird. Dabei kann es sich um ein Verwaltungsverfahren i.S.d. § 9 VwVfG oder um ein sonstiges Verwaltungsverfahren handeln (etwa nach SGB X, OWiG oder AO).

Verfügungssymbole (nicht textliche Verfügungszeichen): In der jeweiligen Verwaltungseinheit können auch nicht-textliche Verfügungszeichen verwendet werden, etwa:

^	nach Abgang vorzulegen
+:	Arbeitsvermerk Schlusszeichnung (§ 34 III GO LVwA)
Ø	Kopie (anfertigen)
#	Vorbehalt der Zeichnung des die Sache abschließenden Entwurfs mit Zeichnungsbefugnis für die Vertreterin oder den Vertreter.

Verfügungstechnik: Die Technik oder Kunst der guten Aktenverfügung (>). Zur Verfügungstechnik zählt auch die Verwendung bestimmter typischer Abkürzungen. Die Technik muss auf für die Adressaten präzise, eindeutige und effiziente Verfügungen gerichtet sein.

Vergabe von Aktenzeichen: Die klassische Vergabe von Aktenzeichen erfolgte meist wie folgt: der Sachbearbeiter ermittelt nach Aktenplan das richtige Az., er sendet den Vorgang zurück an Registratur zur Vergabe des Az., die Registratur vergibt das Az., vermerkt dies und gibt die Akte an Sachbearbeiter zurück. Heute wird das Aktenzeichen oft elektronisch vergeben bzw. vom Sachbearbeiter ohne Zutun der Registratur selbstständig elektronisch ermittelt und verzeichnet.

Vermutung der Aktenvollständigkeit: Im Verwaltungsprozess gilt nach der Rspr. die Vermutung, dass die vom Verwaltungsgericht einbezogenen Verwaltungsakten vollständig sind. D.h. es wird vermutet, dass alle im Verwaltungsverfahren in die Verwaltungsakte eingebrachten Schriftstücke bzw. Daten (bei der elektronischen Akte) sich nach wie vor in der Akte befinden. Vgl. OVG Rh.-Pfalz, Urt. v. 2.10.1991 –7 A 10880/91 – Juris Rn. 27: „Es entspricht einem allgemein im Recht der Dokumentationspflichten anerkannten Rechtsgrundsatz – der auch auf die

Verwaltungsaktenführung anzuwenden ist -, dass eine dem äußeren Anschein nach ordnungsgemäß geführte Dokumentation grundsätzlich die Vermutung der Vollständigkeit und Richtigkeit für sich hat, und zwar bis zum Beweis des Gegenteils".

Vernichtung papierner Dokumente nach Übertragung in elektronische: Ein Papierdokument ist nach der Übertragung in ein elektronisches Dokument i.S.v. § 4 I 2 EGovG LSA zu vernichten oder zurückzugegeben, soweit und solange eine Aufbewahrung aus rechtlichen Gründen nicht erforderlich ist (§ 4 II EGovG LSA).

Vernichtung von Akten: s. Aussonderung (>)

Verordnung über die elektronische Aktenführung: s. Elektronische Aktenverordnung Sachsen-Anhalt (>)

Verschuben: Das Verlegen/der Transport von Gefangenen in ein anderes Gefängnis. Der Begriff wird im Jargon mitunter auch für das Versenden von Akten verwandt.

Verschlusssachen: Verschlusssachen i.S.v. § 5 I 1 Verschlusssachenanweisung (>) sind „im öffentlichen Interesse geheimhaltungsbedürftige Tatsachen, Gegenstände oder Erkenntnisse, unabhängig von ihrer Darstellungsform (z. B. Schriftstücke, Zeichnungen, Karten, Fotokopien, Lichtbildmaterial, elektronische Datenträger, elektrische Signale, Geräte, technische Einrichtungen oder das gesprochene Wort)." Sie werden entsprechend ihrer Schutzbedürftigkeit von einer amtlichen Stelle oder auf deren Veranlassung eingestuft. Gem. § 5 II 1 VSA LSA ist auch Zwischenmaterial, das im Zusammenhang mit einer VS anfällt (z.B. Vorentwürfe, Stenogramme, Tonträger, Folien oder Fehldrucke), ebenfalls Verschlusssache in diesem Sinn. Landesministerien haben beim Umgang mit Verschlusssachen die Verschlusssachenanweisung (in der jeweils gelten Fassung) zu beachten (§ 26 GGO Landesministerien). Auch das LVwA hat für Verschlusssachen die Verschlusssachenanweisung für das Land Sachsen-Anhalt (VSA-LSA) zu beachten (§ 38 I GO LVwA). Vertrauliche Vorgänge müssen als solche gekennzeichnet werden (§ 38 II GO LVwA). Sie müssen innerhalb der Dienststelle in verschlossenen Mappen oder Umschlägen befördert werden (§ 38 II 2 GO LVwA). Personalangelegenheiten sind vertraulich zu behandeln (§ 38 III GO LVwA). Bei den in §§ 84-91 des Landesbeamtengesetzes genannten Verfahren und Tätigkeiten und bei Verschlusssachen gilt die Papieraktenordnung des Landes mit den Abweichungen, die sich aus den Bestimmungen über die Führung von Personalakten und der Verschlusssachenanweisung ergeben (§ 1 IV PAktO). S.a. Geheimhaltungsgrade (>)

Verschlusssachenanweisung: Bekanntmachung der Neufassung der Verschlußsachenanweisung für das Land Sachsen-Anhalt (VSA-LSA), Bek. des MI vom 2.09.1996 – 43.11-02220 (MBl: 1996, 1923). S.a. Geheimhaltungsgrade (>)

Versenden von Schriftstücken auf dem Postweg: s. Poststelle (>)

Vertraulichkeit des Akteninhalts: Vertraulichkeit des Akteninhalts bedeutet, dass dieser nur hierzu Befugten zugänglich gemacht wird. Es ist sicherzustellen, dass Informationen der Papierakte nur Befugten zugänglich sind (§ 3 VI PAktO). Papierakten und Papiervorgänge sind durch geeignete Maßnahmen vor unbefugtem Zugriff zu schützen (§ 8 Satz 2 PAktO). Gem. § 3 I PAktO sollen Papierakten alle wesentlichen Verfahrenshandlungen vollständig, nachvollziehbar und wahrheitsgemäß abbilden. Dazu ist auch die Vertraulichkeit der Papierdokumente (sowie deren Integrität, Authentizität und Lesbarkeit sowie die Vollständigkeit der Papierakten und Papiervorgänge) bis zur Übergabe an das Landesarchiv Sachsen-Anhalt oder bis zu ihrer Vernichtung zu gewährleisten. Allgemeine gesetzliche Grundlage der Vertraulichkeit des Akteninhalts im Hinblick auf Geheimnisse ist die Geheimhaltung (>) gem. § 30 VwVfG. S.a. Gebot der Aktenvollständigkeit (>)

Verwahrgelass: Verwahrgelasse i.S.d. Verschlusssachenanweisung LSA sind Stahlschränke, Aktensicherungsräume u.ä., die besonderen Sicherheitsanforderungen entsprechen (§ 22 I 1 VS LSA). Näheres über VS-Verwahrgelasse, ihre Bewachung oder technische Überwachung bestimmen ergänzende Richtlinien (§" 22 I 2, § 64 VS LSA).

Verzeichnisse, elektronische: Elektronische Verzeichnisse i.S.d. EAktVO LSA sind „Verzeichnisse, die die aktenführende Stelle für die elektronische Aktenführung und Vorgangsbearbeitung erzeugt" (§ 2 Nr. 23 Satz 1 EAktVO LSA). Nach der EAktVO LSA gibt vier Arten: 1. Abgabeverzeichnis („Ein nach dem XDOMEA-Standard erzeugtes elektronisches Verzeichnis, das alle elektronischen Akten oder Vorgänge aufführt, die an das Landesarchiv Sachsen-Anhalt abgegeben werden."), das Aktenverzeichnis („Ein elektronisches Verzeichnis über angelegte Akten, das in der Ordnung des Aktenplans geführt wird."), das Altregistraturverzeichnis („Ein separates elektronisches Verzeichnis über geschlossene elektronische Akten oder Vorgänge, die der Altregistratur zugeführt worden sind."), das „Anbietungsverzeichnis („Ein nach dem XDOMEA-Standard erzeugtes elektronisches Verzeichnis, in dem die anbietungspflichtigen elektronischen Akten oder Vorgänge aufgeführt werden, die dem Landesarchiv Sachsen-Anhalt angeboten werden sollen.") und das Bewertungsverzeichnis („Ein elektronisches Anbietungsverzeichnis, das das Landesarchiv Sachsen-Anhalt um eine Bewertung der Archivwürdigkeit ergänzt hat.") (vgl. § 2 Nr. 23 Satz 2 EAktVO LSA).

Verzeichnisse für Papierakten: Verzeichnisse für Papierakten i.S.d. PAktO sind gem. § 2 Nr. 18 PAktO: „Verzeichnisse, die die aktenführende Stelle für die Papieraktenführung und Papiervorgangsbearbeitung erzeugt. Es gibt folgende Arten: a) Abgabeverzeichnis für Papierakten: Ein Verzeichnis, das alle Papierakten aufführt, die an das Landesarchiv Sachsen-Anhalt abgegeben werden. b) Aktenverzeichnis für Papierakten: Ein Verzeichnis über angelegte Papierakten, das in der Ordnung des Aktenplans geführt wird. c) Altregistraturverzeichnis für Papierakten: Ein separates Verzeichnis über geschlossene Papierakten, die der Altregistratur zugeführt worden sind. d) Anbietungsverzeichnis für Papierakten: Ein Verzeichnis, in dem die anbietungspflichtigen Papierakten aufgeführt werden, die dem Landesarchiv Sachsen-Anhalt angeboten werden sollen. e) Inhaltsverzeichnis für Papierakten: Ein Verzeichnis, in dem die zu einer Papierakte gehörenden Papiervorgänge aufgeführt werden. Die Verzeichnisse nach Satz 2 Buchst. a bis d sollen in der Regel elektronisch geführt werden.

Verzögerung der Bearbeitung: Die Vorgänge (>) sind zügig zu bearbeiten (vgl. § 10 VwVfG). Für das LVwA gilt, wenn Vorgänge nicht innerhalb eines Monats nach Eingang erledigt werden können, ist unverzüglich, spätestens nach 14 Tagen, eine Zwischennachricht zu erteilen (§ 37 I 1 GO LVwA). Für Bundesbehörden gilt eine Frist von vier Wochen (§ 14 GGO Bund; s.a. § 24 GGO LSA). Die Zwischennachricht soll einen kurzen begründenden Hinweis auf die voraussichtliche Dauer der Bearbeitung enthalten (§ 37 I 2 GO LVwA). Kommt es zu Verzögerungen infolge von Überlastung, ist nach näherer Maßgabe der jeweils geltenden Vorgaben eine Überlastungsanzeige an den Vorgesetzten oder Behördenleiter zu richten. Für das LVwA gilt im Hinblick auf Arbeitsrückstände, dass alle Bediensteten verpflichtet sind, ihre Vorgesetzten zu unterrichten, wenn größere Arbeitsrückstände zu entstehen drohen. Dabei sind die § 16 Abs. 4 und § 17 Abs. 3 zu beachten (§ 41 GO LVwA).

Bei Verzögerungen der Bearbeitung aufgrund von Krankheit (oder Dienstreise) hat der Sachbearbeiter darauf zu achten, dass er die Erkrankung (bzw. Dienstreise) gemäß den hausinternen Vorgaben hierzu rechtzeitig beantragt bzw. angezeigt hat, damit der jeweilige Vertreter rechtzeitig Kenntnis über den Vertretungsfall erhalten und die Bearbeitung fortsetzen kann. Für das LVwA gilt, dass Erholungsurlaub rechtzeitig im entsprechenden System zu beantragen ist und nur gewährt werden darf, wenn eine sachgemäße Vertretung sichergestellt ist (§ 62 II GO LVwA). Der Erholungsurlaub darf nur angetreten werden, wenn die Genehmigung vorliegt (§ 62 III LVwA). Bleiben Bedienstete dem Dienst wegen Erkrankung fern, müssen sie den Vorgesetzten unverzüglich vorzugsweise telefonisch über die voraussichtliche Dauer der Erkrankung unterrichten (§ 63 I 1 GO LVwA). Dauert die Dienstunfähigkeit länger als drei Tage oder eine durch das Personalreferat im Einzelfall verfügte kürzere Frist, muss der Erkrankte dem Personalreferat unmittelbar eine ärztliche Bescheinigung übersenden (§ 63 I 2 GO LVwA).

Vollständigkeit: s. Gebot der Aktenvollständigkeit (>)

Vordrucke: Im Rahmen des Geschäftsgangs können für wiederkehrende bzw. gleichartige Vermerke, Verfügungen, Behördenschreiben und sonstige Arbeitsvorgänge Vordrucke verwendet werden. Für einzelne Verwaltungseinheiten kann die Verwendung bestimmter Vordrucke vorgeschrieben sein (Formularzwang). Für das LVwA gilt, dass für häufig wiederkehrende gleichartige Arbeitsvorgänge Vordrucke oder Stempel verwenden müssen (§ 44 I 1 GO LVwA). Vordrucke müssen dort nach DIN-Normen gestaltet sein (§ 44 I 2 GO LVwA). Die Regelungen für die Gestaltung und Beschaffung von Vordrucken in der Landesverwaltung Sachsen-Anhalt sind zu beachten (§ 44 I 3 GO LVwA). Es ist zulässig Vordrucke, in die außer der Anschrift nur wenige Angaben einzutragen sind, auch im Schriftverkehr nach außen handschriftlich leserlich ausgefüllt zu verwenden (§ 44 II GO LVwA).

Vorgang: Der Begriff des Vorgangs wird uneinheitlich verwendet. § 3 RegR definiert den Vorgang wie folgt: „Kleinste Sammlung von zusammengehörenden Dokumenten aus der Bearbeitung eines Geschäftsvorfalls; Teileinheit einer Akte". Damit beschränkt sie den Vorgang auf Akteninhalte, jedoch werden unter Vorgängen in der Landes- und Kommunalverwaltung i.d.R. auch Eingänge und sonstige Schriftstücke verstanden, die noch nicht Bestandteil einer Akte sind oder gar nicht aktenrelevant (>) sind bzw. werden. Ein Vorgang ist bzw. wird nicht notwendigerweise Teileinheit einer Akte, führt m.a.W. nicht notwendig zur Bildung einer Akte. In der Regel sind Papiervorgänge aber einer bestimmten Akte zuzuweisen (vgl. § 10 I 1 PAktO). S. näher Vorgang, elektronischer (>); Vorgang, papierner (>)

Vorgang, elektronischer: Ein elektronischer Vorgang i.S.d. EAktVO ist „Die Sammlung von zusammengehörenden elektronischen Dokumenten aus der Bearbeitung eines Sachverhaltes, der durch eine Entscheidung abgeschlossen werden soll" (§ 2 Nr. 24 EAktVO LSA).

Vorgang, papierner: Eingang eines Schriftstücks (Antrags, Unterlagen etc.). Papiervorgang i.S.d. PAktO ist „Die Sammlung von zusammengehörenden Papierdokumenten aus der Bearbeitung eines Sachverhaltes, der durch eine Entscheidung abgeschlossen werden soll" (§ 2 Nr. 15 PAktO). Ein Papiervorgang ist einer bestimmten Papierakte zuzuweisen (§ 10 I 1 PAktO). Zugewiesene Papiervorgänge dürfen nur in Ausnahmefällen aus der Papierakte entfernt werden (§ 10 I 2 PAktO). Bezieht sich ein Papiervorgang auf mehrere Papierakten, so ist er zu der Papierakte zu nehmen, zu der er nach seinem Hauptinhalt gehört (§ 10 II 1 PAktO). In den anderen Papierakten, die einen Bezug zu diesem Papiervorgang haben, ist ein Hinweis aufzunehmen (§ 10 II 2 PAktO). Aktenrelevante Papierdokumente sind in Papiervorgängen zu führen (§ 11 I 1 PAktO). Die zu einem Papiervorgang gehörenden Papierdokumente sind schon während der Bearbeitung in der zeitlichen Reihenfolge ihres Eingangs zu ordnen (§ 11 I 2 PAktO). Von der zeitlichen Reihenfolge kann zur Erhaltung des sachlichen Zusammenhangs abgewichen werden (§ 11 I 3 PAktO). Bezieht sich ein Papierdokument auf mehrere Papiervorgänge, so ist es zu dem Papiervorgang zu nehmen, zu dem es nach seinem Hauptinhalt gehört (§ 11 II 1 PAktO). In den anderen Papiervorgängen, die einen Bezug zu diesem Papierdokument haben, ist ein Hinweis aufzunehmen (§ 11 II 2 PAktO). Wichtige Urkunden, die zum Beweis von Rechten und Rechtsverhältnissen von besonderer Bedeutung sind (insbesondere Grundstücksverträge), sowie andere mit den Papierdokumenten im Zusammenhang stehende Wertsachen (Wertpapiere, Sparbücher, Hinterlegungsscheine, ähnliche Urkunden und sonstige Wertgegenstände) sind nicht in den Papiervorgang einzuordnen, sondern besonders gesichert aufzubewahren (§ 11 III 1 PAktO). Sie bleiben Teil des Papiervorgangs. In die Papiervorgänge sind Hinweise oder beglaubigte Abschriften aufzunehmen (§ 11 III 3 PAktO). Papierdokumente, die wegen ihrer Beschaffenheit nicht in Papiervorgänge aufgenommen werden können, werden anderweitig gesondert aufbewahrt (§ 11 IV 1 PAktO). Der Zusammenhang mit dem Papiervorgang ist durch wechselseitige Hinweise sicherzustellen (§ 11 IV 2 PAktO).

Vorgang, elektronischer: Elektronische Vorgänge sind bei ihrer Erstellung mit einer Vorgangsnummer und mindestens den in der Anlage aufgeführten Metainformationen zu versehen

(§ 10 I 1 EAktVO LSA). Dabei ist eine eindeutige Bezeichnung jedes Vorgangs durch aktenbezogene Angaben in den Metainformationen zu gewährleisten (§ 10 I 2 EAktVO LSA). Metainformationen der Bezugsakte sind nach Maßgabe der Anlage zu übernehmen. S. Vererbung (>).

Vorgangsbearbeitung: Vorgangsbearbeitung i.S.d. PAktO (Papiervorgangsbearbeitung) ist „Die Bearbeitung von Geschäftsprozessen in Papierform. Ein Geschäftsprozess ist dabei die inhaltlich abgeschlossene, zeitliche und sachlogische Folge von Aktivitäten, die zur Bearbeitung eines Sachverhaltes notwendig sind." (§ 2 Nr. 16 PAktO). Unter elektronischer Vorgangsbearbeitung i.S.d. EAktVO LSA versteht man „Die IT-gestützte Bearbeitung von Geschäftsprozessen. Ein Geschäftsprozess ist dabei die inhaltlich abgeschlossene, zeitliche und sachlogische Folge von Aktivitäten, die zur Bearbeitung eines Sachverhaltes notwendig sind" (§ 2 Nr. 25 EAktVO LSA). Die Bearbeitung der Vorgänge erfolgt durch den nach Geschäftsverteilungsplan (>) dafür zuständigen Sachbearbeiter bzw. im Verhinderungsfall durch dessen Vertreter. Der Vorgesetzte hat in der Regel das Recht den Vorgang an sich zu ziehen und diesen selbst zu bearbeiten. Für die Bearbeitung der Vorgänge gelten je nach Verwaltungseinheit unterschiedliche Vorgaben. Für das LVwA gilt: „Vorgänge sollen unverzüglich und nach Möglichkeit in einem Arbeitsgang bearbeitet werden. Sie können in papiergebundener Form oder in elektronischer Form bearbeitet werden. Wird die elektronische Aktenführung angeordnet, müssen die Vorgänge ab dem hierfür vorgesehenen Zeitpunkt elektronisch geführt werden. Eine papiergebundene Vorgangsbearbeitung erfolgt ab diesem Zeitpunkt nur noch, wenn dies durch Rechtsvorschrift angeordnet ist." (§ 35 I GO LVwA) „Bei elektronischer Vorgangsbearbeitung ist sicherzustellen, dass die Dokumente, der Laufweg und die Aufzeichnungen aus der Bearbeitung (zum Beispiel Geschäftsablaufvermerke, Verfügungen, Aktenvermerke, Zeichnungen, Mitzeichnungen, Kenntnisnahmen) in Protokoll- und Bearbeitungsinformationen nachgewiesen und dem richtigen elektronischen Vorgang zugeordnet werden." (§ 35 II GO LVwA) „Beschwerden werden bevorzugt bearbeitet." (§ 35 III GO LVwA)

Vorgangsbearbeitungssystem: Vorgangsbearbeitungssystem (Abk.: VBS) ist „Ein System, das den Bearbeitungsweg eines elektronischen Vorgangs und damit einer elektronischen Akte von Arbeitsplatz zu Arbeitsplatz steuert. In einem solchen System werden Dokumente erzeugt, bearbeitet und gezeichnet." (§ 2 Nr. 4 b EAktVO LSA)

Vorgangsnummer: Die Nummer des Vorgangs. Vorgangsnummer i.S.d. EAktVO LSA ist „Die Kennzeichnung eines Vorgangs nach § 6 Abs. 2 zur Unterscheidung der einzelnen Vorgänge innerhalb einer Akte (§ 2 Nr. 26 EAktVO LSA). Sie ist meist Teil des Geschäftszeichens (>) und wird in der Regel gebildet aus dem Jahr der Entstehung des Vorgangs und der laufenden Nummer des Vorgangs innerhalb eines Kalenderjahres (z.B. 927/2022 oder 2021-624). Für die Reihenfolge der Vorgänge des Jahres kann (je nach Behörde) der Tag der Vergabe des Aktenzeichens oder der Tag der Aktenanlage maßgeblich sein.

Vorrang des Elektronischen vor dem Schriftlichen: Für die unmittelbare Landesverwaltung gilt ein grundsätzlicher Vorrang der elektronischen Akte vor der Papierakte. Die Stellen der unmittelbaren Landesverwaltung sollten spätestens ab dem 1. Januar 2022 ihre Akten elektronisch führen (§ 3 I EGovG LSA). Dies gilt nicht für solche Stellen der unmittelbaren Landesverwaltung, bei denen das Führen elektronischer Akten bei langfristiger Betrachtung unwirtschaftlich ist (§ 3 I 2 EGovG LSA), wobei über Ausnahmen die zuständige oberste Landesbehörde im Einvernehmen mit der oder dem Beauftragten der Landesregierung Sachsen-Anhalt für Informations- und Kommunikationstechnologie entscheidet (§ 3 I 3 EGovG LSA). Gem. § 4 PAktO dürfen Landesbehörden und Einrichtungen des Landes Papierakten nur führen, 1. soweit sie ihre Akten noch nicht nach § 3 I 1 EGovG LSA elektronisch führen, 2. wenn sie aufgrund einer Entscheidung nach § 3 I 3 EGovG LSA von der elektronischen Aktenführung ausgenommen sind, 3. wenn sie ab der Nutzung eines elektronischen Aktenführungssystems auf Grundlage von § 4 und § 21 EAktVO LSA einzelne Papierakten weiterführen oder 4. wenn für ein Verfahren aufgrund einer Rechtsvorschrift keine Verpflichtung zur elektronischen Aktenführung besteht. S.a. Grundsätze ordnungsgemäßer E-Aktenführung (>)

Vorrang elektronischer Aktenführung: Ein (grundsätzlicher) Vorrang der elektronischen vor der papierenen Aktenführung gilt (nur) für die unmittelbare Landesverwaltung und die Bundesverwaltung. Die Kommunalkörperschaften können ihre Akten elektronisch führen, müssen dies aber nicht. Eine Pflicht zur elektronischen Aktenführung bzw. ein Vorrang der elektronischen Aktenführung kann sich hier nur aus internen Vorgaben des Verwaltungsträgers bzw. dessen Leitung ergeben. Ab der Nutzung eines elektronischen Aktenführungssystems müssen Akten ausschließlich elektronisch geführt werden und neue Papierakten werden nicht mehr angelegt (§ 4 Sätze 1 und 2 EAktVO LSA). Vorhandene Papierakten sind umgehend, spätestens aber nach zwei Jahren zu schließen (§ 4 Satz 3 EAktVO LSA).

Vorrang des Fernmündlichen vor dem Schriftlichen: Aus der Zweckmäßigkeit und Zügigkeit des Verwaltungsverfahrens (§ 10 VwVfG) folgt, dass entscheidungsrelevante Informationen grundsätzlich mündlich oder fernmündlich einzuholen sind, wenn dies der schnellere oder effektivere Weg ist und keine schriftliche Einholung der Information vorgeschrieben ist. Für das LVwA gilt, dass unnötiger Schriftverkehr unterbleiben muss (§ 42 I GO LVwA). „Vor allem im internen Geschäftsverkehr und im Geschäftsverkehr zwischen Behörden ist die mündliche oder fernmündliche Erledigung der schriftlichen oder elektronischen vorzuziehen. Soweit erforderlich, wird der Inhalt des Gesprächs in einem Vermerk festgehalten." (§ 42 II GO LVwA) „Schriftverkehr soll vereinfacht und beschleunigt werden durch 1. Übersendung von Dokumenten auf elektronischem Weg oder durch Telefax, wobei grundsätzlich auf einen Zweitversand auf dem Postweg zu verzichten ist, 2. Übersendung von Dokumenten mit Kurzmitteilungen." (§ 42 III GO LVwA). „Für die elektronische Kommunikation sind die im Landesverwaltungsamt angebotenen Verschlüsselungsverfahren grundsätzlich zu verwenden." (§ 42 IV GO LVwA). „Ist zu erwarten, dass die Empfängerin oder der Empfänger Mehrdrucke von Schreiben benötigt, so sind diese in der erforderlichen Anzahl beizufügen." (§ 42 V GO LVwA)

VS: Abkürzung für Verschlusssache i.S.d. Verschlusssachenanweisung (>)

VS-Transportbehälter: Schriftgutbehälter (>) für Verschlusssachen, der den Anforderungen nach Maßgabe der Verschlusssachenanweisung (>) entspricht.

VSA-LSA: Amtliche Abkürzung der Verschlusssachenanweisung (>)

VwVfG: Im VwVfG als Zentralgesetz des allgemeinen Verwaltungsrechts finden sich seltsamerweise kaum Aussagen zur Aktenführung, insbesondere keine ausdrückliche Pflicht zur Führung von Akten. Die Akte ist Gegenstand des § 5 II 2 VwVfG bezüglich der Vorlage von Akten bei Amtshilfeersuchen. Gem. § 26 I 2 Nr. 3 VwVfG kann die Behörde als Beweismittel „Akten beiziehen". § 29 VwVfG regelt das Akteneinsichtsrecht der Beteiligten. S. a. Gebot der Aktenführung (>)

W

Wahrheit: s. Aktenwahrheit (>), Gebot der Aktenwahrheit (>)
Wahrheitsmäßigkeit der Akte: s. Aktenwahrheit (>)

Weglegen: Das Weglegen meint ein vorzeitiges Aussondern von Schriftstücken. Mit dem Weglegen wird der Geschäftsgang hinsichtlich eines Schriftstücks oder Vorgangs, die nicht Bestandteil einer Akte sind, beendet, weil eine spätere oder weitere Bearbeitung nicht mehr beabsichtigt ist. Das Schriftstück bzw. die Schriftstücke werden aber gleichwohl i.d.R. noch eine gewisse Dauer aufbewahrt, weil nicht mit letzter Sicherheit ausgeschlossen werden kann, dass sie in nächster Zeit doch noch aktenrelevant werden könnten. Als Verfügung bedeutet „Weglegen" (bzw. „Wgl. oder „Wl.") die Anordnung, dass ein bestimmtes Schriftstück oder ein Vorgang weggelegt werden soll.

Weglegesachen: Weglegesachen i.S.d. PAktO sind „Papierdokumente von geringer oder temporärer Bedeutung, deren Aufbewahrung in Papiervorgängen nicht notwendig ist" (§ 2 Nr. 19 PAktO).

Wgl.: In der Verfügungstechnik verbreitete Abkürzung für „Weglegen". Mitunter wird stattdessen das Kürzel „Wgl." verwendet. Beim LVwA ist „Wgl." Die Abk. für die Schlussverfügung „Weglegen" (§ 46 III GO LVwA).

Weiserzeichen: Kürzel in Geschäftsverteilungsplänen zur Kennzeichnung eines bestimmten Arbeitsplatzes und Dienstpostens. § 18 GGO Bund bestimmt für Bundesministerien: „Jedem Arbeitsplatz und Dienstposten soll ein Weiserzeichen zugeordnet werden." S.a. § 18 GGO Landesministerien; § 58 I GO LVwA

Wiedervorlage: Wiedervorlage wird verfügt, wenn der Vorgang aus sachlichen Gründen erst zu einem späteren Termin weiterbearbeitet werden kann" (§ 40 S. 1 GO LVwA) „Der Zweck der Wiedervorlage wird stichwortartig angegeben, wenn er nicht ohne weiteres erkennbar ist." (§ 40 Satz 2 GO LVwA)

Wl.: In der Verfügungstechnik verbreitete Abkürzung für die Aktenverfügung „Weglegen" (>). Mitunter wird stattdessen das Kürzel „Wgl." verwendet.

Wv.: In der Verfügungstechnik verwendete Abkürzung für „Wiedervorlage". Mitunter wird stattdessen die Abkürzung „Wvk." verwendet. Beim LVwA ist als Abkürzung für die Aktenverfügung „Wiedervorlage" das Kürzel „Wv." Zu verwenden (§ 46 III GO LVwA).

Wvl.: Abk für die Aktenverfügung „Wiedervorlage" (>).

X

XDOMEA: X. i.S.d. EAktVO LSA ist „Ein Standard des IT-Planungsrates für den IT-gestützten Austausch und die IT-gestützte Aussonderung von elektronischen Akten, Vorgängen und Dokumenten" (§ 2 Nr. 27 EAktVO LSA)

Z

z.d.A.: In der Verfügungstechnik weithin übliche Abkürzung für „zu den Akten" (ad acta). Beim LVwA Abk. für die Schlussverfügung „zu den Akten (Schließung des Vorgangs nach Abschluss der Bearbeitung)" (§ 46 III GO LVwA)

z.g.K.: Abkürzung der Aktenverfügung „zur gefälligen Kenntnisnahme" (wenn in der Hierarchie nach oben zur Kenntnisnahme verfügt wird). In ihr drückt sich ein abzulehnender serviler Stil des nachgeordneten Bediensteten aus.

z.K.: In der Verfügungstechnik übliche Abkürzung für „zur Kenntnis". Inhaltlich entspricht diese Geschäftsgangverfügung (>) der Verfügung „nachrichtlich an". Sie vermittelt eine Leseberechtigung (aber i.d.R. keine Bearbeitungsberechtigung).

z.S.: In der Verfügungstechnik übliche Abkürzung für „zur Sammlung". Beim LVwA Abk. für die Schlussverfügung „zur Sammlung (Sammlung von Eingängen auf ein Rundschreiben oder einen Erlass, bis eine Bearbeitung möglich ist" (§ 46 III GO LVwA)

z.U.: In der Verfügungstechnik gebräuchliche Abkürzung für „zur Unterschrift". Beim LVwA eine Abk. des Arbeitsvermerks „Reinschrift zur Unterschrift vorlegen" (§ 34 III GO LVwA).

z. Vg. (mitunter syn.: z.V.): In der Verfügungstechnik gebräuchliche Abkürzung für „zum Vorgang" (wenn bereits verfügt wurde und auf Eingang nichts zu veranlassen ist). Beim LVwA Abk. für die Schlussverfügung „zum Vorgang (Ablage des Dokuments nach Abschluss der Bearbeitung)" (§ 46 III GO LVwA)

z.w.V.: Abk. in der Sprache der Aktenverfügungen für „zu weiterer Veranlassung"

Zeichen: s. Aktenzeichen (>), Geschäftszeichen (>), Handzeichen (>), Kassenzeichen (>), Verfügungssymbole (>); Weiserzeichen (>), Zeichnung (>)

Zeichnung: Das Abzeichnen von Schriftstücken bzw. Vorgängen im Rahmen des Geschäftsgangs i.d.R. mit einem Handzeichen (mit Datum), mit dem die Kenntnisnahme sowie die Übernahme von Verantwortung bzw. Mitverantwortung für den Inhalt des Schriftstücks dokumentiert wird. Sofern der Zeichnende die Verantwortung nicht übernehmen will, gibt er dies in einem Vermerk kund, hat aber gleichwohl sein Handzeichen anzubringen. S.a. Entwurfszeichnung (>); Mitzeichnung (>); Zeichnung ausgehender Schriftstücke (>); Zeichnung durch Vorgesetzte (>)

Zeichnung ausgehender Schriftstücke: Für das LVwA gilt, dass bei papiergebundener Vorgangsbearbeitung Reinschriften in der Regel eigenhändig zu zeichnen sind (§ 53 I 1 PAktO). Wer die Reinschrift eigenhändig unterschreibt, setzt in der Regel auch das Datum ein (§ 53 I 2 PAktO). Beglaubigungen sind zulässig (§ 53 I 3 PAktO). Wird bei elektronischer Vorgangsbearbeitung eine durch Rechtsvorschrift angeordnete Schriftform durch eine andere gesetzlich vorgesehene Form ersetzt, erfolgt die Zeichnung nach Maßgabe der insoweit geltenden gesetzlichen Bestimmungen (§ 53 I 4 PAktO). Im LVwA zeichnen 1. die Präsidentin oder der Präsident sowie die Vizepräsidentin oder der Vizepräsident bei Verwendung des entsprechenden Briefkopfes ohne Zusatz ansonsten mit ihrer oder seiner Funktion unter dem Namen, 2. die Abteilungsleiterin oder der Abteilungsleiter, wenn sie oder er die Vizepräsidentin oder den Vizepräsidenten in dieser Funktion vertreten, mit dem Zusatz „In Vertretung der Vizepräsidentin oder des Vizepräsidenten" über dem Namen (§ 53 II 1 GO LVwA). In allen übrigen Fällen wird mit dem Zusatz „Im Auftrag" gezeichnet (§ 53 II 2 GO LVwA). Bei papiergebundener Vorgangsbearbeitung kann bei gleichartigen Dokumenten in großer Zahl die Unterschrift vervielfältigt werden, wenn keine spezialrechtlichen Regelungen dem entgegenstehen (§ 53 III GO LVwA). Dokumente, die mit Hilfe elektronischer Systeme hergestellt werden, können in geeigneten Fällen nur mit der maschinenschriftlichen Namensangabe der zeichnenden Bediensteten herausgegeben werden (§ 53 IV GO LVwA).

Zeichnung durch Vorgesetzte: Für das LVwA gilt, dass Vorgesetzte zeichnen, soweit dies in Rechts- und Verwaltungsvorschriften vorgeschrieben ist, im Übrigen entsprechend der von ihnen ausgeübten Funktion, wenn: „1. in Berichten an oberste Landesbehörden Stellungnahmen abgegeben oder Vorschläge gemacht werden, 2. dies im Einzelfall ausnahmsweise (zum Beispiel durch Arbeitsvermerk) bestimmt ist, 3. zweifelhaft ist, ob eine Entscheidung von den vorgegebenen Arbeitszielen gedeckt ist, 4. die Fachkenntnisse der Bediensteten für die abschließende Beurteilung des Vorgangs nicht ausreichen, 5. aus individuellen Gründen (zum Beispiel Einarbeitung, verminderte Leistungsfähigkeit) die Einschränkung der Zeichnungsbefugnis von Bediensteten erforderlich ist, 6. dies in einem für das Referat aufgestellten Vorbehaltskatalog bestimmt ist" (§ 51 I GO LVwA).

„Der Vorbehaltskatalog nach Absatz 1 Nr. 6 wird von der Abteilungsleiterin oder dem Abteilungsleiter in Zusammenarbeit mit der Referatsleiterin oder dem Referatsleiter aufgestellt. Die Präsidentin oder der Präsident kann festlegen, welche Angelegenheiten ihr oder ihm sowie der Vizepräsidentin oder dem Vizepräsidenten im Vorbehaltskatalog zur Zeichnung vorzubehalten sind. Der Vorbehaltskatalog soll die Zeichnungsvorbehalte genau beschreiben und die Zeichnungsbefugnis der Bediensteten insgesamt möglichst wenig einengen. Das Organisationsreferat erhält Gelegenheit zur Stellungnahme." (§ 51 II GO LVwA)

Zeichnung von Kassenanordnungen: Für das LVwA gilt, dass zur Zeichnung und zur Freigabe von Kassenanordnungen nur die oder der Beauftragte für den Haushalt (BfH) und die von ihr oder ihm schriftlich ermächtigten Bediensteten befugt sind (§ 52 GO LVwA).

Zeichnungsart (Art und Weise der Zeichnung): Wie zu zeichnen ist, richtet sich nach den für die jeweilige Verwaltungseinheit geltenden Vorgaben. Für das LVwA gilt für die Zeichnung in Dokumenten im Schriftverkehr nach außen, dass bei papiergebundener Vorgangsbearbeitung Reinschriften in der Regel eigenhändig zu zeichnen sind (§ 53 I 1 GO LVwA). Wer die Reinschrift eigenhändig unterschreibt, hat in der Regel auch das Datum einzusetzen (§ 53 I 2 GO LVwA). Beglaubigungen sind zulässig. Wird bei elektronischer Vorgangsbearbeitung eine durch Rechtsvorschrift angeordnete Schriftform durch eine andere gesetzlich vorgesehene Form ersetzt, erfolgt die Zeichnung nach Maßgabe der insoweit geltenden gesetzlichen Bestimmungen (§ 53 I 3 und 4 GO LVwA). Gem. § 53 II GO LVwA zeichnen: „1. die Präsidentin oder der Präsident sowie die Vizepräsidentin oder der Vizepräsident bei Verwendung des entsprechenden Briefkopfes ohne Zusatz ansonsten mit ihrer oder seiner Funktion unter dem Namen, 2. die Abteilungsleiterin oder der Abteilungsleiter, wenn sie oder er die Vizepräsidentin oder den Vizepräsidenten in dieser Funktion vertreten, mit dem Zusatz „In Vertretung der Vizepräsidentin oder des Vizepräsidenten" über dem Namen. In allen übrigen Fällen wird mit dem Zusatz ‚Im Auftrag' gezeichnet." Für papiergebundene Vorgangsbearbeitung gilt, dass bei gleichartigen Dokumenten in großer Zahl die Unterschrift vervielfältigt werden kann, wenn keine spezialrechtlichen Regelungen dem entgegenstehen (§ 53 III GO LVwA). Dokumente, die mit Hilfe elektronischer Systeme hergestellt werden, dürfen in geeigneten Fällen nur mit der maschinenschriftlichen Namensangabe der zeichnenden Bediensteten herausgegeben werden (§ 53 IV GO LVwA).

Zeichnungsrecht: Wer zur Zeichnung berechtigt ist, richtet sich nach den für die jeweilige Verwaltungseinheit geltenden hausinternen Vorgaben. Diese finden sich meist im Geschäftsverteilungsplan. In der Regel zeichnen die Bediensteten die Dokumente, für deren Bearbeitung sie nach dem Geschäftsverteilungsplan zuständig sind. Für das LVwA gilt, dass die für die Bearbeitung zuständigen Bediensteten auf Grundlage der im Geschäftsverteilungsplan zugewiesenen Aufgaben grundsätzlich die von ihnen verfassten Dokumente zeichnen (§ 50 I GO LVwA). Mit der Zeichnung übernehmen die Bediensteten die Verantwortung für ihre Zuständigkeit und für den Inhalt des Dokuments sowie dafür, dass die Vorschriften über die Zusammenarbeit und alle Arbeitsvermerke beachtet worden sind (§ 50 II GO LVwA). Vorgesetzte können das Zeichnungsrecht von Bediensteten in begründeten Fällen vorübergehend einschränken (vgl. § 50 III 1 GO LVwA). Die Einschränkung ist mit den betroffenen Bediensteten zu erörtern und in regelmäßigen Abständen zu überprüfen (§ 50 III 2 GO LVwA). S.a. Gegenzeichnung (>); Mitzeichnung (>); Zeichnung durch Vorgesetzte (>); Zeichnungsart (>)

Zentralisierung (der Aktenablage): Die Ablage von Akten in der Registratur stellt gegenüber anderen Formen der Ablage, wie der Sachbearbeiterablage (>) oder der Sachbearbeitungsablage (>), eine zentralisierte Form der Ablage dar.

Zertifikat: Formmerkmal des elektronischen Dokuments

Ziehen: Unter dem „Ziehen" einer Akte versteht man, diese der Registratur zu entnehmen.

Zugang, elektronischer: Die Übermittlung elektronischer Dokumente ist zulässig, soweit der Empfänger hierfür einen Zugang eröffnet (§ 3a I VwVfG). Stellen der Landesverwaltung i.S.d. EGovG LSA, die den elektronischen Zugang eröffnen, müssen eine technische Maßnahme anbieten und anwenden, die Daten unter Anwendung kryptografischer Verfahren in eine für Dritte unverständliche Form umwandelt, so dass diese nach dem Stand von Wissenschaft und Technik ausschließlich von einem Schlüsselinhaber wieder in eine allgemein verständliche Form überführt werden können (Verschlüsselung gem. § 8 EGovG LSA). Die Stellen der Landesverwaltung sind verpflichtet, spätestens ab dem 1. Juli 2022 neben dem Zugang nach § 8 EGovG LSA zusätzlich den elektronischen Zugang durch eine De-Mail-Adresse im Sinne des De-Mail-Gesetzes oder ein sonstiges sicheres Verfahren im Sinne von § 1 I 1 VwVfG LSA i.V.m. § 3a II 4 Nr. 4 VwVfG zu eröffnen (§ 9 I 1 EGovG LSA). Dies gilt nicht für Stellen der Landesverwaltung, die keinen Zugang zu entsprechenden Basisdiensten im Sinne von § 16 I 3 EGovG LSA haben (§ 9 I 2 EGovG LSA).

Ist ein der Behörde übermitteltes elektronisches Dokument für sie zur Bearbeitung ungeeignet, teilt sie dies dem Absender unter Angabe der für sie geltenden technischen Rahmenbedingungen unverzüglich mit (§ 3a III 1 VwVfG). Macht ein Empfänger eines von der Behörde übermittelte elektronische Dokuments nicht bearbeiten, hat sie es ihm erneut in einem geeigneten elektronischen Format oder als Schriftstück zu übermitteln (§ 3a III 2 VwVfG). S. zum elektronischen Zugang im Übrigen die §§ 8-10 EGovG LSA.

Zugriff: Zugriff i.S.d. EAktVO LSA sind „Die Zugangsmöglichkeiten des Landesarchivs Sachsen-Anhalt von seinen Rechnern über das Landesnetz zu elektronischen Akten, Vorgängen oder Dokumenten im Rahmen von Aussonderungsverfahren" (§ 2 Nr. 28 Satz 1 EAktVO LSA). Nach der EAktVO LSA sind folgende drei Arten zu unterscheiden: 1. Lesender Zugriff auf Metainformationen („Die Möglichkeit, die Metainformationen aller elektronischen Akten, Vorgänge oder Dokumente zu sehen."), 2. Lesender Zugriff auf Altregistratur („Die Möglichkeit, zusätzlich zum lesenden Zugriff auf die Metainformationen den Inhalt der in der Altregistratur geführten elektronischen Akten und Vorgänge sowie den dazugehörigen Vorgängen und Dokumenten zu sehen.") und 3. Schreibender Zugriff auf Metainformationen mit Bezug zur Bewertungsent-scheidung („Die Möglichkeit, zusätzlich zu den lesenden Zugriffen diejenigen Metainformati-onen der elektronischen Akten, Vorgänge und Dokumente zu ändern, die für die Bewertungs-entscheidung vorgesehen sind.") (§ 2 Nr. 28 Satz 2 EAktVO LSA)

Zur Bearbeitung: Geschäftsgangverfügung (>), mit der ein Weisungsempfänger beauftragt wird, ein Schriftgutobjekt zu bearbeiten. Sie setzt (neben der Bearbeitungspflicht) Bearbei-tungsrechte.

Zur Übernahme: Geschäftsgangverfügung, mit der ein Schriftgutobjekt in eine andere Zu-griffsablage übertragen werden soll. Sie setzt erweiterte Bearbeitungsrechte.

Zuschreibung: Die Zuordnung von Eingängen durch den Vorgesetzten zu einem bestimmten Bearbeiter. Sie erfolgt meist dadurch, dass der Vorgesetzte bei der Bearbeitung des Eingangs neben dem Eingangsstempel (mit seinem Handzeichen und Datum) das Namenskürzel oder das Stellenzeichen/Weiserzeichen (>) des (künftigen) Sachbearbeiters vermerkt. Die Zuschrei-bung ist eine Geschäftsgangverfügung (>).

Zweck des Aktenvermerks: Der Aktenvermerk gewährleistet, dass das Verwaltungsverfahren mit allen später möglicherweise entscheidungsrelevanten Umständen vollständig und vor al-lem nachvollziehbar dokumentiert wird. Über die Dokumentation entscheidungsrelevanter Tatsachen hinaus geht es um den Nachweis der Ordnungsgemäßheit des Verwaltungshan-delns bzw. persönlichen Verhaltens des Amtsträgers. Der Aktenvermerk ist für einen späteren Verwaltungsprozess beweisrechtlich relevant. S. Urkundsbeweis (>)

Zweckmäßigkeit der Aktenführung: Für die Aktenführung gilt wie für das Verwaltungsverfah-ren insgesamt das Gebot, dass die Akten (wie das Verfahren) einfach, zweckmäßig und zügig zu führen sind.

Zwischennachricht: Für das LVwA gilt: Können Vorgänge nicht innerhalb eines Monats nach Eingang erledigt werden, so ist unverzüglich, spätestens nach 14 Tagen, eine Zwischennach-richt zu erteilen (§ 37 I 1 GO LVwA). Diese soll einen kurzen begründenden Hinweis auf die voraussichtliche Dauer der Bearbeitung enthalten (§ 37 I 2 GO LVwA). Erfordert die Antwort einer Bundesbehörde im Hinblick auf Anträge, Fragen oder Beschwerden einen Zeitraum von mehr als einem Monat bzw. vier Wochen, ist dem Antrag- oder Fragesteller bzw. Beschwer-deführer eine Zwischennachricht zu erteilen (vgl. § 14 GGO Bund). Über die Zwischennach-richt ist ein Aktenvermerk anzubringen. Die Zwischennachricht soll einen kurzen begründen-den Hinweis auf die voraussichtliche Dauer der Bearbeitung enthalten (§ 37 I 2 GO LVwA). S.a. Abgabenachricht (>)

Glossar

Teil 3
Prüfungsfragen zur Aktenführung

Die Bearbeitung der Prüfungsfragen ermöglicht es, sich schrittweise das Grundwissen zur Aktenführung anzueignen. Arbeiten Sie sich einfach von einer Frage zur nächsten!

I.   Allgemeines

1. Was versteht man unter einer Akte im formellen und was unter einer im materiellen Sinn? > Akte im formellen Sinn; > Akte im materiellen Sinn
2. Wozu dient die Aktenführung? > Bedeutung der Aktenführung
3. Was ist Rechtsgrundlage des Gebots der Aktenführung? > Gebot der Aktenführung
4. Welche Teilgebote umfasst das Gebot der Aktenführung? > Gebot der Aktenführung
5. Was sind sog. Verschlusssachen und welche Vorschriften sind bei sog. Verschlusssachen zu beachten? Verschlusssachen (>)

II.   Anlage der Akte

1. Wann wird eine Akte angelegt? > Aktenanlage
2. Wie wird eine Akte angelegt? > Aktenanlage
3. Was ist aktenrelevant? > Aktenrelevanz
4. Welche Angaben gehören auf einen papiernen Schriftgutbehälter? > Metadaten
5. Können a) Aktenzeichen, b) Geschäftszeichen, und c) Kassenzeichen identisch sein? > Aktenzeichen, > Geschäftszeichen, > Kassenzeichen
6. Wie ist ein Aktenplan aufgebaut? > Aktenplan
7. Wer ist rechtlich für den Aktenplan verantwortlich? > Aktenplan

III.   Aktenbearbeitung

1. Was ist der Geschäftsgang? > Geschäftsgang

2. Welche Grundsätze ordnungsgemäßer Aktenführung gelten? > Grundsätze ordnungsgemäßer Aktenführung

3. Wann und wie schließt man eine Akte? > Schließen der Akte

4. Was unterscheidet „Weglegen" und „Ablegen"? > Weglegen > Ablage

5. Wie lange sind Akten aufzubewahren? > Aufbewahrungsfristen für Papierakten/für elektronische Akten

6. Wozu dient der Aktenvermerk? > Aktenvermerk

7. Was versteht man unter einem Sichtvermerk, was unter einem Arbeitsvermerk? > Sichtvermerk; > Arbeitsvermerk

8. Was ist eine Aktenverfügung? > Aktenverfügung

9. Nennen Sie zwei Beispiele für Geschäftsgangverfügungen? > Geschäftsgangverfügung

10. Nennen Sie zwei Beispiele für Schlussverfügungen! > Schlussverfügung

11. Was bedeuten die Vermerke a) „b.R.", b) „z.U." und c) „z.Vg."? > b.R., z.U., z.Vg.

12. Wie erfolgt eine Mitzeichnung? > Mitzeichnung

IV.   Elektronische Aktenführung

1. In welchem Verhältnis stehen papierne und elektronische Aktenführung? > Vorrang der elektronischen Aktenführung

2. Welche Bedeutung haben Emails für die Aktenführung über ein Verwaltungsverfahren? > EMails

3. Was beinhaltet die Authentizität i.S.d. EAktVO? > Authentizität

V.   Akteneinsichtsrecht

1. Wem steht ein Akteneinsichtsrecht nach VwVfG zu? > Akteneinsichtsrecht

2. Besteht ein Akteneinsichtsrecht bzgl. Handakten der Verwaltungsleitung? > Akteneinsicht bzgl. Handakten Vorgesetzter

3. Nennen Sie Rechtsgrundlagen für Akteneinsichtsrechte, die nicht aus dem VwVfG folgen? > Akteneinsichtsrecht

4. In welchem Verhältnis stehen VwVfG-Akteneinsichtsanspruch und IZG-Auskunftsanspruch? > Auskunftsanspruch nach § 1 IZG LSA

VI.   Akten bei Gericht

1. Auf welcher Rechtsgrundlage kann ein Verwaltungsgericht eine Behördenakte anfordern? > Anforderung der Akte, gerichtliche
2. Welcher Akteninhalt ist dem Urkundsbeweis zugänglich? > Zweck des Aktenvermerks; > Urkundsbeweis

VII.   Besonderheiten bei Kommunen

1. Welche Vorschriften gelten für die Aktenführung durch Kommunen? > Aktenführung durch Gemeinden; > Aktenführung durch Landkreise
2. Gelten folgende Vorschriften für Kommunen: a) PAktO LSA; b) EAktVO LSA? a) > Papieraktenordnung; > EAktVO LSA
3. Wie baut sich ein Aktenzeichen nach der KGSt-Empfehlung auf? > KGSt-Aktenplan; > Aktenzeichen

VIII. Besonderheiten der Landes- und Bundesverwaltung

1. In welchen Vorschriften finden sich Vorgaben zur Aktenführung in Bundesministerien? > Aktenführung durch Bundesministerien
2. In welchen Vorschriften finden sich Vorgaben zur Aktenführung durch Landesministerien? > Aktenführung durch Landesministerien
3. In welchen Vorschriften finden sich Vorgaben zur Aktenführung durch das LVwA? > Aktenführung durch LVwA
4. Welche Phasen der Aktenführung i.S.d. PAktO sind zu unterscheiden? > Phasen der Aktenführung
5. In welcher Stiftfarbe zeichnet a) ein Minister b) ein Staatssekretär Sachsen-Anhalts? > Farbenlehre Landesministerien

Weiterführende Literatur

Alt, Daniel / Haller, André / Kaiser, Markus: Digitalisierung in Gemeinden, 2023

Bartosch, Dieter: Digitale Personalakte - Recht, Organisation, Technik, 2. Aufl., 2010

Berlit, Uwe: Elektronische Verwaltungsakten und verwaltungsgerichtliche Kontrolle, NVwZ 2015, 197-200

BMI, Organisationskonzept elektronische Verwaltungsarbeit Baustein E-Akte, 2012

–   https://www.verwaltung-innovativ.de/SharedDocs/Publikationen/Organisation/e_akte.pdf?__blob=publicationFile&v=2

Engelien-Schulz, Thomas: Ein wenig beliebtes Thema: Grundsätze der Aktenführung, UBWV 2014, 270-276

Glossar aktenkundlicher Begriffe, *https://training.ehri-project.eu/glossar-der-archiv-und-aktenkundlichen-begriffe*

Grundmann, Cornelia/Greve, Holger: Löschung und Vernichtung von Akten. Ordnungsgemäße Aktenführung im Spannungsfeld zum Datenschutz, NVwZ 2015, 1726-1730

Hollmann, Heinz: Behördliche Schriftgutverwaltung: Ein Handbuch für das Ordnen, Registrieren, Aussondern und Archivieren von Akten der Behörden (Schriften des Bundesarchivs, 43, Band 43), 2000

Krüger, Jochen/ Möllers, Frederik: Metadaten in Justiz und Verwaltung, MMR 2016, 728-731

Lutz, Alexandra (Hrsg.): Schriftgutverwaltung nach DIN ISO 15489-1. Ein Leitfaden zur qualitätssicheren Aktenführung, 2012

Männlein, Carsten: Die Aktenrelevanz von Informationen. Zugleich Besprechung des Urteils des BVerwG 10 C 3/20 v. 28.10.2021, DVP 2023, 274-280

Redeker, Helmut: Formerfordernisse, Beweiskraft und Archivierung elektronischer Vorgangsbearbeitung in der öffentlichen Verwaltung, ITRB 2020, 263-267

Sannwald, Wolfgang: Professionelle Aktenführung in der Kommunalverwaltung. Digitale und analoge Schriftgutverwaltung nach dem Kommunalen Aktenplan 21, 2017

Schlingloff, Sebastian: Akteneinsichts-, Informations- und Auskunftsrechte gegenüber der öffentlichen Verwaltung, JA 2022, 137-141

Ulrich, Carsten: Die Digitalisierung in der verwaltungsgerichtlichen Rechtsprechung 2022/23, VBlBW 2023, 403-406

Vahle, Jürgen: Gewährung von Akteneinsicht und Erteilung von Auskünften durch die öffentliche Verwaltung, DVP 2013, 135-140

Vehslage, Thorsten: Digitale Aktenführung in der Verwaltung, VR 2001, 374-379

Weidemann, Holger: Die Pflicht der öffentlichen Verwaltung zur Aktenführung, DVP 2023, 182-185

Zu den Autoren:

Thorsten Franz, geb. 1967, ist Professor für Öffentliches Recht an der Hochschule Harz in Halberstadt. Am dortigen Fachbereich Verwaltungswissenschaften arbeitet er im Verwaltungsrecht, insbesondere im Bau-, Planungs- und Umweltrecht. An der Universität Halle-Wittenberg wurde er zum außerplanmäßigen Professor ernannt. Er hat u.a. Bücher zum Abgaben-, Bau-, Kommunal-, Forst-, Jagd- und Naturschutzrecht sowie zur Geschichte der Forstverwaltung verfasst.

Marcus Schmidt, geb. 1987, ist Professor für Verwaltungsdigitalisierung an der Hochschule Harz. Er arbeitet am dortigen Fachbereich Verwaltungswissenschaften insbesondere zu den Forschungsschwerpunkten Künstliche Intelligenz in der öffentlichen Verwaltung, Prozessmanagement und elektronische Aktenführung mit dem Schwerpunkt auf Personalstellen öffentlicher Verwaltungen.

Weitere Bücher von Thorsten Franz:

Kommunalrecht Sachsen-Anhalt. Darstellung für Studium und Praxis, 2. Aufl., 2024 (380 Seiten; ISBN 9783759712646; 14,99 €)

Kommunalrecht Sachsen-Anhalt. Vorschriftensammlung, 2. Aufl., 2024 (286 Seiten, ISBN 9783759749895, 10,99 €, ebook 2,49 €)

Öffentliches Baurecht in Sachsen-Anhalt. Handbuch, 2024 (612 Seiten, ISBN 9783759723406; 20 €; e-book 5,49 €); als Ausgabe mit festem Einband unter dem Titel **„Öffentliches Baurecht im Land Sachsen-Anhalt. Handbuch"**, 2024 – ISBN 9783839109519 (29,00 €) oder in den zwei Teilbänden: **Bauplanungs-recht in Sachsen-Anhalt**, 2024 – ISBN 9783759729859 (14,99 €; ebook 4,49 €) und **Bauordnungsrecht Sachsen-Anhalt**, 2024 – ISBN 9783758330568 (11,99 €)

Denkmalrecht Sachsen-Anhalt. Darstellung für Studium und Praxis, 1. Aufl., 2024 (304 Seiten, ISBN 9783758330049, 12,99 €, ebook 5,49 €)

Jagdrecht Sachsen-Anhalt. Handbuch für Jäger, Jagdschüler und Jagdgenossen, 2024 (488 Seiten, ISBN 9783758320620, 19,99 €, ebook 5,49 €)

Naturschutzrecht von A bis Z. Handbuch für den Naturschutz in Sachsen-Anhalt, 4. Aufl., 2024 (676 Seiten, ISBN 978-3-755-767206, 22 €, ebook 5,49 €)

Prüfungsfragen und Übungsaufgaben zum Verwaltungsrecht – mit Verwaltungsvollstreckungs- und Verwaltungsprozessrecht. Rechtslage Sachsen-Anhalt, 4. Aufl., 2024
(158 Seiten, ISBN 9-783-75627620-2, 7,99 €)

Systematik der Ziele und Aufgaben von Forstverwaltungen, 2022 (174 Seiten, ISBN 9-783-75682919-4, 7,99 €; ebook 2,49 €)

Juristisches Debakel, 2022 (100 Seiten, ISBN 9783756833139, 5,99 €; ebook 3,99 €)

Öffentliches Baurecht. Kompendium, 2022 (226 Seiten, ISBN 9783755767114, 9,99 €, ebook 5,99 €)

Jägerprüfung in Sachsen-Anhalt. Wissensgebiet Jagdrecht, 2022 (204 Seiten, ISBN 9783755748427, 9,99 €; ebook 6,49 €)

Geschichte der deutschen Forstverwaltung, 2020 (514 Seiten, ISBN 9783658286576, 64,99 €)
(ohne ältere Buchveröffentlichungen)